APRENDENDO COM A PRÓPRIA HISTÓRIA

– PAULO FREIRE
E SÉRGIO GUIMARÃES

APRENDENDO COM A PRÓPRIA HISTÓRIA

PAZ E TERRA

Editora Paz e Terra Ltda
Rua do Triunfo, 177 — Sta. Ifigênia — São Paulo
Tel: (011) 3337-8399 — Fax: (011) 3223-6290
http://www.pazeterra.com.br

Texto revisto pelo novo Acordo Ortográfico da Língua Portuguesa.

Dados Internacionais de Catalogação na Publicação (CIP)
(Câmara Brasileira do Livro, SP, Brasil)

Freire, Paulo
Aprendendo com a própria história / Paulo Freire, Sérgio Guimarães. – São Paulo : Paz e Terra, 2011.

ISBN 978.85.7753.176-9

1. Educação – América Latina 2. Educadores – Brasil – Entrevistas 3. Freire, Paulo, 1921 – 1997 – Entrevistas I. Guimarães, Sérgio. II. Título.

11-06566 CDD-370.981

Índices para catálogo sistemático :
1. Brasil : Educadores : Entrevistas 370.981

A Elza, sempre.

E a todos os trabalhadores que, da Editora à gráfica, ajudaram a fazer este livro.

Sumário

Aprendendo com a história do outro (nota à 3ª edição)

Por mais esforço que eu fizesse, não conseguia chamá-la de Elza. Educado a pedir "a bença, mãe!", "a bença, pai!", e dizer "como vai a senhora?" às pessoas mais velhas, só me saía mesmo "dona Elza". Desde que começamos, o Paulo e eu, nossos livrinhos dialogados no apartamento deles na rua Homem de Mello, em São Paulo, ela era presença certa, de dizer pouco e de olhar profundo, ali perto de nós. Quando falava, seu falar nordestino era sempre tiro certo.

Assim foi de 1981 a 1985, quando parimos os dois primeiros volumes do *Sobre educação: diálogos*, e nos metemos neste primeiro *Aprendendo com a própria história.*[1] Tudo ia bem até que apareceu Moçambique e o *Aprendendo* empacou. Explicando: em fins de outubro de 1985 vou a Maputo para uma consultoria de meses com a UNICEF, num projeto fascinante de comunicação social junto ao governo da nova República Popular, e — estimulado pelo próprio Paulo — acabo resolvendo ficar por lá.

Se a memória não me falha, a foto nossa que a editora resolveu pôr aí — na capa da terceira edição foi tirada em maio de 1986, quando voltei a São Paulo para fazer as malas de vez. Fui visitá-los em sua nova casa da rua Valença,

[1] Para as edições de 2011, optou-se por trabalhar cada livro de forma independente. Dessa forma, *Sobre educação: diálogos I* tornou-se *Partir da infância: diálogos sobre educação*; e *Sobre educação: diálogos II*, ficou com o título *Educar com a mídia: novos diálogos sobre educação*. O livro posterior a este *Aprendendo...* tem como título *Dialogando com a própria história*. (N.E.)

aí fechamos a primeira versão do texto, e o Paulo ficou de rever tudo a pente fino.

Quando volto a vê-lo em janeiro de 1987, encontro o Velho profundamente transtornado. Desde a morte de dona Elza, em 24 de outubro de 1986, o Paulo era uma depressão só. Bem que tentei animá-lo. "Sérgio, minha relação com Elza tem praticamente a tua idade!", respondeu, desautorizando qualquer esforço de reanimação. Aí pensei: "Vai ser o clássico caso do Velho que vai logo depois da Velha." E o *Aprendendo com a própria história* teve que esperar mais uns meses para sair, ainda em 1987, dedicado "a Elza, sempre".

Quem retratou bem esses momentos, aliás, foi Mere Abramowicz,[2] que logrou recolher palavras-chave do Paulo sobre esse tempo cinza:

> Que incrível a experiência do vazio! Sinto uma presença tão pequena do amanhã, um pedacinho só do amanhã... Como preciso e não sei amaciar a saudade!
>
> É um processo lento e difícil. Eu só saio disso se eu sair. Eu não posso "ser saído", puxado por alguém! Decidir que eu saio é romper. Decidir é ruptura. Ficar com o morto é a tendência. Ficar com o que está vivo, essa é a decisão!

Dito e feito. Férias seguintes, meses depois, volto à casa da rua Valência, e dou de cara com um Paulo assanhadíssimo, cheio de luz e garra:

— Sérgio, está decidido. Vou me casar!

---

[2] V. seu artigo "Amor e perda em tempos de vida: em dois momentos entrelaçados". In Moacir Gadotti et alii, *Paulo Freire: uma biobibliografia*. São Paulo: Cortez-Instituto Paulo Freire: UNESCO, 1996, 768 p.

Aí me dei conta de que, tão importante quanto ir aprendendo com a própria história, era ir aprendendo com a história do outro. E nesse casar de novo, afinal, acabamos ganhando quase dez anos mais, com a extraordinária sobrevida do Paulo, entre 1988 e 1997. Essa, porém, já é uma outra história.

⋆ ⋆ ⋆

Não sei se foi obra de Umberto Eco, que tive que ler em tempos universitários, mas o fato é que a ideia de deixar nossos livrinhos em aberto estava ali pelo menos desde o segundo volume do *Sobre educação.*[3] Não queríamos que nossas discussões tombassem em circuito fechado, e desde logo convidamos outros a meterem a sua colher de pau na conversa. Primeiro em forma de anexos como, por exemplo, o "Deixando de lado o relógio", do físico e professor Márcio d'Olne Campos, e o "Pra Paulo Freire nenhum botar defeito" do sarcástico jornalista Mouzar Benedito.

Falar nisso: para entender melhor a história deste livro que agora se reedita, basta ler um trecho do que escrevi no segundo volume, publicado três anos depois da morte do Paulo. Pode parecer meio longo, mas lhes dá bem o fio da meada:[4]

> Nossos contactos continuaram, mas ficou difícil acertar nossas datas. Continuei andando mundo afora no trabalho com o Unicef, e, nas poucas vezes que conseguia vir de férias ao

[3] V. nota 1. (N.E.)

[4] V. nota 1. (N.E.) Paulo Freire e Sérgio Guimarães, *Aprendendo com a própria história II*, 2ª ed. São Paulo: Paz e Terra, 2002, p. 145-7 [*Dialogando com a própria história*. São Paulo: Paz e Terra, 2011, p. 153-6].

Brasil, mal conseguíamos nos encontrar, inclusive porque o Velho também não parava.

Ao ritmo em que íamos, precisaríamos de pelo menos mais vinte anos para pôr em prática todos os nossos projetos. Já havíamos feito dois volumes do *Sobre educação: diálogos*,[5] mas faltavam outros dois dessa série. Para esses, havia pelo menos duas hipóteses. A primeira seria a de partirmos para uma discussão de tipo autobiográfico, partindo de 1964. Quanto à segunda, eu havia sugerido que entrássemos num debate concreto sobre os "conteúdos" básicos da educação primária.

Explico: usando a imagem das quatro pernas de uma mesa como as bases dessa formação, eu dizia que a primeira perna seria a área de comunicação e expressão, incluindo língua, artes etc.; a segunda perna englobaria a área lógico-matemática; a terceira, a área de estudos ou ciências sociais; e a quarta, a área das chamadas ciências da natureza.

O terceiro volume do *Sobre educação*, de acordo com essa imagem, seria assim voltado para uma análise mais aprofundada das duas primeiras pernas. O quarto e último volume, por sua vez, abordaria os outros dois pilares. Pretendíamos discutir os principais aspectos do currículo dessas áreas, não apenas com base nas nossas experiências respectivas, mas também convidando especialistas para participar dos diálogos conosco. Passaríamos com isso em revista não apenas algumas práticas pedagógicas, mas iríamos também sugerir pistas para os leitores — sobretudo professores, mas não só — que quisessem refletir e praticar a educação criticamente.

[5] V. nota 1. (N.E.)

O Paulo encarava esse projeto com tanta seriedade que vivia adiando o início das nossas conversas. Queria que revíssemos primeiro toda a documentação e as respectivas propostas curriculares do ensino de base no Brasil. Como primeira convidada, já havia sugerido inclusive o nome da professora Ana Maria Saul, a grande especialista brasileira em currículo escolar.

Quanto ao *Aprendendo com a própria história*, não sabíamos ainda quantos volumes seriam.[6] Tudo iria depender de como as nossas conversas evoluiriam, mas o terceiro seria com certeza dedicado à África. Começaríamos pela experiência dele, sobretudo na Guiné-Bissau e em São Tomé e Príncipe, mas também em Angola e Moçambique. Ainda que nesses dois últimos países seu envolvimento tivesse sido menor que nos dois primeiros, poderíamos facilmente complementar os diálogos, porque iríamos discutir também a minha experiência profissional tanto em Angola quanto em terra moçambicana.

Diga-se de passagem: o *Aprendendo com a própria história* nasceu enquanto esperávamos que o terceiro e o quarto volumes do *Sobre educação* amadurecessem. Entre as ideias que eu pretendia discutir com o Paulo, no volume dedicado à terceira perna — estudos sociais —, estava a de que a aprendizagem da história seria certamente mais interessante, mais dinâmica e mais efetiva, sobretudo nas primeiras séries do ensino de base, se, ao invés de partirmos de lá para cá, partíssemos daqui para lá. Em miúdos: ao invés de começar a ensinar a uma criança de sete, oito anos, a história a partir do século XVI, com Cabral e companhia, por que não partir da própria história da criança e, progressivamente, estimular a sua

6 V. nota 1. (N.E.)

consciência com relação a tempos (e espaços, integrando-se aí a antiga geografia) cada vez mais abrangentes?

Aí resolvemos pôr a ideia em prática com nós mesmos, procurando cobrir sobretudo aspectos e experiências que ainda não tivessem sido abordados em obras já publicadas. Assim fizemos o primeiro volume, que começamos em 1984, mas acabou sendo publicado só em 1987. Nessa altura, eu já estava trabalhando em Moçambique, e os nossos desencontros começaram.

Deu no que deu:

Recebi a notícia pouco depois da meia-noite de 2 de maio de 1997, em Luanda, Angola, através da RTP — Rádio e Televisão Portuguesa. Choque? Só não terá sido certamente maior que o baque sentido por aqueles que amavam o Velho e viviam perto dele.

O choque da separação: lembrei-me das inúmeras vezes que tive que lidar com essas situações, dentro e fora das salas de aula. Quem não terá sentido aquele nó na garganta, aquele aperto no peito, quando o ano se acaba e as crianças se vão? Ou quando a professora querida foi ter bebê e deixou uma substituta chata no lugar?

Contra a morte não há truques. É sentir a fundo a dor inevitável ao perceber que alguém se vai, para em seguida, mais cedo ou mais tarde, aprender a manha de seguir a vida. Não foi isso que o Velho fez, apesar de quase mortalmente atingido em 1986, quando dona Elza partiu?[7]

---

[7] Id., ibid., p. 148.

Passado o susto, mãos à obra: órfão de interlocutor, passei a estender o diálogo a outros participantes nas edições seguintes, e o bolo cresceu. Assim vieram a terceira edição do *Sobre educação II*; *A África ensinando a gente*; e finalmente, fechando a série de sete (seis pela Paz e Terra) livrinhos com ele, o *Sobre educação: lições de casa.*[8]

Como verão, esta terceira versão traz dois capítulos inéditos: um com o ministro da educação dos tempos de Paulo em Brasília, Paulo de Tarso Santos, apoiado na memória pela mulher, Maria Nilse, e pelo filho Vasco; o outro com um dos grandes velhos amigos de Paulo, companheiro de cadeia, Clodomir Santos de Morais que, entre outras revelações, nos fala sobre as discretas viagens de Paulo a Roma e suas relações diretas com o Vaticano.

Por ora fico por aqui, antes que corra o risco de passar do ponto. Espero que esta nova edição aporte não só mais luz à nossa própria história, mas sobretudo que, por tabela, convide vocês a fazerem o mesmo em relação às suas. Afinal de contas — tomando carona no que ponderou um de meus escritores brasileiros preferidos, o já maduro Mário de Andrade, ao amigo e poeta Carlos Drummond —, estou seguro de que Paulo também concordaria: talvez não possamos, no fundo, "servir de exemplo a ninguém. Mas podemos servir de lição".

Boa leitura!

Sérgio Guimarães

Tegucigalpa, 27 de janeiro de 2010

[8] V. nota 1. (N.E.)

PRIMEIRA PARTE

1
O Pré-64

1. Paulo Reglus Neves Freire, nome que nunca "pegou"

Sérgio Guimarães: Eu poderia começar pelo nome, Paulo. Qual é o teu nome inteiro?

Paulo Freire: Paulo Reglus Neves Freire. Isso foi uma invenção do meu pai. Não sei qual foi a influência latina que ele teve, quando foi me registrar. O fato é que Reglus deveria se escrever *Re-gu-lus*, mas o sujeito do cartório errou e escreveu *Reglus*. Neves é o nome de família de minha mãe, e Freire é o de meu pai.

Sérgio: E a partir de quando nasceu o "Paulo Freire" só?

Paulo: Eu tenho a impressão, Sérgio, de que quem nunca nasceu foi o "Paulo Reglus". Este nunca existiu, a não ser nos documentos oficiais: registro de nascimento, certidão de casamento e documentos universitários, por exemplo. Comecei a ser conhecido por Paulo Freire desde a minha adolescência. Depois, como professor de língua portuguesa, já morando no Recife, eu era Paulo Freire. E quando comecei a ser conhecido mais além das fronteiras da minha rua, também foi como Paulo Freire. Até hoje. O nome por extenso, na verdade, nunca pegou.

Sérgio: Esse nome por extenso foi também seu nome de batismo, não? Aliás, você foi batizado na fé católica assim que nasceu?

Paulo: Exato. Penso ter sido batizado imediatamente, ou quase. Não estou certo, porém. Mas, recentemente, achei o chamado "livro do bebê", feito por minha mãe, com um retrato meu e uma série de indicações em torno dos meus comportamentos. Acho que lá deve estar anotado o meu batismo. Por sinal, li com certo afeto, com certa emoção, esse velho livro do bebê, que me chegou entre os livros antigos, da minha biblioteca, que escaparam às cheias e aos cupins, no Recife.

Sérgio: E você se lembra de alguma característica que sua mãe tenha anotado de você quando bebê? Algum sinal particular? *(ri)*

Paulo: Não. Lembro apenas que me chamavam Paulinho. Nada mais que me distinguisse dos outros. Possivelmente foram mais manhosos comigo porque eu era o caçula. Nada mais.

2. Um livro que tem memórias

Sérgio: Aliás, no final de *Educar com a mídia*, você falou de um livro que estava escrevendo sobre a sua vida antes de 1964, não?[9]

Paulo: Ainda estou. Não é, desde logo, uma autobiografia. Não é um livro de memórias, mas um livro que tem memórias. No fundo, estou tentando pôr no papel uma série de coisas que tenho dito, sobretudo no Brasil, depois da minha volta, quando falo em diferentes cidades do país.

[9] V. capítulo 6 de *Educar com a mídia*, segmento 7. "Partir de 1964, o terceiro volume." Como observei lá, estou certo de que o livro que Paulo disse estar escrevendo é *Pedagogia da esperança: um reencontro com a Pedagogia do oprimido*, publicado em 1992, ou seja, sete anos depois desses nossos diálogos. (Estas e as demais notas são do Sérgio.)

Depois que voltei, em junho de 1980, já percorri 90% do Brasil, convidado principalmente por jovens estudantes, e por professores também. Há uma grande curiosidade em torno do que foi o tempo de que participei um tanto ativamente antes de 1964, em torno dos trabalhos de educação popular desenvolvidos na época.

No momento, então, estou tentando escrever um pouco. Por outro lado, não estou procurando fazer uma análise da realidade brasileira, nada disso. Estou querendo, de forma muito simples, dizer as coisas de que participei, com outros brasileiros da minha geração e de gerações mais novas e mais velhas do que a minha. Para isso, é claro que há uma parte primeira em que falo um pouco da infância e da adolescência também. São certas considerações introdutórias que acho que têm a ver com as coisas que vivi depois, apesar de não serem suficientes para explicá-las. E a minha intenção, nesse livrinho, é ir exatamente até 1964.

3. No Ministério da Educação, sem partido nem politiquices

Sérgio: Nessa época, onde é que você estava trabalhando?

Paulo: Estava em Brasília, no Ministério da Educação, onde coordenava o Plano Nacional de Alfabetização. Não quero dizer que na época já estivéssemos com o esquema montado para o país todo, mas quase: estávamos cuidando da capacitação de quadros que, por sua vez, se multiplicavam etc. Com esse Plano, pretendíamos alcançar o país todo.

Sérgio: E como você chegou a esse trabalho em nível nacional em Brasília?

Paulo: Cheguei a Brasília chamado por Paulo de Tarso, então ministro da Educação do governo Goulart.[10] Se bem me lembro, assim que assumiu, no dia seguinte, Paulo de Tarso telefonou para o Recife, falou com Miguel Arraes, então governador do Estado, pedindo-lhe que o ajudasse a localizar-me. Miguel Arraes lhe sugeriu que ligasse diretamente para a Universidade onde me encontraria. Poucos momentos depois, Paulo de Tarso me solicitava que viesse o mais depressa possível a Brasília. Nessa época, eu era diretor do Serviço de Extensão Cultural da Universidade do Recife.

Dois dias após estava em Brasília, e tive uma conversa muito boa e franca com ele. Éramos ambos bastante jovens e ele muito entusiasta. Na ocasião, fui até um pouco petulante. Há poucos dias estivemos juntos e rimos muito, relembrando aquele encontro.

Havia muitos deputados e amigos dele presentes, como o Plínio Sampaio, e eu disse mais ou menos isso: "Senhor ministro, gostaria de deixar muito claro aqui um ponto de vista que defendo, não puritanamente, mas com toda a seriedade. Acho impossível fazer política sem ética, e no meu caso isso tem a ver com o respeito às classes populares. Não poderia aceitar permanecer numa assessoria no Ministério se não me encontrasse realmente envolvido num trabalho para valer. Neste sentido, por exemplo, não poderia jamais aceitar que a programação de nosso trabalho de cultura popular — na época, não falávamos ainda em educação

[10] Ver mais adiante, na segunda parte, capítulo 9.

popular — fosse determinada pelos interesses de políticos pouco ou nada sérios. Se o senhor não tem condições de assegurar o respeito indispensável a um trabalho dessa ordem, é melhor que eu não deixe o Recife. Se temos que brigar amanhã, é preferível dizer 'não' agora."

Ele riu e disse: "Mas eu também penso assim, sabe?" Ainda tive a audácia "de fazer uma segunda exigência: que a Elza deveria me acompanhar: 'Eu não fico sem ela.'" Ele concordou, e começamos a trabalhar juntos — depois de três meses ele deixou o Ministério e eu continuei —; ele não fez nada que pudesse contrariar o propósito com que me disse que estava quando me convidou. Foi coerente do começo ao fim.

Depois do Paulo, entrou o Júlio Sambaqui, alto funcionário do Ministério, a quem já não revi quando voltei ao Brasil posteriormente, e por quem tenho uma profunda admiração. Ele foi nomeado pelo presidente Goulart como uma espécie de ministro-tampão, mas era tão eficiente que acabou ficando até o fim, até o golpe.

Esse homem também não diminuiu em nada o impulso da campanha de alfabetização. Além de ser muito competente nos assuntos de administração, era muito sério, muito correto, e tinha uma vantagem sobre o Paulo de Tarso e outros ministros: sabia onde estavam as verbas, exatamente por sua longa experiência administrativa no Ministério. Ele me apoiou muito. Foi um período de trabalho sério, em que a gente desenvolveu um esforço fantástico, em nível nacional.

Sérgio: Quanto tempo você ficou em Brasília coordenando a campanha?

Paulo: Durou pouquíssimo! Deve ter sido de junho de 1963 a abril de 1964.

Sérgio: Nessa época você tinha alguma filiação partidária?

Paulo: Não. Eu era político enquanto educador, mas sem filiação partidária. Não porque me pensasse um livre-atirador. Nada disso. Tinha uma opção política que me levava a votar, por exemplo, em Miguel Arraes, para prefeito e para governador. Aliás, só em 1980 me filiei a um partido, ao PT, Partido dos Trabalhadores. Muito antes tive uma experiência rapidíssima, que logo me desiludiu, com a chamada Esquerda Democrática, em 1946. Era um setor dentro da UDN,[11] mas passei tão rápido por ele que meu nome nem deve constar nas atas. *(ri)*

Sérgio: O fato de você não se ter filiado significa que, a seu ver, não havia um partido já maduro com que você se identificasse? Ou você é que ainda não se achava amadurecido em relação aos partidos da época?

Paulo: Acho que as duas coisas. Talvez, de um lado, houvesse uma exigência demasiado grande de minha parte com relação aos comportamentos partidários. De outro lado, certamente havia muita ingenuidade minha também, que, em certo sentido, está mais ou menos clara no meu primeiro livro, *Educação como prática da liberdade*. Era a ingenuidade de me compreender como um educador e não como um político. Naquela época ainda não percebera o que hoje chamo de *politicidade da educação*. Mas o caráter político da educação já surge muito claramente na *Pedagogia do oprimido*, um livro pós-golpe. Além disso, a percepção que eu tinha da

[11] União Democrática Nacional, partido político fundado em 1945 e extinto pelo governo militar em 1964.

política nordestina era profundamente amarga para mim, de uma politiquice tremenda, de coronéis etc. Isso acrescentava à minha ingenuidade uma necessidade quase angelical de viver numa espécie de ilha em que a política não entrasse.

Um mês ou dois depois de exilado, já estava completamente diferente. Minha prática de exílio me politizou intensamente. Foi o Chile, inclusive, que fez isso.

4. Governo Arraes — 1: populista?

Sérgio: Mas antes mesmo de chegar a Brasília, em que pé estava o seu trabalho no Nordeste?

Paulo: Antes de receber o convite do Paulo de Tarso, tínhamos feito a experiência de Angicos, que em 1983 fez vinte anos; inclusive fui para a comemoração em Natal (RN), onde tive a alegria de abraçar ex-analfabetos que estavam lá. Naquela época estava na Universidade do Recife e no Movimento de Cultura Popular. Mas é exatamente nesse momento que pretendo terminar o outro livro e prefiro não me estender muito nele.

Sérgio: Mas eu gostaria de recuperar pelo menos a memória do seu trabalho em relação ao movimento político que levou Miguel Arraes ao governo do estado de Pernambuco. Quais e como foram as suas relações com o governo de Miguel Arraes?

Paulo: Essa é uma pergunta muito interessante, pelo menos para mim, e acho que do ponto de vista histórico também. Já há muitos depoimentos históricos sobre o governo Arraes, mas acho que posso, também, destacar algumas impressões muito reais e concretas.

Em primeiro lugar, não tive uma participação direta no governo Arraes, se por aí se entende participação como membro do governo. Mas participava diretamente enquanto solidário da política desse governo, trabalhando como educador, nessa época, no Movimento de Cultura Popular (MCP), que começou quando Arraes era prefeito e o acompanhou quando se tornou governador. Neste sentido, o MCP começou como um movimento municipal e depois foi se estendendo no Estado de Pernambuco, sendo Arraes governador.

Apesar de não ter participado de nenhum órgão do governo de Arraes, eu me sentia, e até hoje me sinto, como um homem que teve uma profunda ligação política com aquele governo. Uma solidariedade política.

Fazendo um parêntese para aproveitar a oportunidade que sua pergunta me abre, não concordo de maneira alguma com as análises, por mais bem-feitas que sejam, que apresentam o governo Arraes como um governo tipicamente populista. Ao contrário — e o meu testemunho é de quem viveu em Pernambuco na época e teve uma relação de solidariedade política e afetiva, não pessoal, apesar de sermos bons amigos, com o governo Arraes —, o governo de Arraes foi um governo popular dentro de um estilo político nacional populista. Ou seja, Arraes e seus colaboradores diretos não poderiam transformar Pernambuco num país independente, não poderiam simplesmente decretar um 7 de setembro pernambucano! Arraes era governador de um estado da federação brasileira. E, sendo assim, submetido a uma legislação nacional, a todo um contexto legal-constitucional que não coincidia exatamente com o sonho dele, que era o nosso, o do povo, da maioria do povo brasileiro. Mas, muito realista, a proposta de Arraes implicava uma presença crítica e participante do povão pernambucano.

Tenho então algumas histórias, que certamente fazem parte da História, ou pelo menos da história daquele momento, e que, no meu entender, referendam a minha afirmação de que o governo Arraes foi um governo popular numa situação nacional populista e que, necessariamente, também deveria refletir indecisões e impossibilidades contidas nesse contexto mais abrangente.

Um dos casos que gostaria de contar é o seguinte: num certo mês, não sei bem qual, houve problemas no campo pernambucano, que certamente tinham as mais objetivas razões para provocar uma rebelião. Pois bem, ajudados e, de certa maneira, empurrados por algumas lideranças políticas — que às vezes, com as melhores das intenções, ultrapassam os limites históricos, os limites do possível historicamente dado —, grandes grupos de camponeses se rebelaram e marcharam sobre o Recife para fazer um protesto diante do palácio do governo. Não só um protesto, mas também uma reivindicação, não me recordo qual, que simplesmente não poderia ser atendida.

Pelo que me contaram, Arraes estava despachando no palácio quando foi informado da passeata que marchava sobre o Recife. Discretamente arrumou uma maneira de justificar sua ausência e foi de carro, sozinho com seu chofer, ao encontro da passeata, que encontrou ainda longe, a cerca de uma hora do Recife. Desceu. Conseguiu falar com a liderança do grupo de camponeses e disse que era muito mais razoável que, ao invés de os camponeses irem até o governador, andando a pé, o governador fosse até eles, de carro, que por sinal não era dele, mas do povo que o elegera.

Tenho certeza de que nesse momento muitos dirão: demagogia! E eu novamente protesto: não é demagogia, é assunção de uma responsabilidade de um governador popular. Para mim, o que seria terrível, e estaria hoje aqui a combatê-lo, seria se ele tivesse mandado o secretário da Segurança Pública deter os camponeses. Mas Arraes não teve medo de dialogar com os camponeses, não voltou atrás em suas promessas eleitorais de participação popular e não reprimiu a marcha.

Ele teve uma atitude coerente, realmente político-pedagógica: foi ao encontro da massa camponesa e transformou a estrada num espaço de diálogo, debateu a possibilidade ou não de atendimento à reivindicação que era feita. E os camponeses voltaram, não frustados, mas satisfeitos, convencidos de que afinal tinham votado num homem que, ao invés de mandar a polícia detê-los, fora pessoalmente ao seu encontro. Definitivamente não considero isso uma demagogia.

Posso contar outro fato, sobre o qual com certeza vão novamente dizer: mesmo exemplo de demagogia do Arraes. E que eu refuto. Um dia, um amigo meu, que trabalhava comigo no Serviço de Extensão Cultural da Universidade, me contou que, na noite anterior, uma moça que trabalhava na sua casa se acidentara com um copo e tinha feito um enorme corte na mão. Ele a levou então ao pronto-socorro e lá se deparou com muita gente à espera de atendimento, inclusive uma moça à beira da morte. Ao que passou o primeiro médico, o homem responsável por ela, muito aflito, protestou que já estavam esperando atendimento há muito tempo, que a moça estava muito mal etc. Pois bem, o médico tratou-o muito mal e o homem disse: "O senhor precisa saber que agora é o povo que está no governo! Eu sou povo e estou no governo." O médico o tratou ainda pior e só quando veio um outro é que o atendimento foi feito.

Por coincidência, no início da noite eu teria uma entrevista com Arraes no palácio. Fui, e ele acabou me convidando para cear com ele. Lembro-me de que comemos macaxeira, sopa de feijão, café, enfim, a ceia normal de qualquer nordestino de classe média. Acabei por lhe contar o ocorrido. Olhava-me calado, numa forma muito sua de escutar. Em seguida, sem me dizer palavra, chamou o secretário da Saúde, contou o fato e pediu que o secretário apurasse quem teria sido o médico que tivera aquele comportamento. Continuei acompanhando o caso e o médico foi realmente advertido. É bom lembrar aqui que eu não era nenhuma personalidade a quem o governador taticamente devesse dar boa impressão.

Para um observador pouco crítico, sobretudo elitista, o comportamento de Arraes teria sido demagógico. Afinal, diria o elitista, não houvera nada de muito importante que pudesse preocupar um governador. Para Arraes, pelo contrário, o ocorrido não era um simples pormenor, uma coisa sem importância. Sua reação revelava a coerência entre seus discursos de candidato e sua prática de eleito. Para um progressista, o povo conta de verdade.

5. Governo Arraes — 2: é possível política sem manha?

Paulo: Houve também uma rebelião de um grupo enorme de camponeses num velho engenho da Zona da Mata de Pernambuco. Os camponeses se apossaram da terra em que já moravam e trabalhavam. Não há dúvida de que isso é até um direito dos camponeses mesmo, mas acontece que ele não está assegurado pelo direito que rege uma sociedade burguesa como a nossa. A situação se complicou, e o Arraes resolveu então ir até o engenho invadido, que já estava virando uma espécie de "República Independente". Pois bem, foi barrado na entrada do engenho, mas insistiu em que, como governador, precisava conversar com as lideranças, e o "sentinela" cedeu. E ele pôde se encontrar com as lideranças.

Ora, Arraes é um nordestinão, homem de linguagem muito simples, acessível, o que não quer dizer simplista. Fala como acho que todo intelectual de esquerda deveria aprender a falar. O que fez ele? Explicou às lideranças a sua posição. Primeiro mostrou o que eram os chamados três poderes (Poder Judiciário, Poder Legislativo e Poder Executivo) e qual era o poder que ele exercia. Como Poder Executivo, disse ele, não poderia deixar de aplicar as resoluções do Poder Judiciário.

Num segundo momento, informou que o proprietário das terras invadidas havia entrado na justiça para reaver a posse da terra, e que a lei brasileira — obviamente feita pelos que têm terra e não pelos camponeses ou operários — tinha de prevalecer até o dia em que fosse mudada. Enquanto isso não acontecesse, o governo de Pernambuco sozinho não teria condições de mudar essa lei.

Explicou ainda que, no momento em que o proprietário solicitasse, por meio do advogado, a reintegração de posse, o juiz fatalmente daria uma sentença favorável. Diante dela, a sua função como Poder Executivo era cumprir a lei e mandar executar a sentença.

A partir desses três pontos, Arraes explicou então o que ele, como governador, deveria fazer: expulsar os camponeses das terras e reassegurar o direito de posse ao proprietário que, pelo direito que está aí, era o legítimo dono. Se ele não fizesse isso, do ponto de vista da Constituição, o que ocorreria? O presidente da República teria não só o direito, mas também o dever, de intervir no estado de Pernambuco, dado que o Executivo não cumpriu a decisão do Judiciário, uma atitude inconstitucional. Pernambuco então deixaria de ter um governador e passaria a ser governado por um delegado, um interventor.

Arraes disse finalmente qual seria a sua decisão, considerando duas hipóteses: se as lideranças camponesas perseverassem em não se retirar, ele não os expulsaria com a polícia, e portanto, seria expulso do governo do estado. Mas se diante dessa realidade concreta, objetiva, os camponeses resolvessem se retirar, ele colocaria à disposição terras do governo para que eles tentassem a vida nelas. Assim, colocou os camponeses frente a essas duas alternativas: ou eles ficavam, e não seriam expulsos por ele mas certamente pelo interventor que o substituiria; ou eles se retiravam e se alojavam em terras do estado. É lógico que ficaram com a segunda proposta.

Ninguém me convenceria de que o Arraes estava errado. Nem o próprio Marx. Aliás, Sérgio, lembro-me agora de um texto de Engels em que ele diz mais ou menos isso: "no momento mesmo em que a burguesia, dispondo de maior tecnologia, se armou com muito mais eficiência do que a classe trabalhadora para reprimi-la em praça pública, não se pode aceitar o convite da burguesia para ir à praça pública fazer barricadas. O que temos de fazer agora", dizia Engels, "é votar".[12]

E já que estamos escavando a memória, lembro-me também de quando 240 mil cortadores de cana de Pernambuco entraram em greve, antes do golpe. A liderança de Arraes foi novamente provada quando foi à televisão, sugeriu que os camponeses voltassem ao trabalho, e eles voltaram. Sei que líderes populistas fizeram isso várias vezes, mas, repito, Arraes não era uma liderança populista. Sei também que as histórias que contei podem ser distorcidamente interpretadas como ilustrativas de um comportamento populista. Acho, porém, que um populista poderia até fazer o mesmo que Arraes, mas nunca da mesma maneira: ou seja, há uma diferença de natureza política na prática de Arraes, que o diferencia do populismo.

Evidentemente Arraes também era manhoso, mas tinha que ser! Como é possível fazer política, em qualquer lugar do mundo, sem manha? Sobretudo numa área como o Nordeste...

Como último exemplo do porquê dessa admiração e desse respeito bem-comportado que tenho pelo Arraes: quando ele era prefeito eu trabalhava com Germano Coelho, que era diretor do Departamento de Documentação e Cultura, que hoje, se não me engano, é a Secretaria da

[12] Trata-se da "Introdução" escrita por Friedrich Engels ao livro de Marx *Les luttes de classes en France* (1848-1850). Paris: Editions Sociales, 1967.

Educação do município. Isso foi lá pelos anos de 1950, e o Germano fez uma visita a Cuba, de modo que fiquei respondendo pelo expediente na ausência dele. Foi então que, ao ter de encaminhar a dotação de bolsas de estudo concedidas pela Prefeitura, tive conhecimento de que na época várias bolsas estavam sendo dadas a uma meia dúzia de pessoas dos bairros grã-finos da cidade, enquanto jovens realmente necessitados não tinham acesso a elas. Reordenei tudo, cortei vários candidatos e concedi as bolsas para pessoas que de fato precisavam delas.

Pouco tempo depois um vereador importante, que tinha um acordo político com o governo do Arraes no município, me procurou e tentou me impor uma reorientação no sentido de acatar a distribuição anterior, feita exatamente para filhos ricos, em detrimento dos pobres. Como haveria eleições na Câmara Municipal em seguida, o tal vereador jogava justamente com a importância do seu voto. Eu recusei, ele se retirou muito zangado e fui imediatamente ao gabinete do Arraes. Contei o que havia acontecido e disse que não queria criar caso para o governo dele. Ele era absolutamente livre para me substituir na direção provisória do Departamento e colocar alguém que atendesse o vereador; eu não poderia fazer isso de jeito nenhum. Sabe o que ele disse? "Também não faço. Não posso desacatar a ordem de um auxiliar meu que está certo." E não me substituiu.

É a partir desses testemunhos pessoais, que atestam a seriedade e a dignidade das posições de Arraes durante a campanha e durante o governo, é a partir disso tudo que sou categórico em afirmar: a posição de Arraes era a de um homem realmente tocado pelo popular, mas que não se estendeu ao populismo.

O seu sonho sempre foi muito mais sério e mais radical do que a ambiguidade populista.

6. Aliança para o progresso — 1: "não, não e não"

Sérgio: Ainda com relação a esse período, alguns críticos dessa experiência levantam, a meu ver capciosamente, suspeitas de que, para que os projetos de educação popular e os movimentos de cultura popular fossem viabilizados, as composições políticas da época teriam envolvido uma possível colaboração tácita entre as iniciativas oficiais e a ajuda americana que se fazia através da famigerada Aliança para o Progresso. Eu gostaria de saber, Paulo, o que você tem a dizer sobre isso.

Paulo: Com relação ao governo de Arraes posso afirmar categoricamente que ele recusou. Não só para projetos de educação popular como para qualquer outro tipo de convênio. Mas isso tem a ver comigo pessoalmente...

Sérgio: Rio Grande do Norte.

Paulo: Rio Grande do Norte. E não gostaria de fugir a essa questão. Durante o governo Arraes, a Aliança para o Progresso tinha uma sede no Recife, que cobria a sua atuação em todo o Nordeste. Pois bem, eu teria dois aspectos a comentar que têm a ver diretamente comigo.

O primeiro é o seguinte: na época, a Aliança para o Progresso, ferindo determinados dispositivos constitucionais brasileiros, fazia convênios diretamente com os governos de estado, em vez de fazê-los com o governo federal. Desse modo ela atendia, no Nordeste, aos governos que tendiam a opor-se ou se opunham abertamente à orientação federal, numa demonstração, portanto, de que a Aliança para o Progresso tinha uma estratégia de enfraquecimento da força do governo federal naquela época.

Darcy Ribeiro, então ministro da Educação do governo Goulart, pediu-me que assumisse um posto que não rendia dinheiro algum, mas que era politicamente muito importante e ao qual eu não poderia me recusar: tratava-se de que representasse o governo federal, através do Ministério da Educação, junto à Superintendência de Desenvolvimento do Nordeste (Sudene), cujo superintendente na época era Celso Furtado. Deveria discutir com o pessoal técnico da Sudene e com os técnicos americanos da Usaid a aprovação de projetos que a Usaid tinha para o Nordeste. Aceitei a incumbência e comecei meu trabalho.

Várias vezes por semana me reunia com o diretor do Departamento de Recursos Humanos da Sudene, Nailton Santos, irmão do Milton Santos, esse grande geógrafo brasileiro que agora está na USP.[13] Analisávamos uma quantidade imensa de projetos no campo da educação. Nailton e eu demos não sei quantos "nãos" a inúmeros itens que os técnicos da Aliança pretendiam inserir nos projetos que passavam por nossas mãos.

Eu me recordo de que havia itens, nesses projetos, inaceitáveis. A memória me falha agora, mas itens que implicavam indiscutível interferência em projetos nossos, que tinham que ver com decisões brasileiras e diante do que não podíamos silenciar.

Numa dessas reuniões, disse ao representante americano que aquilo não era uma doação, mas sim um empréstimo, e

[13] Também preso em 1964, autor de uma vasta obra, inclusive estudos sobre a geografia urbana dos países pobres, o baiano Milton Santos faleceu aos 75 anos, em 24 de junho de 2001. "Quem ensina não tem ódio", dizia.

que, se o dinheiro fosse dado, ainda poderia entender que se fizessem exigências, mas que elas eram inconcebíveis num empréstimo. E completei que, de qualquer forma, como doação ou empréstimo, as exigências eram inaceitáveis; que o Brasil tinha que ter autonomia para decidir, por exemplo, onde os seus professores iriam estudar e que móveis construir. Se fosse interessante num determinado momento fazer um estágio nos Estados Unidos, muito bem, por que não? Mas não necessariamente.

Depois de duas ou três reuniões em que dizíamos "não, não e não", com o projeto emperrado, um americano, já aborrecido, perguntou ao Nailton: "O que podemos fazer para que esse projeto seja assinado?" E Nailton disse: "Concordar conosco." E ele acabou sendo obrigado a concordar. Cheguei até a dizer que ele mandasse seus superiores exigirem que o Darcy Ribeiro me tirasse do posto, e ao Nailton também. O fato é que acabamos por dar uma série de "nãos" que foram fundamentais, naquela época.

7. Aliança para o progresso — 2: Angicos, "por que não?"

Paulo: Mas há um segundo aspecto em relação à Aliança para o Progresso que também me envolve. Na época, ela fazia convênios com o governo de Aluísio Alves, no Rio Grande do Norte, para trabalhos em educação de modo geral. Um dia fui procurado pelo então secretário de Educação do governo Aluísio Alves, um jornalista muito competente e empreendedor, Calazans Fernandes — hoje com um alto cargo na TV Globo —, que tivera informações do que na época já começara a ser chamado no Recife de "método Paulo Freire". Ele veio ao Recife, então, para saber da possibilidade de um trabalho no Rio Grande do Norte com o método.

Conversamos, e eu disse a ele que particularmente aceitava, mas que era necessária uma concordância por parte do governo do estado em relação a exigências fundamentais, condições sem as quais eu não poderia participar. Minhas exigências foram as seguintes: primeiramente, não me interessava se o dinheiro do Rio Grande do Norte era ou não da Aliança para o Progresso; o fundamental é que fosse firmado um acordo entre a Secretaria da Educação do Rio Grande do Norte e o Serviço de Extensão Cultural da Universidade do Recife, mediante assinatura do reitor da universidade. Na época, era o professor João Alfredo da Costa Lima, que foi o segundo reitor da Universidade do Recife.

Em segundo lugar, pelo convênio deveria ficar determinado que o governo do estado do Rio Grande do Norte arcaria com todas as despesas: locomoção de professores e técnicos do Serviço de Extensão Cultural, passagens, estadas, e uma gratificação a ser paga aos professores que acompanhassem o convênio, com exceção do diretor do Serviço de Extensão Cultural, que era eu. Isso não ficou escrito no convênio, e você poderia pensar: mas, Paulo, você estava com vergonha de receber dinheiro? Não era vergonha nenhuma, mas sim porque, como diretor, tinha o meu salário de professor da universidade e uma gratificação pelo cargo. Como era um trabalho que eu exerceria a serviço da universidade, não haveria por que receber mais. E não recebi.

Como terceira exigência, referente ao Rio Grande do Norte, o trabalho deveria ser entregue à liderança universitária. Conhecia de nome e sabia da disposição, seriedade e coragem de um líder universitário lá na época, o Marcos Guerra, que até hoje mora em Paris.

A quarta exigência era que, qualquer que fosse a cidade escolhida como local para desenvolver a primeira experiência, ela não deveria ser visitada pelo governador durante o processo, para que se evitasse toda e qualquer exploração politiqueira.

Finalmente, a quinta era a seguinte: se o governador aceitasse as exigências, mas traísse qualquer uma delas, o convênio seria considerado rompido e eu daria uma entrevista pública à imprensa, explicando os motivos do abandono do projeto.

Me lembro de que o secretário da Educação me escutava silencioso. Em seguida, disse que não tinha poder para dar uma resposta, mas que iria transmitir ao governador as minhas exigências. Dois dias depois me passou um telegrama em nome do governador pedindo que eu fosse ao Rio Grande do Norte; mandou passagem e fui. Repeti ao governador as exigências, ele as aceitou e indicou Angicos para a primeira experiência.

Considerei que o mínimo que o governador podia pedir num convênio desse tipo era que ele escolhesse por onde começar o projeto. E por que não escolher uma terra a que ele era afetivamente ligado? Se alguém me pedisse algum dia para escolher um lugar no Recife para fazer qualquer coisa, acho que indicaria a "Estrada do Encanamento". Não digo que seja o melhor lugar do mundo, mas para mim é, porque nasci lá.

Fomos para Natal. Na época, o prefeito era um dos melhores homens públicos desse país, Djalma Maranhão, um homem de esquerda, realmente popular, que estava lançando a campanha de educação "De pé no chão também se aprende a ler". Aliás, ele era cercado por uma juventude muito competente e amorosa, cujo líder, nosso grande amigo até hoje, era Moacir de Góes, que há alguns anos lançou um livro contando exatamente essa experiência.[14] Assim, participei como um companheiro que aderia às visões políticas e populares, e também não populistas, de Djalma Maranhão, e Moacir de Góes. Fui algumas vezes visitar, em Natal, bairros populares em que eles construíram, com uma arquitetura belíssima, que utilizava o próprio material da região, escolas tipo palhoças, como as dos pescadores, muito arejadas. O Djalma, como ele mesmo me contou, pediu que os arquitetos "bolassem" algo sob as seguintes condições: "não há dinheiro para construir casas e preciso de escolas para as crianças". O resultado foi que em seis meses o Djalma Maranhão e toda a sua equipe garantiram escola primária para toda a população de Natal.

Eu tinha uma relação muito estreita com o Djalma Maranhão, e quando conversei com o governador fiz questão de dizer que continuaria mantendo as minhas relações pedagógicas e políticas com a Prefeitura de Natal. Evidentemente, havia um antagonismo de posições políticas entre Djalma Maranhão, um homem de esquerda, e Aluísio Alves, um conservador.

---

[14] Ver Moacir de Góes, "De pé no chão também se aprende a ler". Rio de Janeiro: Civilização Brasileira, 1980.

Depois conversei seriamente com a equipe do Djalma Maranhão e manifestei a minha convicção — e fui quase profético —, de que a Aliança para o Progresso que iria financiar, como financiou, a campanha de Angicos, certamente iria estudar o que se desenvolvesse em Angicos, e colocaria um ponto final em tudo. Caso acontecesse isso, se a Aliança recuasse, eu disse que deveríamos ir à praça pública para mostrar concretamente as intenções colonialistas e imperialistas da Aliança para o Progresso.

Nunca me esqueço das primeiras noites que passei em Angicos. Havia um velho que, na época, devia estar mais velho do que eu agora. Ele andava uns três quilômetros para ir e outro tanto para voltar, mas fazia questão de não perder as aulas. Ia cheio de alegria, e insistia, com uma esperança enorme, em que aquilo era fundamental para ele, e que ninguém o convenceria de que já havia passado seu tempo de ler as palavras.

8. Das críticas a Angicos ao avanço na Nicarágua

Paulo: Hoje, acho injustas certas críticas que se fazem a Angicos. Pois já não disseram até que uma das salvações do Paulo Freire foi o golpe de Estado, porque seria publicamente provada a ineficiência absoluta das propostas que eu fizera? Outros, ainda, dizem que o esforço de leitura da realidade através da codificação, e, portanto, da descodificação das codificações que representavam um pedaço da realidade, era uma leitura manipuladoramente dirigida. Ora, dirigida sim, pois não há educação sem intencionalidade, sem diretividade. Manipuladora, nunca. Eu jamais disse que o sonho da gente deveria ser imposto. Isso, sim, seria manipulação, seria autoritarismo. Mas defender uma posição com que se sonha, antes mesmo de se chegar ao educando, é absolutamente legítimo. E foi isso que a gente, bem ou mal, tentou fazer.

Muito bem: a experiência de Angicos foi encerrada com a presença do presidente João Goulart. Depois que ele fez seu discurso, onde se referiu à Carta Constitucional como o ABC maior do Brasil, um homem de repente se levantou e pediu a palavra. Alguém comentou: "Quebrou o protocolo." "Quebrei o quê?", disse ele. Mas o presidente lhe deu a palavra. O homem então fez um discurso em que chamava o Goulart de Alteza, Majestade, e comparou a vinda dele à vinda de Getulio, anos atrás: o primeiro viera matar a fome da barriga, e o Goulart viera matar a fome da cabeça. E continuou dizendo que, em Angicos, ele e mais trezentas pessoas que lá estavam tinham aprendido não só a ler o ABC da nação, a Constituição, mas que estavam dispostos a refazer o ABC maior. E disse mais ainda, que antes eles podiam ter sido massa, mas que agora procuravam ser povo.

Há quem diga que isso tinha a ver com a minha compreensão elitista, contra as massas. Nada disso. Há quem diga, enfim, que aquele homem fizera essa afirmação sob comando meu, através de um animador formado por mim, que teria veiculado aquela frase... Ora, quando se diz isso, o que de fato se demonstra é uma categórica desconfiança em relação à capacidade do povo.

Enfim, sem pretender idealizar a experiência de Angicos, jamais diria que foi uma coisa extraordinária, maravilhosa, igual à campanha posterior de alfabetização da Nicarágua. Aliás, nem poderia ser, mas sem dúvida foi uma experiência importante, que se apresentou como o resultado de algo que a gente testava e procurava confirmar. Além disso, ela nos educou também, foi uma prática que resultou de inúmeras hipóteses de trabalho e experiências anteriores. Sendo assim, não há por que negar a experiência de Angicos; não há também por que anular a experiência simplesmente porque foi feita em Angicos, terra que o governador Aluísio Alves escolheu. Nem porque foi financiada pela Aliança para o Progresso.

Sérgio: Paulo, eu gostaria de voltar à crítica a que você se referiu: a de que a sua sorte foi ter havido o golpe de Estado, senão ficaria provada a ineficiência do seu método. Sei que a experiência de Angicos e a da Nicarágua são completamente diferentes, realizadas a partir de condições objetivas absolutamente diferentes. Mas gostaria de relembrar uma entrevista recente concedida pelo embaixador da Nicarágua no Brasil, Ernesto Gutierrez, à revista *Senhor*, em sua edição de 3 de outubro de 1984. O jornalista perguntou a ele: "Apesar dos pequenos intervalos de paz nos últimos anos, os sandinistas anunciam importantes realizações sociais. Que fizeram de fato até agora os sandinistas no poder?"

E o embaixador Ernesto Gutierrez respondeu: "É uma alegria falar nisso; raras vezes temos a chance de divulgar o nosso trabalho. Na educação, por exemplo, conseguimos grande avanço. Fizemos a alfabetização em massa em 1980, logo após o triunfo da revolução, e reduzimos o analfabetismo de 59% para 12%, criando grande quantidade de escolas pré-primárias e de creches que antes inexistiam, exceto particulares. Hoje há creches nos bairros, nos mercados, sempre com a participação e controle comunitários. E tivemos a felicidade de contar com a colaboração de Paulo Freire; com a ajuda desse professor, através de seu método genial, conseguimos alfabetizar cerca de 600 mil pessoas em seis meses. A tarefa de alfabetização foi assumida por toda a juventude. Aí juntaram-se dois fatores: o método Paulo Freire e a paixão dos nicaraguenses."

Pois bem, diante desse depoimento do embaixador nicaraguense, e face às críticas a que você se referiu, que procuram minimizar o impacto da sua experiência no Brasil, como é que você reage a elas?

PAULO: Eu reajo, mas não zangadamente. Às vezes, confesso, reajo com um certo riso de tristeza, mas nunca como um menino mal-amado. Acho que às vezes essas críticas vêm de uma incompreensão que até pode ter as suas razões, mas de qualquer modo não cabe a mim analisar e aprofundar quais sejam.

O que tenho visto é que minhas propostas, pelo menos lá fora, têm sido testadas, provadas e reinventadas: ora na alfabetização, ora na pós-alfabetização, ora até nos cursos universitários. Recentemente fiz parte de uma banca de defesa de tese em que o tema era exatamente a capacitação de professores de ciências do ponto de vista da pedagogia de Paulo Freire.[15] O êxito dessa experiência foi absoluto. No fundo, tudo depende de como se trabalha com um certo método, numa perspectiva política que nunca é neutra.

[15] Trata-se da "Concepção problematizadora para o ensino de ciências na educação formal" (relato e análise de uma prática educacional na Guiné-Bissau), de Demétrio Delizoicov Neto. São Paulo: USP, 1982. Sobre o mesmo tema, registre-se também a tese de José André Peres Angotti: "Solução alternativa para a formação de professores de ciência — um projeto educacional desenvolvido na Guiné-Bissau". São Paulo: USP, 1982.

Sérgio: Voltando novamente a Angicos, você disse que foi quase profético. Afinal, a Aliança para o Progresso interrompeu a experiência mesmo, não?

Paulo: É claro, três meses antes do golpe. Mas a melhor resposta à sua pergunta está no livro de dois jornalistas americanos, um deles do *New York Times*, e que inclusive trabalhou como técnico da Aliança para o Progresso no Recife. O livro chama-se *A aliança que perdeu o seu caminho*, e os seus autores dizem, o que para mim é satisfação, exatamente o que eu previra nas reuniões com a equipe do Djalma Maranhão. No capítulo em que eles me analisam, à página 291, pode-se ler o seguinte: "Em janeiro de 1964, a insatisfação com a técnica pedagógica de Freire e o desconforto em torno do conteúdo político do programa levaram a Aliança para o Progresso a retirar seu suporte financeiro (exatamente três meses antes do golpe de Estado contra Goulart)." (Tradução nossa)[16]

9. "Reescrita a história, é fácil aprender a escrita da palavra"

Sérgio: Aproveitando que estamos discutindo a experiência de Angicos e esse período anterior à sua ida ao Ministério da Educação, gostaria de fazer uma observação em relação aos métodos de alfabetização. E, especificamente em relação ao chamado "método Paulo Freire", tenho observado que se dá uma ênfase muito grande ao pequeno número de horas em que o alfabetizando conclui o processo

[16] Do livro *The Alliance that lost its way: a critical report on the Alliance for Progress*, de Jerome Levinson e Juan de Onis. Chicago: Quadrangle Books, 1970, p. 291.

inicial de alfabetização. Ora, sempre achei que é uma questão secundária saber se o método alfabetiza em 40, 60 ou 80 horas. Nunca me pareceu que uma das vantagens importantes do método estivesse no número reduzido de horas. Você, que já respondeu a tantas perguntas sobre o método Paulo Freire, como é que avalia a importância da fixação de um número x de horas para que se alfabetize?

PAULO: Concordo inteiramente com você, acho inclusive que houve muita mitificação em torno das tais 40 horas. E havia gente que pensava ser em questão de dois dias e meio, o que é um absurdo, não? Lembro-me até que um dos artigos mais bonitos na época foi de Hermano Alves, "Angicos, 40 graus, 40 horas".

Na verdade, nessa questão do tempo da alfabetização, sem desrespeitar certas condições biocognitivas necessárias do educando, e também as psicológicas e emocionais, enfim, todo esse conjunto que tem a ver com a postura do sujeito que conhece, a alfabetização depende muito do tempo histórico em que ela se dá.

Na entrevista do embaixador da Nicarágua, que você leu, ele fala da paixão intensa e profunda do seu povo. Como antes foi a paixão do povo cubano. Trata-se de momentos históricos em que um povo revolucionariamente toma a história em suas mãos. Para um povo que se apodera de sua história, tomar a palavra escrita é quase uma consequência óbvia. A partir da reescrita da história, muito mais difícil, é fácil aprender a escrita da palavra.

Em setembro de 1975, participei de um simpósio internacional de alfabetização em Persépolis, no Irã. Mais nos debates do que no texto final, que se chamou "Declaração de Persépolis", ficou muito clara a relação entre o maior sucesso das campanhas de alfabetização e o envolvimento do povo na transformação político-social das sociedades. Cinco anos depois dessa declaração, aliás, a Nicarágua trazia uma nova contribuição a essa tese.[17]

Nos anos 1960, o que é importante salientar é que em função da própria ambiguidade da liderança populista, do próprio estilo político populista, em que as massas populares eram atendidas em apenas algumas de suas reivindicações, houve de fato uma presença, uma emersão das massas, como eu disse em *Educação como prática da liberdade*. Ao serem atendidas em algumas reivindicações, acabavam por voltar às ruas e às praças para exigir uma voz, uma palavra. Esse clima histórico certamente influía no tempo de aprendizagem. Uma coisa foi trabalhar nos anos 1960; outra, completamente diferente, nos anos 1970. Ou seja, uma coisa era trabalhar sob o governo Goulart, e outra sob o governo Médici. Ora, historicamente, que condições poderiam provocar um ímpeto e um estímulo no sentido do domínio da palavra e da leitura do mundo, num regime de silêncio, como o dos anos 1970?

No processo de alfabetização, portanto, esses dois polos devem ser levados em consideração: de um lado, as condições objetivas, sociais, históricas; de outro, as condições individuais dos que participam do processo de alfabetização. Os resultados mais ou menos positivos não dependem apenas do gosto de quem quer aprender, porque, inclusive, este está também na dependência do social.

---

[17] V., anexo, o texto integral da "Declaração de Persépolis".

Quanto à duração do processo, já na época de Angicos eu insistia muito junto à imprensa para que não enfatizasse tanto a questão das "40 horas", e sim a do direito de ler e escrever.

10. Da leitura do golpe à briga pela democracia

Sérgio: Paulo, saindo de uma experiência vitoriosa tanto política quanto pedagogicamente, como foi a de Angicos, você foi para o Ministério da Educação, após participar de um governo que, mesmo populista, demonstrou-se cada vez mais aberto às esquerdas, e não só a elas, mas às manifestações populares. Meses depois todo esse processo foi violentamente interrompido. Isso surpreendeu? O golpe de Estado foi uma surpresa para você?

Paulo: Não, de forma alguma. Eu vinha lendo o golpe na realidade brasileira. Apesar de toda a euforia que havia de modo geral, o golpe não me surpreendeu. As esquerdas brasileiras de todos os matizes, com algumas exceções individuais, viviam como numa espécie de idílio antecipado com o corpo da noiva, que era a revolução. Tudo era muito idealista, no sentido filosófico, e houve até quem afirmasse que o processo era irreversível. Muita gente de experiência revolucionária chegou a afirmar que as massas populares já estavam no governo e só lhes faltava conquistar o poder. E não havia nada disso.

Também não me surpreendi com o mínimo de experiência traumática de minhas cadeias, como veremos depois. Lembro-me de que já numa das primeiras noites de experiência, na busca em que me achava, em 1960, cheguei em casa e a Elza me perguntou: "E o resultado de hoje, que tal?" Eu estava fazendo um primeiro teste com o projetor, com cinco pessoas, no MCP, e disse: "Se continuar como hoje, dentro de pouco tempo, talvez um ou dois anos, ou eu vou estar preso, com mais gente ao meu lado, ou até então a Unesco vai se interessar por isso." Como você vê, podia ter as minhas ingenuidades, mas não era tão inocente assim! Só errei por pouco: achei que em 1962 ou 1963 estaria na cadeia, e fui mesmo preso em 1964.

Sabia mais ou menos o que estava acontecendo. Sabia que numa sociedade tradicionalmente antidemocrática o que eu estava propondo, profundamente democrático, poderia vir a ser problemático. Propunha que partíssemos das massas populares, de sua compreensão e leitura do mundo, do seu senso comum, da sua sabedoria, sem estabelecer uma dicotomia entre essa sabedoria gestada no que fazer do povo e um conhecimento rigoroso que porventura eu tivesse.

Quando hoje leio um texto como o *Por que democracia?*, do Francisco Weffort, eu me convenço do meu acerto, mesmo com as minhas ingenuidades de 1958, 1959.[18] Na tese a que já me referi em nosso *Partir da infância* e em *Educação e atualidade brasileira*, já naquela época estava no caminho certo: eu defendia o exercício da democracia e já então falava da importância de grupos populares discutirem a sua própria rua, o seu sindicato, a escola dos seus filhos, a urbanização do seu bairro, e chegar inclusive a discutir a própria produção. Não me arrependo de ter dito isso em 1959 e continuo dizendo hoje, até com muito mais convicção: é preciso que se viva nesse país a substantividade

18 Francisco Weffort, *Por que democracia?* São Paulo: Brasiliense, 1985.

da democracia, sem nenhum medo. É preciso que, numa posição de esquerda, se acabe com essa mania de que falar em democracia é ser social-democrata. O que é preciso é viver essa substantividade, para fazer com que a democracia não seja um mero adjetivo, um trampolim para o domínio autoritário.

O autoritarismo, às vezes, me parece "ontológico" ao ser nacional. É óbvio que não faz parte da natureza da sociedade brasileira, certamente não é uma qualidade imutável dela, mas sempre a acompanhou. E é preciso mudar isso, é preciso ter a coragem de um homem como Herbert de Souza, o Betinho. No tempo mais difícil que o Brasil experimentou, com esse silêncio estrondoso que caiu em cima de nós, no período Médici, ele estava exilado no Canadá. Me lembro de que uma vez fui dar um curso em Toronto, onde ele vivia. Guiando o seu carro pelas ruas da cidade, me disse: "Paulo, hoje no Brasil um grupo de mulheres que se unam para bordar ou fazer renda pode ter uma importância revolucionária enorme." Veja, é isso que eu considero ser a sensibilidade política de um bom político, aquele que descobre, que convive com a história, em vez de apenas ser atravessado por ela. E que não tem medo de que depois digam que ele está se aliando à social-democracia, ou qualquer outra coisa. No fundo esta é a posição de um Weffort, e de tantos outros autores.

Enfim, essa briga pela encarnação da democracia é fundamental entre nós, e tem que ver com a alfabetização, com a educação popular.

2

64: Cadeia — 1

1. "Eu recusava a ideia de me asilar"

Sérgio: Quando houve o golpe de 1964, você e a Elza já estavam casados há quanto tempo?

Paulo: Nós nos casamos em 1944! Portanto fazia vinte anos. Já tínhamos todos os filhos que estão aí. A Madalena, inclusive, foi uma excelente educadora na primeira experiência de Angicos: era muito jovem, acho que tinha uns quinze, dezesseis anos. A Cristina e a Fátima estavam no final do ginásio. O Lut e o Joaquim eram pequenos.

Sérgio: E todos estavam em Brasília quando sobreveio o golpe?

Paulo: Estavam.

Sérgio: Você foi preso quando, Paulo?

Paulo: Fui preso em junho de 1964. Quando o golpe se definiu, do ponto de vista da tomada de poder, eu estava em Brasília. Foi exatamente no dia 1º de abril de 1964. E então resolvemos, Elza e eu, que os filhos, então conosco, voltariam para o Recife juntamente com minha mãe. E Elza preferiu ficar comigo para a gente decidir ainda o que é que eu faria. No início, nos primeiros dias, talvez ingenuamente, eu recusava a ideia de me asilar. No fundo, mesmo tendo a certeza de que iria ser preso, preferia assumir essa possibilidade. Por isso é que eu digo que foi talvez ingenuamente.

De qualquer maneira, me recusei a pensar na possibilidade de entrar numa embaixada. E fiquei em Brasília com a Elza, na casa de um grande amigo nosso, Luiz Bronzeado, então deputado pela UDN.

Sérgio: Como é que você teve a notícia do golpe?

Paulo: Lembro-me de que, no dia 30 de março, eu estava em Goiânia, com um grupo de educadores que trabalhavam comigo, participando de um curso que vinha sendo dado lá, quando me telefonaram de Brasília. Era Carmita Andrade, moça que trabalhava como assistente minha, além de ser grande amiga de Elza e minha; moça eficiente, com uma visão geral, político-pedagógica, de tudo o que estava ocorrendo.

Ela me disse: "Paulo, é bom que você volte ainda hoje, porque as notícias que estão chegando aqui não são nada interessantes com relação à situação política do país." Voltei e, no dia seguinte, a coisa começou a se propagar...

Tenho até a impressão de que, no dia 31 de março, estive no Ministério com o então ministro Júlio Sambaqui. Volto aqui a fazer uma referência a Sambaqui, que hoje sei que já morreu: era um homem a quem na verdade admirei muito, pela serenidade, pela coragem, mas também por uma certa ingenuidade quase angelical, que revelava uma grande pureza, no meu entender. Vou ilustrar isso com um fato que ocorreu no dia 31 de março. Estava numa sala com um grupo de funcionários, assessores do ministro. Estávamos colhendo informações pelo Brasil, quando houve uma comunicação com o Ministério da Justiça. Alguém de lá, do gabinete do Abelardo Jurema, comunicou-nos que Miguel Arraes estava preso. Eram os últimos momentos da legalidade do governo Goulart, e Arraes tinha sido preso pelo 4º Exército, juntamente com Pelópidas Silveira, prefeito do Recife e também um grande homem.

Pois bem: é aí que eu me refiro a essa pureza do Sambaqui, que algumas pessoas talvez pudessem até ver como uma qualidade negativa nele; para mim não, era uma positividade incrível! Ele me chama ao gabinete dele, um gabinete pequenininho que o ministro tinha. Entrei, e ele estava terminando a redação de um texto de uma conferência que iria pronunciar nos primeiros dias de abril. E ele me disse:

— Paulo, quero ler para ti esse texto. É uma conferência que vou fazer dentro de três dias, sobre educação.

— Mas, ministro, o senhor acha mesmo que vai haver essa conferência?

— Por quê?

— Mas, ministro, nós agorinha acabamos de ouvir que o Miguel Arraes está preso! Quer dizer, acabou! A legalidade do governo de que o senhor é ministro acabou. O senhor vai para a cadeia também, entende? Vou eu, vai todo mundo. Não vai haver conferência, vai haver é cadeia!

Ele me olhou e disse:

— Não, acho que você está exagerando.

— Bem, ministro, então leia o seu texto, não há problema nenhum, eu gosto. Mas não vai dar, não vai haver conferência.

Essa foi, na verdade, a última expressão da minha relação com o ministro. Daí em diante a coisa se acabou mesmo, desmoronou. Pois a última impressão que tive do ministro Sambaqui foi essa: a de uma enorme pureza. Júlio Sambaqui achava tão absurdo se botar abaixo um poder legal, um governo legal, com a força das armas, e não com a força das massas populares, que ele não admitia isso. Por isso ele escrevia a sua conferência, e era isso mesmo que ele tinha que fazer. Claro que não pronunciou a conferência; eu não sei onde seria, mas sei que não houve.

Sérgio: E você teve tempo e condições de pelo menos retirar suas coisas, seus livros, do Ministério?

Paulo: Bem, não tinha realmente os meus livros no Ministério. Como já disse, morava no Recife, e estava vivendo em Brasília exatamente para fazer esse trabalho, mas a minha biblioteca e tudo meu estavam no Recife.

Bem, daí em diante a questão que se colocou, a Elza e a mim, era o que fazer. Foi quando decidi que não procuraria um asilo político. Pensava: se puder ficar um mês, por exemplo, deixando a poeira assentar... por que não? Mas, em seguida, a minha intenção era voltar para o Recife e enfrentar o que houvesse. E foi exatamente isso que fiz. Fiquei na casa desse grande amigo nosso, com todo o carinho e com toda a precaução dele e da mulher, para que isso não transpirasse. Ontem, 13 de maio e dia das mães, fez exatamente vinte anos, e eu estava aqui me lembrando disso.

Naquele 13 de maio, ainda estava em sua casa. A Elza já tinha voltado para o Recife. E nesse dia ele me levou, muito cedo, com um médico amigo dele, para uma fazenda sua perto de Brasília, onde passamos o dia, e ele saiu com o médico para passarinhar. Depois voltei para o Recife, e aí tive a minha experiência de cárcere, inquérito, tudo isso.

2. Brava gente que nunca saiu

Sérgio: Mas, antes de chegar a Recife e à prisão: nesses dias em que ficou em Brasília, você circulava?

Paulo: Não, é claro que não circulava. Fiquei na casa desse amigo esperando que a coisa se definisse melhor para que então voltasse para o Recife. A minha ideia era realmente voltar, e assim foi. E digo, de passagem: na verdade, nunca saí do Brasil, fui saído. Depois da minha experiência de cadeia e da observação, que vinha fazendo, de um clima de irracionalidade, de exacerbação — o que era natural, na época —, aí vi que não havia, para mim pelo menos, condição de ficar. Mas nem todo mundo viu assim, é claro; se todas as pessoas fossem iguais diante da necessidade de sair do país, seria até monótono. Conheço muita gente formidável, gente muito séria, que possivelmente provocava mais ódio à direita no poder do que eu, e que ficou bravamente, heroicamente, dentro do país, e não saiu.

Entre uma quantidade enorme de gente, e até com receio de não ser justo, poderia citar duas pessoas, por exemplo. De um lado, o ex-deputado pelo PC em Pernambuco, um grande escritor e historiador, o Paulo Cavalcanti, que escreveu uma obra muito interessante, *O caso eu conto como o caso foi*, em que ele vem contando as suas memórias, que não são apenas pessoais, mas de um tempo de que ele fez parte.[19] O Paulo Cavalcanti, por exemplo, é um homem extraordinário, um homem formidável, um intelectual sério, um militante de seu partido, que merecia e continua merecendo o respeito inclusive de quem não tolerava a sua postura polí-

[19] Publicado com o subtítulo *Da Coluna Prestes à queda de Arraes: Memórias*, 3ª ed. Recife: Editora Guararapes, 1980.

tica, a sua opção ideológica. Um homem realmente correto. Pois bem: o Paulo Cavalcanti jamais pensou em largar o país. Ficou no Recife e deve ter-se enjoado de ser preso, mas nunca saiu. Pelo contrário, não apenas ficou, mas, ficando, fez um trabalho depois, com o qual ele deve ter somado as raivas da direita contra ele, porque, como advogado, se fez um defensor gratuito dos presos políticos. Imagine a raiva que ele deve ter provocado na direita!

Aliás, em 1967, eu já estava no exílio, quando, por insistência de Ariano Suassuna, grande amigo meu, aceitei que um outro grande amigo nosso e advogado também, Antônio Montenegro, me defendesse no processo que corria contra mim. Pois bem: o Paulo Cavalcanti trabalhou com esse amigo meu e com outro advogado do Rio de Janeiro no mandado de segurança a meu favor. E há dois dias passados estive aqui revendo, entre os meus velhos papéis, a carta do Paulo Cavalcanti para mim quando eu morava no Chile; nela, cheio de uma alegria profundamente humana, ele dizia: "Paulo, ganhamos o mandado de segurança!" Com muito cuidado também ele me dizia: "Escreva para fulano, beltrano e sicrano", que eram exatamente as pessoas que também tinham dado o seu apoio.

SÉRGIO: Bem, você dizia que o Paulo Cavalcanti foi uma dessas pessoas que resolveram resistir sem sair do país. E a outra?

PAULO: Pois é, a outra pessoa que eu citaria também é esse grande Quixote da educação brasileira, o Lauro de Oliveira Lima, que, por ser cearense, devia ser um andarilho, e, no entanto, recusou-se constantemente e jamais aceitou a possibilidade de largar o Brasil. O máximo que Lauro se permitiu foi deixar o Ceará para morar no Rio de Janeiro. Essa foi a maior concessão que o Lauro fez. Antes ele tinha feito uma concessão parcial: a de deixar o Ceará para ser diretor do Departamento de Ensino Médio — chamava-se assim na época —, quando Paulo de Tarso foi ministro. E o Lauro fez um trabalho extraordinário nesse nível. Remexeu, fez um rebuliço tal no Ministério da Educação da época que um dia será preciso estudar o que o Lauro fez em três meses, tal a força que esse homem nordestino sempre teve.

Eu me lembro de que o visitei, numa certa tarde, num dos meus intervalos de cadeia, no Recife. Estava em casa, obviamente vigiado, quando parou um automóvel, desceu uma pessoa que eu não conhecia, e me disse:

— Há um amigo do senhor, que prefiro não dizer quem é, que está na minha casa e gostaria de vê-lo.

E, antes que eu respondesse — eram cinco e meia da tarde —, a pessoa me disse:

— O senhor tem todo o direito de me dizer que não vem comigo, porque o senhor não sabe quem eu sou e isso pode ser uma armadilha. Se o senhor disser que não vem eu entendo, mas o seu amigo vai ficar frustrado. O que é que o senhor decide?

Eu estava com a Elza, nos entreolhamos, e preferi correr o risco e entrei no carro com o rapaz. Confesso que entrei com medo.

Aquela foi uma das vezes em que percebi essa coisa óbvia, de que o medo faz parte da vida, e até ajuda a vida a continuar vida. E aí fui com ele, silencioso. Claro, estávamos no Recife, era a minha cidade, e eu sabia para onde ele estava indo. Morava no bairro de Casa Forte. Em certo momento, ao entrar em certa direção, percebi que ele ia para outro bairro, o da Madalena. E numa certa rua, de cujo nome já não me lembro, ele parou e disse:

— É aqui que eu moro.

Entrei com ele. Ele me pôs numa sala e disse:

— Espere um pouco.

Uma coisa misteriosa, sabe? Aliás, esse fato explica bem a atmosfera de medo, de susto, de pavor diante do arbítrio, diante do autoritarismo solto, sem peias, que vivíamos então.

E, de repente, a porta se abre e eu vejo entrar na sala o Lauro de Oliveira Lima, que devia ter perdido uns dez quilos nas cadeias de Fortaleza. Estava passando pelo Recife e indo para o Rio de Janeiro, com a mesma coragem e a mesma força de sempre, apenas mais magro; mas com o mesmo olhar vivo, duro, penetrante, mas amigo. Nós nos abraçamos e eu disse:

— Lauro, tu já pensaste em deixar o Brasil?

E ele, num quase grito de nordestino:

— Nunca!

Tenho outra prova da insistência do Lauro em ficar. Me lembro de quando, já morando no Chile, um dia recebi um telefonema, no escritório onde trabalhava, de uma moça falando um português brasileiro um pouco estrangeirado e me dizendo que trabalhava numa companhia de aviação, e que tinha uma carta para mim. Marcou a hora em que ela poderia me receber no hotel em que estava hospedada, e eu fui. E lá ela me deu uma carta de uma grande amiga do Lauro, cujo nome agora não me lembro. Essa pessoa conseguiu, por terceiros, uma relação com essa moça. Era uma jovem europeia que realmente trabalhava numa companhia de aviação, que fazia o percurso Rio-Santiago e depois Europa. Ela se prontificava a trazer, vez ou outra, uma carta ou uma garrafa de cachaça para mim, coisas assim. Uma questão de solidariedade humana. Pois a menina trouxe essa carta dessa pessoa amiga, que me falava da dramaticidade em que Lauro estava. Estava passando um aperto louco. Uma grande repressão, em mil dificuldades. A pessoa me contava isso e me perguntava se eu achava que haveria possibilidade de receber Lauro em Santiago.

Nesse tempo o governo do Chile era o do Eduardo Frei, e Paulo de Tarso, por exemplo, era muito amigo do ministro das Relações Exteriores e também do presidente Frei. E tanto o Paulo de Tarso como o Plínio Sampaio sempre foram de uma solidariedade extraordinária. Eu nunca soube de caso nenhum em que Paulo ou Plínio se tivessem furtado a ajudar um companheiro, e não importava de maneira nenhuma se, inclusive, eles já tivessem visto ou não a pessoa um dia na vida. Nada disso. E Paulo, portanto, obviamente faria o possível para conseguir facilmente do ministro das Relações Exteriores o visto de entrada para o Lauro. Então escrevi, no mesmo dia, para a pessoa, dizendo que dissesse ao Lauro que as providências poderiam ser tomadas facilmente, que falaria imediatamente com o Paulo de Tarso, e que o Lauro ficaria em nossa casa. Estávamos recém-mudados para uma casinha que era parede-meia com a casa onde morava Almino Afonso. Era uma casa bem boazinha, com um quarto no quintal, com banheiro. Não era grande, mas dava muito bem para uma pessoa; dava para estudar, escrever. No dia seguinte, desejosos da vinda do Lauro, Elza e eu contratamos uma pessoa que veio e limpou o quartinho, compramos uma cama nova, enfim, arrumamos a hospedagem do Lauro. E eu sempre desconfiado de que o Lauro não ia topar isso. E, na verdade, no voo seguinte, a moça trouxe a resposta da amiga do Lauro: "O Lauro disse que prefere morrer. Que você não fique triste, ele gostaria muito de estar com você, mas no Brasil. Aí, não."

Dei dois exemplos, mas cada um de nós poderia dar outros tantos, de brasileiros que poderiam ter-se exilado, mas que preferiram não sair do país. No fundo, a persistência desses exilados "internos", a sua luta, têm que ver com a volta dos exilados "externos", como eu.

Sérgio: Mas, Paulo, você havia dito antes que, a princípio, reagiu à ideia de se asilar. Se você tivesse oportunidade de reviver a situação, com a experiência que tem hoje, manteria a mesma posição ou escolheria uma boa embaixada?

Paulo: A sua pergunta é válida, mas confesso que, depois da experiência que vivi, eu me convenci de uma porção de coisas óbvias; entre elas, a de que a prática é que me faz decidir. É exatamente vivendo o momento. Você pode ter situações e situações de exílio. Há diferentes situações históricas em que a decisão do exílio se impõe. No fundo, o exílio é uma relação que se estabelece entre a pessoa que vai tomar a decisão de se exilar e a situação concreta que gera a necessidade de exílio. Tem que ver com a pessoa e com a situação, com o momento. Hoje, considerando isso, diria que, a não ser que a coisa fosse muito, muito arriscada, poderia ficar. Mas uma coisa lhe digo: não tenho nenhuma vocação para herói. Acho que as revoluções, inclusive, se fazem com gente viva e com um ou outro cara que morreu, mas não porque quis. Ninguém morre porque quer, a não ser o suicida.

3. "Taí, capitão, o novo pássaro"

Sérgio: Paulo, e como é que lhe foi passada a voz de prisão?

Paulo: Eu já tinha até me apresentado pessoalmente ao secretário de Segurança Pública, quando voltei de Brasília, e ele disse: "Muito bem, o senhor depois pode ser chamado para fazer um depoimento." E realmente fui, e fiz umas declarações. No dia seguinte estava em casa, não me esqueço do dia: 16 de junho, dia do aniversário da Elza. Era manhã cedo. Estava reescrevendo parte da minha tese — a que já me referi em *Partir da infância* —, no sentido de preparar o livro que se chamou *Educação como prática da liberdade*.

Era manhã cedo, quando chegaram dois policiais, se identificaram e disseram que deveria acompanhá-los.

Me vesti, tomei um cafezinho, me despedi da Elza e fui. Passamos rapidamente pela Secretaria de Segurança Pública, pela polícia, e de lá eles me levaram para o quartel.

Sérgio: Você levou mala, alguma coisa?

Paulo: Não, não levei nada. Fui com a roupa do corpo. Aquela era a minha primeira prisão. Me faltava experiência, razão por que, ingenuamente, pensava que voltaria no mesmo dia. Quando cheguei ao quartel do Exército, que era a Companhia de Guarda, desci da Kombi em que eles me traziam e, na entrada, me fizeram parar e foram buscar o capitão. Nisso, um dos policiais, o mais debochado, o mais arrogante, prepotente, olhou para o capitão maliciosamente e, passando a olhada de raspão por mim, com um riso disse:

— Taí, capitão, o novo pássaro que eu lhe trago.

Os dois se entreolharam e deram um riso quase de orgasmo, um riso de verdadeiro gozo diante do novo pássaro.

Sérgio: Ao ser preso, Graciliano Ramos, por exemplo, até deixou em suas *Memórias do cárcere* a lembrança de um capitão correto, compreensivo, o Capitão Lobo, não é? Já você parece não ter tido a mesma sorte...

Paulo: Não, eu gostaria de chamar a atenção para o fato de que também encontrei, na minha experiência de cadeia, dois ou três oficiais que tinham uma relação correta comigo e com os outros presos. Uma relação digna, decente, respeitável. Isso não significava que eles estivessem solidários conosco do ponto de vista político, ideológico. Mas tinham um comportamento de gente, tinham também a sua autoridade como oficiais do Exército, responsáveis por isso, por aquilo, mas eram gente, afinal de contas. Agora, também encontrei sargentos e oficiais do Exército arrogantes, prepotentes.

Quando me refiro a esse fato, no outro livro que estou escrevendo, digo que naquela manhã experimentara, pela segunda vez na minha vida, uma situação em que não sabia bem o que fazer das mãos e do corpo mesmo. A primeira, na infância; a segunda, a do quartel, a que me refiro agora, ouvindo um arrogante... Confesso que um dia gostaria de reencontrar esse homem, não para assumir alguma postura de vingança, mas simplesmente para olhar de novo a cara dele.

SÉRGIO: Do capitão?

PAULO: Não, do araque que me chamou de pássaro.

SÉRGIO: Que poesia! *(ri)*

PAULO: É, que poesia às avessas! Pois foi assim. E aí fui fichado, e comecei a minha experiência de cadeia, que não foi muito longa nem muito dramática. Digo isso porque sei que houve experiências muito mais dramáticas e demoradas, de companheiros nossos. A minha não, mas foi suficiente para me ensinar algumas coisas.

4. Aprendendo a viver na cela

SÉRGIO: Você conheceu muitos tipos de cela?

PAULO: Não, tive uma experiência bastante dura numa cela que tinha mais ou menos 60cm de largura por 1,70m de comprimento, quer dizer, era do meu tamanho.

SÉRGIO: E de que altura?

PAULO: Não sei bem quanto tinha, mas era bastante alta.

SÉRGIO: Dava para ficar de pé tranquilamente?

PAULO: Ah, de pé dava. E tinha que andar nesses 60cm por 1,70m. As paredes eram de cimento áspero, não dava para encostar o corpo. Pois bem: aí, quando estive nessa cela, tive um testemunho muito confortante, de um jovem soldado e de um sargento. O jovem soldado chegou num pôr de sol e, certificando-se de que estava sozinho diante de mim, e de que entre nós já havia só a grade que nos separava, disse:

— Professor, o senhor tem experiência disso?

— Claro que não tenho!

— Olhe, isso daí é terrível, nem a gente aguenta. Professor, faça o seguinte: me dê o seu endereço, porque hoje de noite eu saio e vou à sua casa para avisar sua mulher.

É que a Elza não sabia que eu fora transferido do quartel onde estava para esse outro. Dei o endereço e, realmente, no dia seguinte ouvi a voz da Elza, porque a parede dessa cela morria no Corpo da Guarda do quartel. De maneira que ouvia quem chegava, e ouvi a Elza perguntando por mim em voz alta. O soldadinho funcionou, não? E eu então também falei alto da minha cela, dizendo para Elza que estava ali e que ela ficasse bem. E ela me ouviu, porque quando lhe foi permitido me visitar, me contou isso e que recebera a visita do jovem soldado. Disse que ele foi à noite à nossa casa, muito assustado, falou que era soldado e que eu estava numa cela muito ruim. Mas imediatamente disse a ela também:

— Olha, se a senhora me vir amanhã no quartel e me cumprimentar eu não respondo, porque não vou conhecer a senhora. Eu não posso conhecer a senhora.

E a Elza:

— Não, meu filho, eu lhe garanto que nunca mais reconhecerei você.

Veja você, é uma coisa linda! Era um jovem soldado que achava que aquele treco era absurdo, mas que sabia também ao que estaria exposto se se descobrisse que ele levara a Elza a notícia da minha nova habitação.

O outro testemunho bonito, também aí, nessa cela, foi de um sargento. Ele veio a mim assim que assumiu o Corpo da Guarda e disse:

— Olha, professor, aguentar esse negócio aí, é claro que se aguenta, mas a gente tem que ter certa manha...

Hoje se diria: "A gente precisa saber transar esse espaço." E aí ele me sugeriu o seguinte:

— O senhor não deve ficar o tempo todo nem deitado e nem só em pé. O senhor deve se mover na cela. Ao se deitar, o senhor deve levantar bem as pernas para cima, por uma questão de circulação. E, de vez em quando, a cada quarenta minutos, o senhor deve chamar o Corpo de Guarda. O senhor chama assim: "O cabo da guarda, sargento da guarda!" E um de nós vem cá e o senhor diz: "Olha, eu preciso ir ao banheiro." O senhor não precisa esperar a necessidade, inventa ela. Mais do que do banheiro, o senhor vai precisar é mover o seu corpo fora para poder resistir a isso. O senhor pode, afinal de contas, passar só um dia aí, mas o que saiu antes do senhor passou quarenta dias aí dentro, de maneira que é preciso que o senhor preveja que pode passar mais de um dia, pode passar dez, e isso pode lhe fazer mal.

Tive outros testemunhos assim, mas esses dois não poderia deixar de citar, como também o de um jovem oficial que comunicou a Elza que eu fora transferido, num outro momento. Ou seja, não posso dizer que só encontrei arrogância e petulância. Encontrei também essas experiências de gente.

Sérgio: E esses setenta e poucos dias que você passou na prisão, foram todos em Pernambuco?

Paulo: Foi no Recife e em Olinda, em dois tempos. Estive vinte e poucos dias numa primeira vez, e cinquenta dias na outra.

5. Caso e "causos" de Clodomir: tarefa política na cadeia

Sérgio: E como é que você ocupava o seu tempo na prisão?

Paulo: Olha, de um lado, lia, nas prisões onde era possível ter livro. De outro, conversava com companheiros, jogava palavras cruzadas, por exemplo.

Tive também um testemunho, agora de preso, que para mim foi extraordinário, de uma pessoa que ficou um grande amigo meu até hoje, que é o Clodomir Morais. O Clodomir tinha sido preso antes do golpe, no Rio de Janeiro, pela polícia de Lacerda. Ainda no tempo de Goulart como presidente da República, mas não sob a responsabilidade de Goulart, claro. Aliás, ele tinha sido até torturado, antes do golpe. Ele e a esposa dele também.

Sérgio: Por quê?

Paulo: Pelas posições políticas dele, por sua prática política. E depois foi condenado, acabou ficando aproximadamente uns dois anos na cadeia. Quando saiu, possivelmente seis ou oito meses antes do golpe, ficou fora pouco tempo, pois foi preso de novo no Recife. Ele era muito ligado aos camponeses e trabalhara muito, inicialmente, com as Ligas Camponesas, com o Julião. Depois parece que houve uma separação política entre eles.

O fato é que o Clodomir Morais foi preso e deve ter passado uns sessenta dias numa celinha igual à minha. Eu o tinha conhecido antes do golpe e, um mês antes, tínhamos tido uma conversa na Universidade do Recife. Depois do golpe, numa cadeia desses quartéis de Olinda, nós nos reencontramos. Falar sobre o Clodomir para mim é quase uma obrigação.

Em primeiro lugar, o Clodomir é um grande contador de histórias. Insisti muito, inclusive, para que ele escrevesse essas histórias. Ele escreveu, mas acho que não publicou.[20]

Em segundo lugar, o Clodomir é um homem do sertão, do *Grande sertão: Veredas*. Ele conhece toda aquela região que Guimarães Rosa discute, e a linguagem também. Por exemplo, li Guimarães na cadeia. Confesso que devia ter lido antes, mas não tive tempo e só li na cadeia. E li maravilhado, mas muito ajudado pelo Clodomir, que me elucidou muita trama do livro e muita linguagem dos personagens de Guimarães.

Em terceiro lugar, o Clodomir assobiava extraordinariamente. Aí ele juntava essas coisas, o bom humor dele e a experiência política que tinha de cadeia, inclusive. Ele conhecia, por exemplo, as curvas de euforia e de depressão do novo preso. Dois dias depois de chegado o novo preso, ele já sabia que o cara ia "cair". Quando o camarada percebia que tinha que viver um período de carência para que a mulher dele, ou os filhos, a noiva, ou a mãe o visitassem, no segundo dia desse período de carência ele começava a cair um pouco, quando a realidade da cadeia se impunha. E o Clodomir pressentia. De um lado ele sabia; de outro, adivinhava. E aí ele se aproximava do cara e inventava conversa, contava histórias do sertão.

[20] Dois volumes de *Contos verossímeis* foram finalmente publicados pelas Edições Casa da Cultura Antonio de Lisboa de Morais, em 2003. O primeiro traz "Pedro Bunda" e "Causos de sentinela", o segundo, "O ladrão da calça de casimira" e "Mestre Ambrósio".

Havia, por exemplo, um personagem extraordinário, que realmente existiu, no sertão de Clodomir: chamava-se Pedro Bunda, um "grande filósofo". E as histórias de Pedro Bunda eram histórias maravilhosas que o Clodomir contava e, necessariamente, refazia, recontava, recriava constantemente, mas com um gosto fantástico, inclusive literário.[21]

E o Clodomir não contava essas histórias para deleite pessoal apenas: contava como tarefa política. É uma coisa que me fez admirar profundamente o Clodomir até hoje: ele cumpria uma tarefa política na cadeia. E não só com histórias, mas também com o seu assobio; ele assobiava clássicos, como Bach, Beethoven; assobiava os músicos da sua região, grandes músicos analfabetos da sua região. Tocou pistão quando menino. Pois bem: com suas histórias, sua capacidade de assobiar bem, sua experiência anterior de cadeia e de ter sido torturado, ele sabia que, pondo tudo isso junto, podia exercer uma tarefa política lá dentro. E que tarefa política era essa? A de assegurar um mínimo de segurança ao preso. Se o preso fosse chamado para depor numa noite daquelas de insegurança, poderia ceder, poderia cair, poderia pifar. Daí a tarefa política dele, que não está nos livros de tática revolucionária, mas que ele sabia que era uma tarefa para o espaço da cadeia.

Mas além das histórias e dos concertos que ele dava, também tinha sugestões excelentes para dar aos presos. Um dia, por exemplo, conversando conosco, ele disse: "Há palavras que preso não usa em depoimento. Uma delas é 'aliás'." As outras eram, se não me engano, "por sinal" e "a

[21] V. anexo, a "Carta a Clodomir Morais" de Paulo Freire, e, ainda, o "causo" de Pedro Bunda, integrante da coletânea de Clodomir Morais.

propósito". Mas o "aliás" é uma maravilha! Por exemplo, você está sendo ouvido e, de repente, o coronel lhe pergunta: "O senhor conhece o Sérgio Guimarães?" E você responde: "Não, não conheço. Aliás..." Quando você diz esse "aliás", até que você pare, vai ter que meter um terceiro no fogo.

Enfim, essas lembranças do Clodomir estão entre as mais ricas, quando penso em minha passagem pela cadeia. Ainda me lembro do esforço com que a Elza trazia, às vezes ajudada pelas filhas, panelas com comidas para nós. Ela não trazia só para mim, não. Uma vez éramos oito, aliás, bem tratados, num quartel de Olinda. A Elza tinha assumido com prazer a tarefa de trazer a comida. E lá ia o soldado apanhar na portaria do quartel a panela com feijoada, para depois levar a panela vazia. Um dia eu lhe disse: "Mas, Elza, isso é um trabalho enorme!" A gente não tinha dinheiro para ela pegar táxi, vinha de ônibus, de Casa Forte para Olinda. E ela me respondeu poeticamente: "Prefiro continuar fazendo isso porque assim entro um pouco na sua cela através da comida e da panela, e você vem um pouco na panela vazia."

Mas, com essa comida que a Elza trazia, o Clodomir me deu um outro ensinamento político extraordinário, e não só a mim, mas aos outros presos também. No primeiro dia em que chegou uma feijoada fantástica feita pela Elza, os seis companheiros e eu partimos para cima da feijoada. Enquanto isso, o Clodomir pegava uma lata vazia de leite em pó, das grandes, que a gente tinha, bem limpa, e com o almoço que veio para nós — muito melhor que o almoço que ia para os camponeses presos lá embaixo, numa condição péssima —, foi preparar um almoço melhor para os camponeses. E, enquanto comíamos o nosso, ele fez primeiro o almoço dos camponeses. Pegou, inclusive, uma parte do que sobrou para ele e pôs em cima da comida dos camponeses, para distingui-la e dar aparência de que não era comida do quartel. Nessa lata ele fez até uma separação, com guardanapos de papel, para não misturar a sobremesa com a farinha, com o feijão. Depois de obter solidariedade também de um jovem soldado que, correndo risco, levou isso para os camponeses lá embaixo, aí é que ele veio comer o dele.

No primeiro dia que vi o Clodomir fazer isso, pensei: "Puxa, esse homem está tendo uma postura muito mais revolucionária do que nós!" E havia muito mais gente dita revolucionária do que eu também. E dizia a mim mesmo: "Como a gente aprende todo dia! Com esse gesto, numa condição diferente, na cadeia, o Clodomir continua sendo um político, e muito mais concretamente do que eu." A partir daí, no dia seguinte, quando chegou a comida de novo, assumi com o Clodomir a feitura do almoço dos camponeses primeiro. Não comentei nada, mas aprendi a lição que ele me deu, fazendo. Deu uma lição na prática, e não fez nenhum discurso. Humildemente, ele não olhou para nós e nos cobrou: "Onde é que anda a revolução de vocês? Onde anda a ideologia, a posição política de vocês?" Não cobrou, só cumpriu a tarefa dele. Aliás, depois, no exílio, ele me deu outros testemunhos disso.

Enfim, em relação a essa experiência de cadeia, sempre digo, sem ser masoquista, que retirei muita coisa importante da minha pequena experiência, da minha passagem por ela. Talvez aí até seja uma deformação profissional de educador: sempre procuro aprender algo na prática em que estou. Se a minha prática era de preso, eu tinha que aprender era dela mesmo. Sem querer bem a ela, mas tinha que aprender.

6. O tenente, o prefeito e o clínico: três casos exemplares

Sérgio: Na sua passagem pela cadeia você teve oportunidade de alfabetizar alguém?

Paulo: Não, mas houve comigo um caso interessante, na minha primeira passagem. Um dia, à noitinha, um jovem tenente, dos que tratavam a gente com decência, cortesmente, veio à cela onde eu estava e disse: "Professor, eu vim conversar com o senhor porque agora nós vamos receber um grupo de recrutas, e entre eles há uma quantidade enorme de analfabetos. Por que o senhor não aproveita a sua passagem por aqui e ajuda a gente a alfabetizar esses rapazes?"

Olhei para o tenente e disse: "Mas, meu querido tenente, eu estou preso exatamente por causa disso! Está havendo uma irracionalidade enorme no país hoje, e se o senhor fala nessa história de que vai convidar o Paulo Freire para alfabetizar os recrutas, o senhor vai para a cadeia também. Não dá!"

E ele: "Puxa, mas é assim?!" Claro, não deu. Por outro lado, entre os meus companheiros de prisão não havia nenhum analfabeto. Estive também com os camponeses, entre os quais poderia haver um ou outro que não soubesse ler, mas aí eu passei somente poucas horas.

Ainda em termos de experiência de cadeia, num momento diferente daqueles em que estive com o Clodomir, também tive outros companheiros extraordinários de prisão, como, por exemplo, o Pelópidas Silveira, que era prefeito do Recife quando Miguel Arraes era governador. Além de ser um grande homem, um grande intelectual, um grande cara, afinal de contas, o Pelópidas é um desses sujeitos que dão uma dose de alegria de viver simplesmente porque estão vivos. Inclusive se diz do Pelópidas algo que eu gostaria de citar aqui. O golpe já vitorioso. Arraes preso. Goulart fora do país. Um general o chama e lhe diz: que ele fizesse uma nota oficial como prefeito, apoiando o que ele, general, pitorescamente, chamava de "revolução", dizendo que era a salvação da vida e do povo brasileiros, da democracia brasileira. Salientando a liderança popular de Pelópidas, insistindo na repercussão de sua nota, acenou com a possibilidade de uma cadeia mais amena, ou até de não tê-la. Pelópidas respondeu ao oficial que, se fizesse isso, o seu gesto seria a melhor maneira que ele teria para ficar na história brasileira tendo "saído" dela, tendo-a negado, negado o seu povo. E que esta não era a maneira pela qual ele pretendia evitar a cadeia. Ou seja: se para não ir para a cadeia era preciso negar a história, negar o seu povo, ele jamais faria isso. Entrava na cadeia sem negar a história, e fazia do seu entrar na cadeia a melhor maneira de revelar o seu respeito à história e a seu povo. Essa afirmação é bem do Pelópidas; fui professor com ele na universidade e sei bem que homem ele é.

Um outro testemunho extraordinário foi de um grande professor de medicina da Universidade de Pernambuco. Um grande clínico, Rui João Marques, que inclusive passava o tempo de cadeia, nas manhãs de sol de Olinda, fazendo doces de banana. Cortava as bananas e as punha a tomar sol, depois as passava no açúcar cristal. Preparava então sobremesas muito boas para nós. Era um homem extraordinário, que não cedia, não se curvava de modo algum.

Afinal, o que posso dizer é que em minha experiência de cadeia não tive nenhum testemunho de companheiro de prisão que pudesse ter me entristecido ou decepcionado. Destaquei esses casos, mas há muitos outros que mereciam registro, por sua forma corajosa de ser gente.

7. Saudade, sim. Desespero, não

Sérgio: Houve algum momento na cadeia em que você tivesse chegado ao desespero?

Paulo: Ah!, não, nunca. Eu me lembro inclusive de frases que escrevi no *Grande sertão: Veredas*. Uma dessas frases vale aqui como resposta apenas, e não como valor literário. Foi algo que escrevi na página branca de dentro do livro, no qual colhi assinatura de meus companheiros de prisão e, depois, assinaturas no exílio também. Esse livro terminou sumindo, mas me lembro de que, nessa mensagem que escrevi, terminava mais ou menos assim:

"Olinda, Distância, Prisão...
Saudade sim,
Desespero não."

Era exatamente isso: ou seja, jamais me senti desesperado dentro da cadeia.

Sérgio: E também não teve medo nenhum de morrer?

Paulo: Também não. Acho até que não havia, na época da minha prisão, por que pensar em ser fuzilado. Seria um pouco exagerado. Já não era essa a situação dos companheiros que foram presos depois, em 1969. Aí sim, quem estava preso, na tortura dura, sendo esmagado, ferido, aí sim era para se ter medo de morrer. Ao camponês, ao operário, presos nessa época, era legítimo pensar em morrer. Eu não tenho dados concretos para dar, mas qualquer sujeito que faça um estudo disso — se é que já não se fez — constatará. Na minha época, porém, não se havia generalizado ainda muito a "democratização" da tortura. *(ri)* O problema da posição de classe ainda funcionava, no começo de 1964, no golpe. O professor universitário, afinal de contas, era visto como um cara que participava da mesma posição de classe dos oficiais e que apenas era visto como o cara que estava traindo a sua classe. Portanto, a posição de classe funcionava ainda. Deixou de funcionar a partir de 1969; aí, fosse professor, fosse o que fosse, ia para o porrete mesmo. Era inimigo da ordem, declarado.

Naquele momento, enfim, não tive medo, não pensei que ia morrer. E claro, tinha saudades de casa, e havia, também, a sensação de não ser livre. Eu me lembro inclusive de quando, tempos depois, já no Chile, participando de um curso, falava da necessidade de transformação real das estruturas materiais da sociedade, sem o que a gente não teria a libertação. Dizia que o processo de libertação não se dava na cabeça de ninguém, mas na práxis política e histórica das classes sociais, na luta de classes, na confrontação das classes sociais. E eu me lembro de que um grupo dizia que não, que era um absurdo. E então falei da minha experiência e contei a eles o meu dia inteiro e a minha noite naquela cela mínima. Dizia: "Dentro da cela eu era capaz de imaginar o que minha mulher estava fazendo em certa hora do dia, onde estariam meus filhos, minhas filhas. Eu divagava, era capaz de sair da cela com a imaginação. Mas, para eu me libertar da cela, era preciso que alguém viesse e abrisse a porta ou que eu a arrebentasse." Se não houvesse esse esforço físico, material, de superação da situação concreta em que eu estava, não resolvia. Eu não me libertaria sem esse esforço material; ficaria lá até hoje, e a imaginação poderia estar voando ainda... Se bem que seja fundamental, inclusive, a imaginação na luta, no ato de conhecer. Acho mesmo que a imaginação é uma forma antecipada de conhecer, faz parte do conhecimento. Mas não pode ficar nisso.

SÉRGIO: Nesse período você chegou alguma vez a perder a noção do tempo?

PAULO: Ah, sim, cheguei. Houve um dia em que eu pensava que era uma terça-feira, por exemplo. Estranhava enormemente o silêncio do quartel, quando passou um oficial que me cumprimentou, e perguntei a ele que diabo era aquele silêncio. E ele: "É que hoje é domingo." Aí é que eu soube.

SÉRGIO: Você chegou a escrever enquanto estava preso?

PAULO: Um dia escrevi, num envelope de cartão de cigarros, alguma coisa sobre a solidão. Mas fui obrigado a rasgar, porque o papel não passaria, e depois nunca pude refazer. Escrevi também duas cartas para minhas filhas, cartas que foram lidas antes pelo tenente, que as deixou passar pela censura. Fora isso não pude escrever nada. O tempo também foi pouco.

Em certo sentido até que também gosto de que a minha experiência tenha sido pequena, para não alimentar nenhum ufanismo revolucionário por ter sido preso. E por reconhecer que nada disso, e até mais do que isso, seria suficiente para me pôr numa posição de quem exigisse da história um reconhecimento. E até que é bom que no meu caso não se dê. Seria tão ridículo pretender apresentar esse passado como uma coisa extraordinária que acho ótimo que eu não possa; mesmo se quisesse, o currículo é muito curto, muito pequeno. Mas foi o suficiente para me ensinar muita coisa!

8. "Favor remessa Paulo Freire"

Sérgio: Depois dessas visões todas que você ainda retém na memória, a gente podia encerrar esse capítulo com uma curiosidade minha: como é que aconteceu a tua saída da cadeia? Você arrebentou a porta?

Paulo: Ah, não. Realmente, uma noite, um oficial veio à cela onde eu estava e disse que ajeitasse minha malinha, que estava livre. Até me lembro de como lhe falei: "Olha, tenente, me diz se esse negócio é de verdade, porque outro dia um companheiro nosso saiu daqui com um outro oficial que veio buscá-lo, foi solto, mas quando ele botou o pé na rua do quartel foi preso de novo e a família não sabia para onde o levaram. Veja bem: se for para sair daqui e ser preso na saída do quartel, por que diabo o senhor vai me fazer perder tempo de me vestir? Assim, fico aqui mesmo." "Não, professor", disse o tenente, "o senhor está solto, está livre. Claro, o senhor pode ser chamado depois para fazer mais declarações, mas está solto. Inclusive quero ter a satisfação, se o senhor me permite, de telefonar para a sua esposa. O senhor me dê seu telefone, para que ela venha buscá-lo. O senhor fica comigo lá no Corpo da Guarda e eu chamo a sua senhora." Muito bem: me despedi dos meus colegas, meus companheiros e saí. Realmente falou para a Elza que, dentro de uns trinta minutos, chegou com o meu cunhado, para me buscar.

Essa foi a última passagem pela cadeia. Depois disso realmente fui chamado para responder a outras perguntas, mas livre, tendo apenas que ir ao quartel diariamente, e responder ao IPM (Inquérito Policial-Militar) que corria contra mim. Já no fim, no Recife, um dia, o capitão que datilografava as minhas respostas, e que também me tratava com muita decência, me comunicou que chegara um telegrama do coronel que coordenava um IPM no Rio de Janeiro, pedindo que eu fosse encaminhado ao Rio. E nunca me esqueço disso porque o capitão me deu o telegrama para ler. Estava escrito o seguinte: "Favor remessa Paulo Freire". E até comentei: "Puxa, capitão, já deixei de ser gente e virei pacote!" E de lá fui para o Rio de Janeiro. Foi aí que me informaram que eu iria ser preso de novo. Então aproveitei e me asilei na embaixada da Bolívia. Da embaixada saí um mês e pouco depois para La Paz, onde aliás passei muito mal, por causa da altitude. Mas quinze dias depois da minha chegada a La Paz houve um golpe de Estado contra o presidente Paz Estenssoro. Foi quando me retirei da Bolívia e fui para o Chile, onde cheguei dias depois da posse do presidente Frei.

SÉRGIO: Das cadeias do Recife e de Olinda para o Rio, daí para a Bolívia e de lá para o Chile. Você acaba de passar muito rápido por esse trajeto. Gostaria de voltar a ele num outro momento, partindo talvez da primeira pergunta que me surge à frente: afinal de contas, sabendo-se da tradição histórica que a Bolívia tem de recordista de golpes de Estado, por que o exílio justamente na Bolívia?[22]

[22] Ver, a esse respeito, o capítulo 4 deste volume.

3

64: Cadeia — 2

1. Fazer o pastor sorrir: anedotas picantes

Sérgio: Sei que uma história puxa a outra, mas, como já disse, você foi rápido demais, não só da prisão até a sua saída do país, mas também em relação à própria prisão. Essa história que você estava me contando há pouco, por exemplo, antes da gente começar a gravar, como é que foi?

Paulo: Você tem razão. Esta é uma história importante, em termos políticos e também afetivos. Montaram a tal célebre farsa com o prefeito Pelópidas: pediram que ele fizesse uma declaração pública apoiando o golpe, e ele se recusou. Pois bem: logo após saiu uma nota oficial do 4º Exército afirmando, entre outras coisas, que o Pelópidas traíra a boa vontade humana e cristã do coronel. E, lógico que assumi uma posição de solidariedade completa ao Pelópidas, que estava na minha cela. Mas o Pelópidas ficou tão irritado com aquele testemunho terrível do coronel que começou a passar mal, adoeceu de raiva, de raiva legítima. E eu tive que intervir energicamente junto ao oficial do dia, mas sem que esse "energicamente" significasse arrogância. O fato é que Pelópidas não estava bem, e eu pedi que o oficial do dia trouxesse um médico do Exército, ou médico civil, para atendê-lo. O tenente, no entanto, hesitou e eu me lembro de que o responsabilizei pelo que acontecesse; disse que, se houvesse qualquer coisa com o engenheiro Pelópidas, ele seria responsável e que, não importasse quando, mas em qualquer dia em que houvesse oportunidade neste país, eu o responsabilizaria pelo que acontecesse naquele momento com a saúde do professor Pelópidas.

Ele acabou trazendo um médico, mas ficou com tanta raiva de mim que foi manifestar sua ira ao coronel. Daí, por causa disso tudo, fui punido. Decidiram então me mudar de cela e me puseram num quarto maior, com 25 presos, onde a gente dormia quase um batendo no outro. Pelópidas também foi. Fui rebaixado de posto. *(risos)* Desse lugar, bem pior, dois dias depois fui transferido para a tal cela.

Sérgio: A solitária?

Paulo: É. Mas na outra ainda, estávamos um dia, bem no começo da tarde, sem saber o que fazer os 25. Entre nós havia um companheiro, pastor protestante, homem muito sério e corajoso, e um outro, mais jovem, que fora aluno meu quando menino, o Miguel Dália, e que tinha sido delegado de polícia do governo Arraes e estava preso.

Sérgio: Todos os que estavam nessa cela eram presos políticos?

Paulo: Eram, todos presos políticos. O Miguel me reconheceu como seu antigo professor e me disse que estava muito preocupado com o estado de espírito do pastor protestante. Disse que não havia quem o tirasse daquele estado de reflexão absoluta, que ele estava totalmente mergulhado em si mesmo o dia todo. Ninguém conseguia fazê-lo rir ou conversar. Aí o Miguel me apresentou sua ideia de como arrancar o pastor daquele torpor e silêncio. "Vamos contar anedotas picantes pra ele." "Por que não? Não custa tentar", comentei. Então o

Miguel se aproximou do pastor e começou: numa tarde ele conseguiu fazer o pastor sorrir, e de sorrir ele acabou rindo. E, ao rir, acabou por começar a viver de novo; saiu de dentro de si mesmo e começou a se comunicar mais.

2. O golpe do banho morno, para ver o Julião

Paulo: Foi quando eu estava nessa sala maior que uma noite fui levado por um jovem oficial para encontrar o Julião.

Sérgio: O das Ligas Camponesas?

Paulo: Exato. Eu me lembro de que um jovem oficial chegou junto a mim na grade e me perguntou baixinho se eu gostaria de encontrar o Francisco Julião. Claro que eu gostaria, disse, e ele me falou que o Julião estava trancado ali, exatamente na tal cela solitária que eu experimentei uns dois ou três dias depois.

Sérgio: E você já o conhecia pessoalmente?

Paulo: Claro, claro que já conhecia o Julião pessoalmente. Já tinha tido umas tantas conversas com ele, ele como deputado federal e eu na direção do Plano Nacional de Alfabetização de Adultos.

Então o tenente me disse: "Olha, vou fazer o seguinte. Saio daqui e você chama o sargento da guarda e diz a ele que quer tomar um banho morno. Para tomar o banho morno você tem que passar pela cela onde está o Julião. Aí eu vou lá, tiro o Julião de dentro e vocês se encontram um segundo."

O tenente se afastou e eu comecei a gritar para o sargento da guarda, que ficou muito irritado. Veja você, o sargento, homem do povo, parece que era mais submetido à ideologia dominante, e devia ver em mim um sujeito diabólico. Veio com muita raiva até mim e perguntou o que eu queria. Falei que queria tomar um banho morno e ele disse: "Não tem esse negócio de banho morno aqui, isso tá muito fácil." E eu disse: "Não tem esse negócio de fácil ou difícil. Se você não tem autorização para me permitir tomar um banho morno, chame o tenente, o oficial de dia. E se o senhor não chamar eu chamo." Aí ele se viu obrigado a chamar o tenente, que era justamente o que o tenente queria. Ele veio, perguntou o que eu queria, falei e ele mandou o sargento abrir a porta. E disse: "Pode deixar que eu levo o professor." O sargento fez continência e obedeceu. Saí pelo corredor do quartel e aí se deu um fato interessante. Eu tinha que passar pela enfermaria, lá havia dois soldados doentes e eu os cumprimentei. Duas vezes. Mas eles não me responderam. E o tenente, em voz baixa: "Professor, não insista, porque se eles responderem ao cumprimento do senhor vou ser obrigado a puni-los." Essa era a ordem do coronel: soldado não cumprimenta preso.

Veja você, do ponto de vista dessa mentalidade de direita, altamente reacionária, nós éramos os diabos, inimigos invasores. Na melhor das hipóteses, éramos comunistas comedores de gente. O espírito da coisa era esse, de uma raiva necessária contra nós. E isso era incutido nos soldados, eles não podiam nos cumprimentar. E o tenente, superior deles, caso os visse me cumprimentando, obrigatoriamente deveria puni-los.

Pois bem, o tenente seguiu na frente e abriu a solitária de onde tirou o Julião. A expressão é bem essa, "tirou", porque era um buraco de 1,70m por 60cm. Foi dentro dessa cela terrível que o Julião escreveu *Até quarta, Isabela,*[23] um livro que era uma carta à filhinha dele, que ainda não tinha

[23] Esse livro, antes editado em espanhol, foi depois publicado pela Editora Vozes, Petrópolis, 1986.

podido ver. Toda a semana se dizia a ele que, na próxima quarta-feira, ele veria a filha. Conseguiu folhas de papel e escreveu um livro, um livro lindo. Nós nos abraçamos silenciosamente, um momento de muita emoção para ambos. Depois desse abraço quase silencioso nós nos reencontramos no México, nós dois no exílio.

Obviamente agradeci ao tenente, o mesmo que já assumira uma posição maravilhosa no caso do Pelópidas, e também o mesmo que, na minha saída do quartel, me trouxe sem muitos cuidados um exemplar do livro de Guimarães Rosa e me pediu para que eu fizesse uma dedicatória, mesmo sendo um livro que não era meu. Você pode imaginar com que honra, com que emoção eu fiz essa dedicatória ao jovem oficial; fiquei assim entre misteriosamente confundido e feliz. De um lado, homenageava um jovem oficial do Exército que assumia uma posição de solidariedade não apenas comigo mas também com os outros presos políticos, e que demonstrava uma indiscutível coragem. Por outro lado, homenageava um dos maiores livros deste país, que jamais poderia ser meu.

E dizia ao tenente: "Não é melhor que o senhor não tenha o meu nome nesse livro?" E ele: "Professor, se eu não tivesse a coragem de pelo menos ter o seu nome nesse livro preferiria desistir de ser." Isso foi em 1964.

Sérgio: Paulo, à medida que você vai falando, eu sinto perfeitamente, quase de forma visual, quanto a memória funciona como uma espécie de labirinto: a gente entra por um caminho, descobre outros, e outros. Mas, nesse labirinto, eu gostaria de não deixar o caminho daquela história que você estava me contando antes de fazermos este capítulo.

PAULO: Vou voltar a ela agora.

SÉRGIO: A escolha da cela?

PAULO: Exato. Você tem razão, a memória nos vai levando de um fato a outro, e sempre fica ainda algo escondido. Dois dias depois dessa minha conversa com o Julião, eu estava, no início da tarde, com outros companheiros, quando se abre o portão e entra um debochado araque, como se dizia no Recife, um policial de carreira. Não falo de debochado araque com arrogância; eu não me acho, como intelectual, superior ao araque. Só acho que a minha tarefa é melhor do que a do araque *(risos)*, mas não como gente. Pois bem, ele entrou zombeteiramente e disse: "Quem é Paulo Freire aqui?" Eu, bem-comportado, me levantei e disse: "Presente." E ele: "Gosto de ver preso bem-comportado, eficiente. Pegue sua trouxa, você vai embora." Para qualquer preso, essa notícia sempre era uma interrogação muito grande. Você nunca sabia de fato para onde ia: tanto podia ser para casa como para outro lugar, desaparecer, enfim. Acabei saindo com a minha mochila. Havia um jipe lá fora com mais dois presos, um deles depois virou um grande reacionário.

3. O MAIS VELHO E O MAIS NOVO: UM CLOSE DE MÃOS SE PROCURANDO

PAULO: Foi aí que partimos para a experiência do quartel na praia, em Olinda. Um jovem tenente — os tenentes sempre são jovens, a não ser quando entram nas Forças Armadas como soldados — e dois soldados armados nos levaram então para a célebre cela de 1,70m de comprimento por uns 80cm de largura.

Sérgio: Pelo menos o pé-direito era bom?

Paulo: É, um pé-direito colonial. *(risos)* Eles nos levaram então para dois corredores na parede, que eram duas celas. Uma delas ficava mais próxima a um janelão de ferro, sempre aberto, e obviamente tinha uma ventilação constante. Tudo indicava então que esta cela mais próxima ao janelão era menos mortal. A outra, um pouco mais distante, não era tão boa, ou melhor, a primeira era menos ruim que essa outra. O tenente mandou abrir o portão com uma chave que devia ter uns 10cm — parecia faroeste americano — e me mandou entrar na cela pior. O outro preso, mais jovem, devia ter uns 22 anos, me olhou e disse para ficar na dele. E eu, que já tinha 42, observei: "Sei que você é mais moço do que eu, mas também não sou tão velho." E ele: "Eu sei que não é, mas acho que eu devo ficar no lugar pior."

O tenente então aceitou a sugestão e me pôs na menos ruim. Fecharam os dois portões e aí o moço, da sua cela — não nos víamos, só nos ouvíamos —, me propôs que a gente fizesse um jogo, uma brincadeira. Topei e propus que a gente pensasse em voz alta em pessoas conhecidas que caberiam ou não dentro daquelas celas. E começamos. Ele era um jovem universitário, e eu professor, de modo que tínhamos pessoas comuns para citar. Eu dava um nome, ele puxava outro e assim fomos passando os professores da universidade cujo tamanho a gente sabia que dava ou não lá dentro. Eu me lembro de que citei o Ariano Suassuna; o meu grande amigo Suassuna seria inviável naquela cela. *(risos)*

Sérgio: Por quê?

PAULO: Sobraria, não? O Ariano é bem mais alto do que eu. Eu tenho 1,70m e tomava todo o comprimento da cela. Gritei então: Ariano Suassuna. E o cara morria de rir. Depois gritei: Paulo Rosas, um psicólogo pernambucano grande amigo meu e de Elza. "Esse dá", se divertia o estudante. O Paulo Rosas é pequenininho, baixinho.

Mas num determinado momento... e é aqui que eu me pergunto, como você já perguntou: até onde tudo isso que eu conto tem a ver com pedagogia? Eu acho que tem. Há uma pedagogia no comportamento, na maneira de interpretar os fatos, no respeito à história, não há? Num determinado momento, era dia de visita, uma pessoa amiga do meu vizinho nos viu entrando quando ela passava para visitar um parente. E viu que nós éramos conduzidos para aquelas celas. A tal pessoa já devia conhecer a geografia do quartel, em função dos amigos e parentes, e estava trazendo um frango assado. Já imaginou o que é um frango assado para um preso? Pois bem: depois de conversar com o parente, essa pessoa, de acordo com o moço, disse que o tinha visto entrar numa cela péssima, propôs que o frango fosse dividido pelo meio, e conseguiu com um soldado que a metade fosse entregue para ele. Ainda estava quentinho...

O estudante e eu estávamos mortos de fome. Mas ele recebeu a metade e disse: "Professor, hoje temos um almoço maravilhoso. Uma amiga me mandou a metade de um frango e vou parti-lo para nós." E me passou uma parte pelas grades, só víamos nossas mãos no ar, os rostos não. De modo que até hoje me lembro do movimento inquieto da mão dele, um movimento solidário e amoroso.

Enquanto eu comia o meu pedaço de frango me lembrava do momento anterior, dramático e profundamente estético. Mãos que se procuravam no ar para se transferir um pedaço fundamental de vida na perna assada de uma galinha. E pensei que, se fosse cinegrafista, um dia inventaria uma situação dessa só para fazer um *close* das mãos se procurando. Comemos sem dizer palavra e depois voltamos a conversar, e continuamos a nossa brincadeira do grande e do pequeno que caberiam ou não na cela.

4

Fim da cadeia, exílio na Bolívia

1. O tenente que matava moscas

Sérgio: Depois da saída da cadeia você havia dito que fez um itinerário Recife-Rio e Bolívia-Chile, mas tudo num comentário muito rápido. Por onde poderíamos retomar essa passagem, com mais vagar?

Paulo: Não foi só rápida, foi um salto. O que me sugere, aliás, no fundo, uma grande vontade de passar rapidamente por certos momentos não muito gostosos. Fiz a passagem tão rápido que agora me lembro de um fato que ocorreu ainda na cadeia do Recife. Acho fundamental falar dele um pouco.

Como eu disse no diálogo anterior, foi lá que estive com o Clodomir, com o Pelópidas, com o médico que fazia doce de bananas, companheiros excelentes. Um dia me transferiram de Olinda para a Companhia de Guarda, onde comecei a ser ouvido. Já falei de um companheiro tenente, que tive na Companhia de Guarda, e que matava mosca com a toalhinha?

Sérgio: Não. Essa história você não contou.

Paulo: Era um tenente do Exército que fora soldado, cabo, sargento, quer dizer, um tenente que tinha sentado praça, como se diz na linguagem militar. Não era um oficial de carreira; era um oficial plebeu. Pois bem, o testemunho que esse homem extraordinário me deu foi o da paciência daquele que não se entrega antes do tempo. Ele era um homem de convicções espíritas.

SÉRGIO: Mas estava preso?

PAULO: Estava. E, pela conversa dele, a impressão que eu tinha era de que sua prisão era mais por causa de rixas com algum superior. Não porque ele tivesse algum compromisso com o governo Goulart, com as esquerdas, nada disso. O interessante é que ele tinha uma grande admiração por Helder Câmara. Pois bem, ele tinha os seus livros espiritualistas todos dentro da cela, e sempre lia um trecho ou outro para mim. Às 6 horas da tarde, por exemplo, sempre fazia isso, e me convidava para escutar a leitura.

Mas havia uma constante nele que me fazia rir por dentro, um riso de respeito e não de mofa. Quando ele terminava a reflexão espiritual, ele sempre dizia, de olhos fechados: "Pai, Pai, ajuda-me a não odiar o coronel." *(risos)* Isso não quer dizer que ele fosse um homem acovardado; ao contrário, era uma pessoa fantástica. Antes de mim ele estava sozinho na cela e quando cheguei, ele até deve ter vivido uma certa ambiguidade: primeiro deve ter sentido alegria porque chegou um companheiro; depois, deve ter sentido tristeza pelo silêncio que já se fazia necessário, pela solidão que já ia fazendo parte do seu ser. Senti que houve esse sentimento de ambiguidade por parte dele: de um lado a presença fundamental de outro ser humano; de outro, a impertinência dessa presença.

SÉRGIO: Mas, além dessa impertinência, provocada pela presença do outro, qual era a impertinência das moscas?

PAULO: Ah, bem, as moscas. Como ele esteve sozinho durante um longo período, isso o fez estabelecer uma relação com as moscas que, na verdade, não era uma relação de convivência, mas uma relação de caçador e caça. Já no primeiro dia em que cheguei, à tarde, ele pegou uma toalhinha de mão, fez um canudo e disse: "Professor, o senhor está vendo essa mosca?" Havia uma mosca pousada em cima de uma mesinha. Disse que sim, que estava vendo. "Pois ela vai voar para a direita e eu vou matá-la", disse ele. E ela fez exatamente isso: voou para a direita, e ele a matou. Fiquei assim meio impressionado. Já conhecia histórias de outros presos solitários que tinham experimentado um querer bem a insetos, por exemplo, formigas, baratas etc. Com a solidão e a necessidade de comunicação, alguns quase caíam de amor pelas baratas. Mas, no caso dele, em vez de estabelecer uma convivência amorosa com as moscas, desenvolveu a capacidade de caçá-las.

Conversávamos muito. Ele falava de sua missão espiritualista, da saudade da mulher, dos filhos. E era também um homem de humor, um homem que se reeducou ao ser preso, injusta e absurdamente. É interessante você observar como o opressor educa ao contrário o oprimido. Aliás, essa é a tese de uma amiga minha, de cuja banca de defesa de tese participei, onde ela estudou basicamente a Inconfidência Mineira, e mostrou como o poder colonial terminou provocando o desenvolvimento de uma pedagogia da libertação na sua relação política com os colonizadores. Acho que é sempre assim.[24]

---

[24] V. a esse respeito, "Colonizador-colonizado: uma relação educativa no movimento da História", tese de doutoramento de Eliane Marta Santos Teixeira Lopes. São Paulo: PUC, 1984.

Mas um dia nós estávamos na janela da cela, de noite, olhando o mundo lá fora. Ele imaginando a casa dele e eu, a minha; estávamos tentando fazer a geografia de nossas casas, a geografia do nosso amor, da nossa paz, de que estávamos distantes. Embaixo, uns soldados recrutas conversavam entre eles. Um deles estava muito irritado com um oficial, muito duro, disciplinado e disciplinador, que fazia exigências tremendas em relação aos recrutas. O recruta que falava deve ter feito qualquer coisa que desagradou ao oficial e este, segundo o recruta, tinha ofendido a mãe dele, recruta. E dizia que, se isso se repetisse, ele não ia mais engolir a ofensa. O tenente, do meu lado, escutando também, disse apenas: "É isso, professor, conversa de quem pensa que é livre."

Todo dia de manhã nós assistíamos à ordem unida dos recrutas. Eles marchavam, e um sargento e um oficial ficavam do lado: 1,2,3,4 — 4,3,2,1 — 1,2,3,4 — 4,3,2,1; direita, esquerda; esquerda, direita; para a frente, para trás; não cansa, soldado, não para... Todo um discurso de treinamento de soldado. O tenente, meu companheiro, um dia balançou a cabeça um pouco inquieto, deu as costas à janela e disse: "Pensar que eu também fiz isso!" Quer dizer, o que lhe parecia terrível é que ele estava percebendo, pela primeira vez em toda a sua vida, ao tomar distância de um fato de que participara tanto, o quanto havia de acriticidade naquela formação.

Um dia, porém, o tenente foi chamado, mais ou menos umas duas da tarde. De volta, olhou emocionado para mim, os olhos rasos d'água, e disse com voz trêmula: "Professor, estou solto." Nós nos abraçamos e ele continuou:

"Professor, não fosse pela minha mulher e pelos meus filhos, eu até que ficava aqui com o senhor." Isso, para mim, Sérgio, é um belo exemplo da dimensão profundamente humana, é a presença do sentimento, da emoção. Na hora, eu agradeci muito, mas disse que, mesmo que ele não tivesse a sua família, não aceitaria a sua solidariedade, que seria inclusive um pouco romântica demais: a gente correria um risco enorme, que seria o de convencer de novo o poder de que devíamos mesmo estar presos.

2. Um golpe baixo

Sérgio: Só para sintetizar: na cadeia, você foi inquilino de duas casas, certo?

Paulo: Exato, de dois edifícios, mas morei em diferentes "apartamentos" dentro deles. Aliás, esta última lembrança se deu na Companhia de Guarda do Recife. Mas, depois que o tenente foi solto, fiquei sozinho de novo, e aí percebi a esperteza dele com as moscas. Para a minha surpresa, comecei a perceber a direção que as moscas tomavam. *(risos)* E a bater também. Não me pergunte por quê, só sei que ocorria isso. Dei de matar moscas.

Depois de um tempo, não muito longo, é claro, de ficar sozinho, numa manhã me abrem a porta e entra o Pelópidas. E quando ele entrou, senti aquela ambiguidade que o tenente deve ter sentido quando era eu que estava entrando. De um lado, a alegria de rever um grande companheiro e amigo; de outro, uma certa sensação de que perdia alguma coisa, a minha solidão. No fundo, estava me acostumando com ela, e descobria que, na verdade, não estava só. A solidão, no fundo, mediatiza a presença de muita gente, de muitas coisas, pois ela permite que a gente converse consigo mesmo na base da imaginação. É uma espécie de reencontro. Um dia, cheguei até a escrever um texto sobre a solidão no cartão de um pacote de cigarros, texto que escrevi, mas depois rasguei, para Ernani Maria Fiori, grande amigo, filósofo e professor, na época já afastado da Universidade em Porto Alegre.[25]

Naquele momento, então, eu não estava sozinho, estava com o Fiori, com quem tive a alegria de conviver por alguns anos no exílio no Chile.

Mas assim que eu superei a minha ambiguidade inicial com a chegada do Pelópidas — a alegria de estar com ele logo foi maior —, ele me contou que três dias antes fora aniversário do pai dele, que na época já tinha uns oitenta anos, e que o comando do quartel em que ele estava recebera autorização para que pudesse visitar o pai. Foi um gesto magnânimo, mas o Pelópidas me disse que antes pediu para entrar em contato com o irmão, para que ele soubesse do cardiologista que cuidava do pai se a visita era aconselhável. O médico contraindicou a visita e o Pelópidas não foi. Ele me contou essa história quando chegou. Dois dias depois, estávamos na nossa cela quando vem um jovem oficial, me chama à porta e me leva para fora para me mostrar um jornal de Pernambuco, o *Jornal do Comércio*, edição de domingo. Pois havia uma nota oficial do Exército dizendo o seguinte, em resumo: o professor Pelópidas não tivera suficiente dignidade para compreender o gesto magnânimo do coronel, que permitira que ele visitasse o pai no dia do aniversário e depois voltasse ao quartel. Que o coronel concedera essa

25 É com profunda saudade, aliás, que registramos o falecimento do professor Fiori, ocorrido em 1985.

permissão, mas, por segurança, pusera um oficial do serviço secreto do Exército para acompanhar o professor. Segundo a nota, o professor saiu do quartel e a pessoa incumbida de fiscalizá-lo viu então que ele não se dirigia para a casa do pai, mas para uma célula comunista onde passara todo o dia, deixando o velho pai ansioso por ele.

SÉRGIO: A nota era escrita por quem?

PAULO: Pelo coronel, pelo menos me pareceu que sim. A bem da verdade, não tenho certeza mais se ela era assinada pelo coronel ou se era em nome do 4º Exército. Mas o jovem tenente que me mostrou o jornal teve inclusive um comportamento maravilhoso: me disse que ia entrar em contato com a família do Pelópidas, para que o pai não lesse a notícia. Foi o que ele fez, e a família cercou o acesso à casa, não permitiu a entrada de ninguém; o tenente sugeriu também que "acidentassem" o rádio e a televisão, e não levassem o jornal. O velho deve ter morrido sem saber disso. Agora, quando o Pelópidas soube, teve um choro de raiva.

SÉRGIO: Quando ele soube, já estava na cela com você?

PAULO: Ele tinha chegado numa sexta-feira, a notícia saiu no domingo. Ficou revoltadíssimo. A sorte é que naquela época havia a possibilidade de fazer alguma coisa, o que uns cinco anos depois era impossível: a família conseguiu um certificado de outro coronel dizendo que o Pelópidas não saíra do quartel, e foi à televisão desmascarar a trama.

SÉRGIO: O Pelópidas, afinal de contas, tinha acabado de ser destituído do cargo de prefeito da cidade do Recife.

PAULO: Exato. Que eu me lembre, essa história está contada em todos os detalhes no livro, a que já me referi, do Paulo Cavalcanti.

Sérgio: Paulo, nós já tínhamos inclusive passado pela tua libertação, mas o zigue-zague da memória nos pegou de novo. Você saiu da cadeia, e foi para a casa ainda no Recife. Daí é que a família foi toda para o Rio?

Paulo: Não, não. De lá eu fui para o Rio. Como já disse, nesse momento recusava a ideia de deixar o país. A Elza, muito mais realisticamente, já achava que eu devia sair do Brasil. Depois é que eu descobri que não havia condições de ficar mesmo. Quando cheguei ao Rio, vários amigos me sugeriram que saísse, e foi no mesmo dia que me decidi e pedi asilo na embaixada da Bolívia. Na véspera, a Elza já providenciara com o padre Cunha, grande amigo nosso e que nos casou, hoje já morto, para que ele trouxesse todos os filhos para o Rio, pois queríamos evitar que eles estivessem no Recife quando saísse a notícia de que eu me asilara.

3. Do Rio para a Bolívia: umas duas roupas, um pacote na mão

Sérgio: E por que a embaixada da Bolívia, Paulo?

Paulo: Porque no momento foi a única que aceitou. Haroldo Carneiro Leão, um grande amigo a quem lamentavelmente nunca mais vi, fez algumas gestões junto ao embaixador do Chile, do governo imediatamente anterior ao de Eduardo Frei. Mas o embaixador disse a esse meu amigo que não estava dando asilo porque não estava havendo fuzilamento. Eu até disse depois, quando cheguei no Chile e contei isso: "Mas o embaixador pensava que eu porventura estaria pretendendo asilo para o meu cadáver?" *(risos)*

Portanto, a embaixada da Bolívia foi a única que deu alguma chance, apesar de eu ter de brigar depois, como já contei, para ficar dentro da embaixada. Um dado interessante é que, ainda no Brasil, o embaixador me disse que o diretor de um departamento do Ministério da Educação da Bolívia estava vindo para o Rio, para um encontro de educadores latino-americanos, e escrevera dizendo que queria me encontrar. Nós nos encontramos na embaixada e ele me contratou. Saí então do Brasil com um emprego em La Paz. Mas quando cheguei lá passei mal com a altitude e, quinze dias depois, quando já me acostumava com ela, houve golpe de Estado, e tive que ir para o Chile.

SÉRGIO: O que seria esse trabalho no Ministério da Educação da Bolívia, que não chegou a se concretizar?

PAULO: Olha, tanto que eu me lembro hoje da conversa com esse educador boliviano, eles queriam de mim uma assessoria geral no campo da educação, inclusive para a escola primária e, principalmente, para a educação de adultos.

SÉRGIO: Em 1964, você já era conhecido em outros países além do Brasil? Na América Latina, por exemplo?

PAULO: Eu começava a ser, inclusive nos Estados Unidos também.

SÉRGIO: Graças a quê?

PAULO: Graças às notícias em torno das experiências que fizemos no Brasil. Por exemplo, em 1967, eu estava no Chile e fiz a minha primeira visita aos Estados Unidos, onde falei numas sete universidades. Falei exatamente sobre o que tinha começado a fazer no Brasil e, de modo geral, nessas universidades, havia sempre professores que já estavam informados de aspectos teóricos do meu trabalho. Creio que uma pessoa que contribuiu para que eu começasse a ser conhecido nos Estados Unidos e também no México foi o Ivan Illich. Eu o conhecera em 1962, numa das visitas que ele fez ao Rio de Janeiro, que estendeu até o Recife. Para mim, ele é uma das grandes inteligências deste século. É provável que ele discorde de algumas coisas minhas, e eu discordo de algumas dele. Mas é um homem muito criativo, muito polêmico. Mais polêmico que dialógico.

Somos muito bons amigos. Na primeira vez em que nos encontramos, ele me disse uma coisa que foi uma contribuição para mim enquanto homem, talvez mais do que como educador, se é que dá para separar as duas coisas. Ele me disse: "Paulo, possivelmente um dia você vai ser conhecido mais do que é hoje. Eu acho que dentro de dez anos você terá entrado numa porção de pedaços do mundo. Vou lhe sugerir uma coisa: de um lado, jamais se deixe tomar pela provável fama que terá. Segundo, receba com alegria o momento de sua superação. Aceitar a superação é a única maneira de continuar a vida." Foi mais ou menos isso que ele me disse.

É claro que você poderia perguntar: mas será que foi esse discurso do Illich que o salvou de vaidades bestas? E eu diria: não só, pois a minha própria prática me exigiu o estabelecimento de limites às vaidades. Mas, de qualquer forma, o Illich foi um excelente colaborador nisso. Na verdade, se não aconteceu da forma tão intensa que ele previa na época, o que aconteceu a ele na década de 1970, de qualquer modo aconteceu pelo menos parte do que ele previu. Quer dizer, realmente entrei por uns pedaços do mundo, mas não deu para ficar vaidoso, disso tenho certeza.

SÉRGIO: Mas antes desse processo de conhecer o mundo, a que você foi praticamente obrigado pela situação política do Brasil, e já que estamos indo em zigue-zague — parece não haver outro caminho para a memória — eu gostaria de voltar à sua saída do Brasil para sondar a respeito de algo muito concreto: a sua bagagem. O que você levou de bagagem quando você saiu do Brasil?

PAULO: Ah, essa é uma pergunta excelente, eu acho. Assim como jornalista, você evidentemente tem a sensibilidade da existência, não? Como eu saí da embaixada da Bolívia, levei umas duas roupas que tinha, quatro a cinco camisas, três pares de meias, alguns lenços, escova de dentes, pasta e sabonete. Podia ter viajado com um pouco mais, mas o que interessa é que recebi a visita de um amigo meu, o Odilon Ribeiro Coutinho. O Odilon foi e é desses amigos de toda a vida, uma amizade que começou nos bancos da Faculdade de Direito. Considero o Odilon um dos melhores escritores de hoje, embora ele malandramente escreva e não publique... Um homem rico, de uma família rica da Paraíba, mas que não se culpa por ter nascido rico e que nunca deixou de revelar uma profunda capacidade de sentir a necessidade dos outros. E também nunca ajudou ninguém publicamente; ele é desses amigos que encontram os caminhos reservados, os cantos de salas, nunca os pátios, sempre longe dos olhares curiosos, para ajudar um companheiro cuja dificuldade ele pressente. Comigo mesmo ele fez isso.

Na história da minha bagagem lá está o Odilon de novo. Como esteve na história do meu casamento com a Elza, na história de algumas dificuldades de jovens lutando como eu, dificuldades de dinheiro que ele sanava.

Nesse espaço de minha vida, na embaixada, o Odilon de novo não me faltou: me fez a surpresa tão gostosa de me visitar na embaixada com um pacote na mão. Me abraçou, me entregou o pacote e disse: "Alguns livros para sua leitura em La Paz." Tenho esses livros aqui, depois de perdidos, encontrados: livros de educação, de filosofia da educação, de literatura. Além disso, o Odilon, de um jeito bem dele, já na saída — quase iam fechando a porta —, me passou um envelope: "Ah, Paulo, ia esquecendo de uma coisa...", como se estivesse acanhado, como se estivesse com vergonha de ajudar um companheiro. O envelope tinha 150 dólares. Obviamente deixei cem com a Elza pois não tínhamos mais. Só dívidas.

Mas antes ainda de me entregar o envelope, e sei que ele vai ficar com raiva quando ler isso, mas sou assim, digo as coisas sérias e certas que presencio; mas ele disse: "Paulo, quando a Elza visitar você aqui diga a ela que ficarei muito triste se eu souber um dia que ela e meus sobrinhos — falava em relação aos meus filhos —, tiveram qualquer necessidade sem que ela me comunicasse."

Sérgio: Em que ano foi?

Paulo: Isso ele me disse em 1964, dentro da embaixada. Na época ele era deputado federal.

Sérgio: Quer dizer que, quando você saiu do Brasil, a família não foi junto?

Paulo: Não, saí sozinho. Aliás, estava saindo para um desconhecido, tudo era desconhecido para mim. Eu nunca tinha saído do Brasil. Para você ter uma ideia, o primeiro passaporte que pus na mão foi o que consegui através de um mandado de segurança, em junho de 1979. Quando recebi o passaporte, em Genebra, você pode até imaginar: eu nem sabia o que fazer com ele. Sabe onde fica o consulado do Brasil em Genebra?

Sérgio: Sei, defronte à estação ferroviária.

Paulo: Pois quando desci, gente passando para todo lado, carros, ônibus, e eu parado, com o passaporte na mão, dizendo a mim mesmo: por que não dizer de público, para toda essa gente, que eu tenho um passaporte? Foi o primeiro.

Sérgio: Isso quer dizer que, quando você saiu do Brasil, foi só com o visto de saída.

Paulo: Claro, estava saindo como exilado. A Bolívia me receberia e eu saí com um salvo-conduto que o governo dá para os exilados. Lamentavelmente esse salvo-conduto, que eu gostaria de ter nos meus arquivos, queimou-se num incêndio durante o golpe de Estado na Bolívia. Depois do golpe, eu procurei as autoridades do Governo, para sair de lá para o Chile, e me comunicaram então que eu não existia. "Como não? Estou aqui, vivo, falando", eu disse. "Mas não importa", disseram, "não há nenhum documento que prove que o senhor é o senhor mesmo". E eu disse para o coronel: "Olha, coronel, o senhor me desculpe, mas eu não tenho nada a ver com o incêndio que houve aqui no golpe, a revolução é dos senhores. Agora faço um apelo para que o senhor aceite que eu sou Paulo Freire e, para ajudar o senhor, tenho uma carteira de identidade brasileira." Foi o que me salvou. A Elza me pôs isso no bolso no dia da minha saída do Brasil.

Mas antes de conseguir o salvo-conduto para sair da Bolívia e ir para o Chile, passei umas três semanas indo toda segunda-feira ao Ministério do Interior de lá. Toda vez me diziam que um dia o coronel ia me atender, falavam para voltar outro dia, eu voltava. Até que, quando lhe falei, percebi que ele estava numa situação difícil no sentido de me explicar que estava em dificuldades para me dar o salvo-conduto. Perguntei por que e ele me disse que todos os papéis para dar visto de saída só se referiam a nacionais, e eu não era nacional. Não havia nenhum papel escrito "exilado político" e ele teria que mandar imprimir. Já viu uma coisa dessas?

Então pedi licença para fazer uma sugestão. Disse que não era preciso gastar dinheiro do povo para mandar imprimir o tal papel. Afinal, eram só três exilados, e ele teria de pagar por três papéis o que pagaria para cinco, 10 mil, argumentei com ele. Sugeri então que se pegasse o papel em que estava escrito "Nacional" e que uma secretária batesse em cima à máquina "Exilado ou Asilado Político". Depois, que ele carimbasse o documento, assinasse, e assim eu poderia ir embora e ele não precisava gastar nenhum dinheiro do povo. Sabe o que ele fez? Bateu assim na testa e disse: "É, eu não havia pensado nisso." *(risos)*

Sérgio: Voltando à sua bagagem, Paulo, você não levou nenhum papel seu, algum trabalho intelectual?

Paulo: Nada, nada. Todos os meus livros ficaram no Recife. Como é que eu poderia levar tudo? Eu tinha uns 4 mil volumes, encadernados; sou daquele tempo em que o professor podia encadernar livro. Deles todos acabei ficando com os poucos sobreviventes da fúria dos cupins e das cheias do Recife. Mas antes disso eles passearam um pouco: meu cunhado empacotou-os com muita paciência e conseguiu guardá-los no pátio da casa de um amigo do Recife, pessoa insuspeita do ponto de vista do golpe. Pois nessa época até os meus livros eram considerados perigosos; podia ser até a Bíblia, mas, como era minha, era perigosa.

As enchentes carregaram a maior parte e ficaram uns 1.200, que abri com emoção na casa do meu amigo e cunhado José de Melo. Já imaginou o que foi reencontrar livros em que eu estudara, sublinhara, alguns também sublinhados pelas minhas filhas, que sempre ficavam na mesma salinha onde eu trabalhava e tinha os meus livros? O que é lamentável, que me dá dó, é que algumas das obras eram em cinco volumes, por exemplo, e sobraram só o 1º e o 4º. Inclusive a obra de Gilberto Freyre, que estou recomprando. Certamente, maior que esse reencontro com os livros, só mesmo com as pessoas.

4. Impactos bolivianos: "Às cinco começa a revolução"

Sérgio: Voltando à sua saída do Brasil, qual foi a sua primeira impressão ao chegar na Bolívia e entrar em contato direto com uma realidade, com um povo de costumes e hábitos completamente diferentes dos nordestinos? Qual foi, por exemplo, a sua impressão de andar de ônibus com *cholas*, com índios ao lado, ou seja, numa configuração cultural bastante distinta daquela em que você trabalhava no Nordeste?

Paulo: De fato, as primeiras visões dessa nova realidade que comecei a ter no início me chocaram. Não no sentido pejorativo de choque, nada disso, mas no sentido de que essas visões me desafiavam fortemente. Elas tiveram em mim um impacto cuja força me chamava a atenção para os problemas das diferenças sociais e culturais, todos eles cortados pela dimensão da situação de classe. Era algo que eu já compreendera no Brasil, mas que uma realidade diferente acentuou. O impacto da Bolívia, então, me fez pensar a minha recentíssima experiência no Brasil: foi quando comecei a voltar, a reolhar o Brasil, não nostalgicamente, mas como um curioso.

O outro impacto da Bolívia foi a certeza que adquiri da indiscutível bravura das massas populares: sua luta, sua ética nessa luta. A respeito dessa ética, há uma história que a demonstra bem, e que tem muito a ver com uma marca cultural indígena da Bolívia.

Logo que me refiz um pouco da altitude, tive que atender às exigências regulares da polícia boliviana. Tinha de tirar uma foto e comparecer ao departamento de polícia para fazer a minha devida ficha de exilado brasileiro. Era uma sexta-feira, de manhã. Fui tirar a foto, paguei e perguntei quando estaria pronta. E o rapaz me disse que deveria estar pronta na segunda-feira, antes das cinco, pois às cinco começava a revolução. Voltei para casa e disse aos outros brasileiros — vivíamos todos numa casa — que ia haver uma revolução e quando. Todo mundo achou engraçado, mas o Carlos Olavo da Cunha Pereira e o José Maria Rabelo perguntaram quem tinha dito isso. Falei que fora o rapaz que tirara a fotografia. E eles disseram então que haveria mesmo uma revolução, porque na Bolívia sempre se avisa antes. Eles já estavam há uns seis meses lá e já sabiam dessa ingênua lealdade, que possivelmente tem a ver com certos traços culturais. Pois não é que na segunda-feira, exatamente às cinco, começou a pipocar bala? *(risos)*

Mas há outra coisa que me chocou, ou pelo menos me iluminou os choques que eu tivera no Nordeste. Não é preciso ir à Bolívia para ver a miséria, no Nordeste tem até demais, mas de qualquer forma a da Bolívia me deixou assustado, sabe? E me fez repensar a nossa miséria e ver que uma solução só poderia estar numa transformação radical da sociedade capitalista.

Finalmente, no pouco tempo em que estive na Bolívia, pude sentir a profunda vitalidade do povo. Não foi por acaso que a Bolívia fez uma revolução extraordinária antes de Cuba, uma revolução de que a burguesia se apoderou. Uma revolução em que a burguesia derrotada habilmente reconquistou o poder.

SÉRGIO: E o que ficou de tato, de cheiro, de gosto da Bolívia, impregnado em você? Você se fixou em alguma atração dos sentidos concretamente, ou não?

PAULO: Não, se bem que tenha sentido profundamente isso, quer dizer, é impossível passar pela Bolívia sem sentir o cheiro. Coisa que não acontece no Chile. O Chile é mais para o cinzento, mais para o inodoro. Mas mesmo assim, o Chile é de uma beleza fantástica; eu me entreguei demais à beleza do Chile. Não a de Santiago, de que também gosto, apesar de alguns a acharem feia, mas sonho com os lagos, com as montanhas do Chile. E quando falo em montanhas, não estou me referindo aos Andes, essa cordilheira que, dependendo de estar ou não com neve, dava a impressão de que andava, se mexia. Nós moramos num bairro, Apoquindo, que era bem próximo da cordilheira. No inverno, a cordilheira completamente vestida de branco, quando eu pegava um ônibus para ir para casa, dava a impressão de que a cordilheira estava vindo na nossa direção. Já no verão, toda cinza, imponentemente cinza, ela dava a impressão de estar correndo de medo do ônibus. Além disso, o que me impressionava eram as rosas do Chile, muitas, mas quase sem cheiro.

5. "Foi tudo muito tenso"

Sérgio: Paulo, você já foi para o Chile e eu ainda estou na Bolívia. Estou preocupado em saber como é que, após ter chegado a um país e saber que não vai dar para assentar acampamento, você raciocinou para dar o passo seguinte. Por que o Chile? Como é que você viveu esse momento?

Paulo: Foi um momento duro. Eu me lembro de que, em 10 de novembro de 1964, escrevendo para Elza — era aniversário do nosso casamento —, lhe dizia não saber para onde ir. Só sabia mesmo que era impossível continuar na Bolívia.

Sérgio: Era o primeiro aniversário de casamento que vocês passavam separados?

Paulo: Era. Passamos o nosso 20º aniversário separados. Nessa carta falava do nosso querer bem, dos nossos filhos, filhas, mas não falava do momento de real angústia que estava vivendo. Não ia resolver nada mandar um pedaço da minha inquietação para a Elza. Eu, nessa época, inclusive, já tinha escrito a uma série de amigos contando tudo da minha situação, e dizendo que, se eles vislumbrassem qualquer possibilidade em outro lugar, eu toparia. Entre essas cartas, obviamente foram algumas para amigos que estavam no Chile, e tudo coincidiu com o começo do governo Frei. Foi aí que dois amigos começaram a tentar encontrar caminhos que me fizessem chegar ao Chile.

Aliás, mais rigorosamente, foram quatro amigos. Dois atuando ao nível mais diretamente político, e outros dois, ao nível também político, mas agora de relação com organismos chilenos, no sentido de conseguir trabalho. Os dois primeiros foram o Paulo de Tarso e o Plínio de Arruda Sampaio. Eles tinham relações fraternas com líderes políticos chilenos, e também relações pessoais com o próprio presidente e o ministro Valdez, das Relações Exteriores. Pois bem, mesmo ainda estando no Brasil, fizeram chegar ao ministro Valdez — não houve necessidade de ir até o presidente da República —, o desejo que eles tinham de que eu pudesse entrar no Chile. Aliás, essa solidariedade humana e política sempre foi dada pelo Paulo de Tarso e pelo Plínio a todos os exilados políticos.

Sérgio: Essa facilidade de acesso que eles tinham junto a elementos da democracia cristã chilena vinha do fato de, no Brasil, eles terem integrado a democracia cristã?

Paulo: Exato, da qual eles também evoluíram. E os outros dois amigos que atuaram no plano institucional foram o poeta Thiago de Mello e o cientista-agrônomo Steban Strauss. Ambos eram amigos de Jacques Chonchol, que na época era diretor-presidente do *Instituto de Desarrollo Agropecuário*.

Sérgio: Thiago de Mello era, na época, adido cultural, não?

Paulo: Isso. Era adido cultural do Brasil, e enquanto foi adido, e mesmo depois, nunca deixou de demonstrar uma extraordinária solidariedade para com os exilados políticos. A capacidade de amar, de que ele fala tanto em sua poesia, não é apenas poema, em Thiago é existência. Para você ter uma ideia, quando ele era adido cultural escreveu poemas fantásticos contra o golpe. Na época em que cheguei, ele morava na casa de Pablo Neruda, e sempre recebia para jantar todos os exilados recém-chegados ao Chile. Ele sempre dava um jeito de convidar chilenos que eram de áreas próximas às desses exilados, e nesses jantares ia integrando todo mundo no novo contexto. Sempre andava com uma roupa branca e uma flor na lapela. Alto, com uma cabeleira imensa, era muito conhecido na cidade, e já fazia parte da geografia de Santiago.

SÉRGIO: Você já está novamente no Chile com o Thiago de Mello e eu continuo na Bolívia. Queria saber como você viveu esse mês lá, sobretudo depois que soube que não teria futuro na Bolívia.

PAULO: Foi tudo muito tenso: a tensão que o exílio em si já traz, e a de saber que não teria um trabalho na Bolívia. A Elza inclusive já estava preparada para ir para a Bolívia com os filhos, de trem, porque seria muita despesa ir de avião. Assim que houve o golpe de Estado, eu me lembro que passei um telegrama para ela suspendendo a viagem, desde então absolutamente inviável.

Outra coisa que se acrescentou a toda essa tensão foi que fiquei quase um mês sem nenhuma notícia da Elza. Havia uma certa malvadeza. Os homens que dominavam o poder dificultavam as notícias para os exilados, mesmo dos parentes.

Foi nesse período que escrevi para os amigos e finalmente recebi carta do Strauss, através de um técnico das Nações Unidas que fora a La Paz, e mais uns quarenta ou cinquenta dólares, para me ajudar na saída da Bolívia. Eu poderia ir para o Chile e começar a trabalhar imediatamente.

Sérgio: Ainda na Bolívia, você teve oportunidade de conversar com professores, com o pessoal da área de educação? Ou foi só uma passagem mesmo?

Paulo: Não, não deu.

Sérgio: E como foi a sua saída da Bolívia para o Chile? Você foi por terra, passou pelo lago Titicaca?

Paulo: Passei pelo lago de avião. Os cinquenta dólares que o Strauss me mandara, mais um tanto que eu trouxera do Brasil, que o Odilon tinha dado, deram para completar a passagem pelas Aerolíneas Bolivianas. Fomos três, eu e mais um casal amigo. O avião parou em Arica, no norte do Chile e, de repente, saí de 4 mil metros acima do mar para o nível do mar. Ou seja, me reencontrei com o Recife, que fica até um pouco mais baixo do nível do mar. Sabe que, no começo, na Bolívia, eu não aguentava nem andar com um livro, porque era pesado demais? Você já teve essa experiência, Sérgio?

Sérgio: Já, mas não com tanta intensidade. A altitude de La Paz não me abalou tanto, porque fui por terra. É claro que quando se chega de avião o impacto é muito maior.

Paulo: Para mim é um problema. Sei, porque já testei e comprovei, que o meu limite é 2.200, 2.300 metros acima do nível do mar. Acima disso começo a ter dor na nuca, começo a perder sangue, é terrível. Pois quando cheguei a Arica vi que podia carregar uma mala, um pacote, e que respirava. Quer dizer, tudo voltou de repente. Magicamente, voltei a me sentir leve de novo. Os passageiros tinham de caminhar do avião até o aeroporto. Não era muito longe, mas deu para a gente caminhar um pouco. Dei os primeiros passos timidamente e, quando percebi que a coisa era outra, não resisti, e disse: "Viva o oxigênio!" Todo mundo me olhou. Eu não sei se hoje, com cara barbada, branca, e a careca enorme, eu teria coragem. Mas dei dois vivas no exílio. Um foi esse. O outro foi em Roma, comendo um risoto excelente: "Viva Roma", gritei.

O nosso projeto era pernoitar em Arica, e um dos que estavam conosco era o Neiva Moreira. No dia seguinte tomamos um avião chileno de Arica para Santiago. Mas logo no controle de passaporte, quando dei o salvo-conduto boliviano que conseguira através da sugestão que já contei, o funcionário chileno me olhou e disse que, se eu era brasileiro, deveria ter uma identidade brasileira. A lembrança de Elza me salvou pela segunda vez, porque o funcionário disse que, se não a tivesse, seria obrigado a me botar no mesmo avião e me devolver a La Paz. Na época, as relações entre a Bolívia e o Chile não eram das melhores.

Pois a leveza que o oxigênio já me tinha dado correspondeu então à leveza da possibilidade de entrar no Chile. Nunca mostrei a minha identidade brasileira, tirada no Recife, com tanta satisfação!

No dia seguinte, de manhã, ficamos passeando, conhecendo a cidade. Foi quando vi o Pacífico pela primeira vez, e molhei as mãos nele, "Puxa, esse é o Pacífico!". À tarde tomamos o avião, e à noite descemos em Santiago. Lá estavam todos os amigos, inclusive um jovem, muito jovem, que me conduziu do aeroporto para a casa de Strauss. E eu mal imaginava que o jovem que dirigia o carro alguns anos mais tarde seria o pai de minhas netas. Era exatamente o

Francisco Weffort, que foi ao aeroporto me receber e dar a sua solidariedade política ao homem que seria avô das filhas dele. *(risos)* Weffort devia estar então com 28 anos, e era sociólogo na ONU, junto ao Ilpes (Instituto Latino Americano de Pesquisas Sociais).

5

Aprendendo o Chile

1. "Comecei a trabalhar imediatamente"

Sérgio: Paulo, antes de a gente iniciar propriamente um novo diálogo, eu gostaria de fazer uma pequena consideração sobre o fato de a gente estar evocando aqui uma série de momentos da sua vida. Algum leitor poderia perguntar: até que ponto a relembrança de fatos da vida de Paulo Freire pode nos interessar numa reflexão sobre problemas de educação?

Com relação a isso eu tenho uma observação a fazer: a meu ver, o grande interesse em se rememorarem momentos passados é o de vê-los como recursos que a gente, como leitor, como pessoa, pode usar, com o intuito de melhor entender as ideias e melhor desocultar o contexto humano, social e histórico em que o indivíduo que as escreveu estava inserido. Esse olhar, no meu entender, ora vai para os textos de Paulo Freire, ora vai para a sua vida. Ou seja, a leitura dos textos pode ser enriquecida olhando-se um pouco para a vida. O que você acha disso?

Paulo: Acho que você tem razão. Cabe a pergunta e cabe essa reflexão que você fez em torno dela. Tenho a impressão de que falar um pouco das experiências que tive após o golpe de Estado, no exílio, tem a ver com a educação, na medida em que foi o próprio trabalho político-pedagógico meu anterior ao golpe que provocou o exílio. O exílio, nesse sentido, é altamente pedagógico, pois a gente se transplanta e é reeducado quando sai do contexto original em que se achava. Há uma série de preocupações e indagações que a gente leva para esse novo contexto. Além disso, há a experiência profissional no exílio.

Isso não quer dizer que eu ache que a minha vida é tão importante que eu deva falar dela. Ela porém é tão importante quanto a de qualquer pessoa compreendida num contexto social. Quer dizer, tudo o que vivi foi porque o meu trabalho se deu numa prática social de que participei. É nesse sentido que as considerações em torno dessa passagem de quase dezesseis anos de ausência do Brasil para mim são importantes do ponto de vista da minha própria formação, da minha contínua formação.

Sérgio: Então vamos voltar para 1965, Paulo. Começo de 1965. Você está no Chile. Você lembra da data exata em que entrou por Arica?

Paulo: Não, exata não. Mas foi no fim de novembro de 1964.

Sérgio: Bem, no fim do diálogo anterior você já havia chegado, o Weffort foi pegá-lo no aeroporto e conduziu para uma casa onde você era esperado. A partir daí, como é que você começou a trabalhar?

Paulo: Bem, a dureza do meu exílio foi apenas a de estar longe do Brasil, da minha família, dos meus amigos, do povo brasileiro, do gosto da comida brasileira. Mas, em certo sentido, a minha experiência não foi tão difícil; houve exilados que tiveram maiores dificuldades do que eu.

Muitos tiveram dificuldades de se reciclar, por exemplo. Imagine um exilado que chega ao país que o acolhe e é advogado. Já imaginou o que vai fazer como advogado noutro país? Um médico? Não havia um convênio entre o Brasil e o Chile desse ponto de vista, de modo que um médico brasileiro que chegasse ao Chile tinha de revalidar seu curso, o que significava prestar exames nas cadeiras de todos os anos. Outros profissionais podiam se inserir com mais facilidade, como um sociólogo, um psicólogo, e, como no meu caso, um educador. Eu não sofri nenhuma solução de continuidade. Cheguei e comecei a trabalhar imediatamente. O contexto do exílio até me deu uma possibilidade enorme de aprender mais e de aprofundar as coisas que já vinha fazendo no Brasil.

Se bem me lembro, chegamos em Arica numa sexta-feira, e na segunda fui levado por Thiago de Mello e pelo Strauss ao gabinete de Jacques Chonchol, do *Instituto de Desarrollo Agropecuário.* Apesar da minha dificuldade em entender o castelhano do Jacques, tivemos um papo muito cordial, e saí do seu gabinete contratado como assessor dele, para o que eles chamavam lá de *Promoción Humana.* Ainda passei um bom tempo até dominar e entender o castelhano do Jacques; discutimos e comemos juntos, ora ele almoçando conosco a célebre galinha de cabidela que a Elza preparava, ora nós jantando com ele.

No fundo, o que comecei a fazer era um trabalho de educação popular, que tanto podia se dar ao nível da pós-alfabetização como da alfabetização também. E o salário com que comecei a trabalhar superava tudo o que estava ganhando antes de sair do Brasil, como professor da Faculdade de

Educação da Universidade de Pernambuco, e como diretor do Serviço de Extensão Cultural da Universidade.

Dois ou três dias depois daquele encontro, comecei a trabalhar, e a maior dificuldade que tive daí em diante foi a de resolver os problemas legais: papéis, regularização da minha estada no Chile etc.

De qualquer maneira, comecei a aprender o Chile, e ia com os educadores chilenos do Instituto para todo lugar, para ouvir camponês falar. Foi uma etapa de aprendizagem da língua. Com exceção do Plínio, do Paulo de Tarso e do Weffort, que falavam excelentemente o espanhol, nós, os outros brasileiros, falávamos o castanhês, uma mistura de castelhano com português. Foi uma época de experiência muito rica para mim.

Essa experiência se deu com base numa decisão político-pedagógica tomada já na conversa com o Jacques, quando eu disse que recusaria qualquer posto que me desse uma responsabilidade ou uma certa autoridade sobre os educadores chilenos, e que só aceitaria trabalhar assessorando-os.

Estava convencido de que cabia aos educadores chilenos a responsabilidade de organizar e reorganizar o seu trabalho educativo. Não porque estivesse caindo num exagero nacionalista de defesa do Chile e dos chilenos, e me negando, como brasileiro, a uma responsabilidade maior. Não, como brasileiro também poderia ter responsabilidade, como tive, mas não as da administração.

O que de início considerei fundamental foi que aprendesse um mínimo de realidade do país. Nesse primeiro momento, então, discutia quase diariamente com os educadores chilenos que participavam dos diferentes departamentos do

Instituto; discutíamos a questão da "promoção humana", como eles chamavam, o que, para mim, era um trabalho de educação popular. Fazíamos seminários constantes em torno disso. Além disso, falava a eles da prática que tinha tido no Brasil.

2. Primeiras experiências: a flecha, a espingarda e o pássaro

Sérgio: O pessoal com que você dialogou nesse tempo já conhecia suas ideias?

Paulo: Não, não. Com exceção do Jacques, que já lera alguma coisa minha, o grupo de jovens educadores na verdade não me conhecia. Mas sempre falei da minha experiência anterior de forma muito aberta, não demagógica; perguntava constantemente a eles sobre como viam a aplicabilidade de algumas experiências brasileiras no contexto chileno.

Nesses seminários, então, nós trocávamos experiências, e assim fui aprendendo a realidade chilena. Além disso, íamos visitar as áreas. Como havia desde o começo um empenho do Ministério da Educação em trabalhar no campo da alfabetização de adultos, passei a assessorar também o Ministério da Educação, posto assim à disposição pelo Indap para isso. Às vezes ficava dois ou três dias sem sequer ir ao Indap porque estava no Ministério da Educação.

Mas o Indap também atuou em algumas áreas rurais com alfabetização. Assim, tive que capacitar os primeiros quadros técnicos que compunham a equipe central responsável do Instituto e do Ministério. Mas na área do governo também havia um instituto chamado de "Corporação da Reforma Agrária", que tinha a ver exatamente com a aplicação da reforma agrária, e que desenvolvia um grande trabalho também no campo da educação popular e da alfabetização de adultos. Então, ainda pago pelo Indap, comecei a assessorar também as equipes da Corporação da Reforma Agrária.

Quando chegou o momento de fazer as primeiras experiências com alfabetização, propus a um grupo de educadores chilenos que aplicássemos, a título de pesquisa, em certas áreas rurais, os *slides* que usara no Brasil, em que se discutiam cultura, natureza, trabalho etc. Enfim, toda aquela parte introdutória de que tenho falado em meus livros. Os *slides*, que haviam escapado ao golpe, tinham sido feitos a partir de quadros de Francisco Brenand, este grande artista brasileiro do Recife.

Fomos então a uma primeira área camponesa com os *slides*. Era apresentado pelo educador chileno como um brasileiro que, no momento, estava exilado no Chile, morando em Santiago e trabalhando com eles. Depois o educador dizia que eu trouxera uns *slides* do Brasil, portanto, de outra realidade, mas que de qualquer forma gostaríamos de saber o que eles achavam.

Fazendo um parêntese: ao falar desse material me dói ainda hoje quando me lembro do que aconteceu com ele. O Brenand havia pintado dez quadros a partir dos quais foram feitos os *slides*; quadros para cuja feitura dera somente os elementos de composição, dizendo que ele era absolutamente livre na sua criação. Certa manhã, Brenand me procura na Universidade com os quadros feitos. Era uma lindeza. Entregou-os a mim dizendo: "São seus.

É um presente que lhe faço." Guardava-os na Universidade zelosamente.

Após o golpe, um jovem que trabalhava conosco na Universidade se acovardou tanto durante a visita que um oficial do Exército fazia ao Serviço de Extensão Universitária à procura de subversivos, que, serviçal, correu ao lugar onde se achavam os quadros e os entregou ao militar, como prova exuberante de minha subversão.

SÉRGIO: Talvez ele tenha entregue por causa daquela espingarda que aparece numa das ilustrações...

PAULO: Exato, aliás se dizia que aquilo era a maneira com que se treinavam guerrilheiros. Imagina! O fato é que perdi os originais do Brenand.

SÉRGIO: Eram aquarelas?

PAULO: Não me lembro, mas eram muito coloridos, muito fortes. Aliás, quando começamos a projetar os *slides*, um camponês chileno fez uma reflexão interessantíssima. Ele disse: "Esses quadros me sugerem calor." Como você vê, há nisso uma psicologia da cor. A cor associada aos trópicos, com muito verde, vermelho, muita fruta, flor, folha, transmite exatamente a sensação de calor. E depois eles discutiram muito em função da realidade deles, ou seja, fizeram uma leitura dos quadros em função da sua experiência social, histórica, política.

Mas há um dos quadros em que um índio com uma flecha está alvejando um pássaro. E depois há outro em que há um camponês com uma espingarda. O interessante é que a distância entre a flecha do índio, a espingarda do camponês e o pássaro, que aparece como alvo em ambos os quadros, no quadro não aparenta sequer um palmo. No

Brasil, em todos os lugares em que a gente discutiu esses quadros, jamais um camponês ou um operário urbano fez qualquer comentário sobre o irrealismo do quadro. Já no Chile, a primeira coisa que eles diziam era: "Mas, olha, do jeito que este pássaro está perto da flecha do índio, era muito mais fácil pegá-lo com a mão."

O brasileiro fazia imediatamente uma abstração. Ele sabia que na realidade não era assim. O que lhe interessava não era descobrir a distância entre a espingarda ou a flecha e o pássaro, mas o ato mesmo de caçar. Os chilenos também discutiam a caça, mas antes faziam uma observação irônica sobre a proximidade entre a arma e a presa.

3. Uma radicalização crescente: a *Nueva Habana* e os seis ônibus-escola

Sérgio: Mas, Paulo, quando você chegou ao Chile evidentemente já encontrou pessoas trabalhando com uma determinada orientação na área de alfabetização de adultos, com os camponeses. E você chegou trazendo uma maneira de trabalhar, seus materiais, e uma metodologia para abordar e ajudar a resolver esses problemas. Como é que se deu a síntese entre o trabalho que já vinha sendo realizado e o seu? O que você acha que levou ao Chile, e que de alguma forma mudou a orientação anteriormente ali aplicada?

Paulo: Acho que uma das coisas fundamentais que propunha era exatamente a questão política da educação, que foi ficando cada vez mais clara não apenas no discurso que eu fazia, ao nível de interpretação das experiências junto aos quadros de educadores, mas sobretudo à medida que eles iam aplicando essas ideias.

Comecei trabalhando preponderantemente com uma juventude da democracia cristã, que desde o começo aceitou uma perspectiva não populista, nem puramente reformista, que eu colocava no meu trabalho. É interessante observar que, depois de um ano e meio ou dois de governo da democracia cristã, começava a haver, no processo histórico chileno, uma radicalização crescente dos grupos jovens da democracia cristã. Estes grupos começavam a perceber na democracia cristã um partido indiscutivelmente burguês moderno, bem mais acima e à frente de uma direita retrógrada, mas burguês. Pois bem, com raras exceções, a maioria dos jovens com quem trabalhei fez essa radicalização, não por influência minha. Se assim o dissesse, seria uma arrogância de minha parte e uma inverdade histórica. Não digo isso por medo ou por autodefesa, mas porque certamente seria uma compreensão idealista da história achar que foram as minhas ideias as causadoras dessa radicalização. Não, foi a própria prática deles junto aos camponeses e aos operários urbanos.

Na verdade, foi exatamente a prática deles em avaliar as propostas da democracia cristã no governo e em observar posteriormente os limites postos pela prática da democracia cristã em relação aos discursos anteriores. É bom lembrar que quando cheguei ao Chile havia uma verdadeira euforia com a subida da democracia cristã ao poder; havia uma verdadeira convicção em grande parte das gentes em torno do êxito do que era considerado a terceira via para toda a América Latina. Enfim, foi tudo isso que levou a juventude democrata cristã a ir renunciando ao discurso democrata cristão e a se radicalizar, ora para o partido socialista, marxista, ora para o partido comunista. Ou criando novos grupos revolucionários.

É aí que se entende o surgimento do Movimento Independente Revolucionário — o MIR —, composto de uma juventude que sempre estava à esquerda de qualquer coisa, mas sempre com muita lucidez. Então, o que houve é que muitos jovens, que preservaram a sua posição cristã, assim mesmo radicalizaram politicamente. Esse foi, inclusive, o caso do Jacques, que era democrata cristão, e que não perdeu a fé, mas, nesse processo histórico, radicalizou as suas posições. Nesse processo de radicalização, houve os que mantiveram a sua fé enquanto cristãos, ao mesmo tempo que radicalizavam suas posições políticas, e houve também os que aprofundaram a sua fé na massa popular e perderam a outra.

Todos esses grupos que se formaram nesse período de alguma forma aproveitaram, cada um à sua maneira, algumas das minhas propostas.

Mas entrando de novo no zigue-zague da memória de que tu falavas, Sérgio, eu me lembro de uma noite inteira que passei numa *población*, como eles chamavam, *Población Nueva Habana*, que resultara de uma grande área da periferia de Santiago ocupada por uma quantidade enorme de famílias. Isso foi no início do governo Allende, o que significa que essa *población* foi respeitada, e não esmagada. Essa *población* se reuniu, dando uma demonstração extraordinária de como a massa popular se governa e sabe governar, não precisa aprender isso nas escolas da classe dominante, não precisa aprender a votar.

Pois fiz uma visita ao Chile durante o governo Allende, com o Jorge Fiori, um jovem sociólogo que hoje mora na Inglaterra. Para entrar nessa povoação, era preciso ter uma espécie de passaporte, um visto de entrada, por motivos de segurança. Fui recebido sem problema, como companheiro. Ajudado pelo MIR, política e pedagogicamente, aplicavam o método e queriam conversar comigo.

Nessa *población* maravilhosa, chamada *Nueva Habana*, fiquei até a madrugada conversando com as diferentes áreas de poder e de responsabilidade pública. Visitei as escolas que estavam fabricando. Sabe que escolas eram? Eles simplesmente pediram ao governo Allende uma quantidade determinada de carrocerias velhas e imprestáveis de ônibus, que já eram sucata; o governo trouxe-as até a *población* — eram umas seis, parece — e, quando nessa noite fui visitá-las, já tinham virado escolas. Na parte da entrada dos ônibus, no lugar do chofer, era o gabinete do diretor, e no corpo dos ônibus ficavam as cadeiras e as mesinhas para as aulas. Entre as seis carrocerias-escola eles fizeram discretas toaletes e o resto era pátio, para as crianças brincarem.

É interessante observar que, na época, antes mesmo do governo Allende, já havia uma discussão ideológica dentro das esquerdas em torno das povoações, dessas comunidades. Havia grupos, por exemplo, sobretudo o PC e o PS, que não apostavam nessas povoações. Consideravam que, sendo de gente sem trabalho, "fora da produção", era gente a que faltava uma consciência de classe, e que por isso mesmo era muito facilmente receptiva e propensa a uma forma assistencialista de submissão. E se alguém dizia: "mas, e a reivindicação dessa gente por moradia?", a resposta era que, atendida a reivindicação de moradia, se apagaria o ânimo político exatamente pela falta de suporte da consciência de classe. No que há uma certa verdade, mas não de todo. O MIR resolveu não acreditar nisso, e apostou na potencialidade revolucionária dessas povoações. Foi daí que nasceu a *Nueva Habana*, cujo êxito foi tal que convenceu o resto da esquerda. Pelas informações que tive, daí em diante essa proposta teve mais consenso político nas esquerdas.

Nessa época, o Jorge Fiori estava estudando sociológica e politicamente o fenômeno das povoações, e, nele, a questão das normas de direito. Aliás, a maneira como o povo se revelou capaz de estabelecer seu direito provocou espanto e medo na direita chilena.

No governo Allende, essa povoação estava reivindicando uma legislação penal própria. O estardalhaço foi grande porque essa questão da autonomia da justiça, da instalação dos comitês de justiça dentro da povoação, eram coisas que a burguesia não podia aguentar, sob pena de perder a guerra. Houve uma noite — quem me contou isso foi o Jorge Fiori —, em que ocorreu uma situação dramática: um jovem da povoação fora acusado de violentar uma moça, que não era da povoação; era uma jovem militante de um partido de esquerda. O jovem foi acusado e a povoação se dividiu no julgamento público que se realizou. Uns queriam a pena de morte, e houve um momento em que a massa reunida esteve na iminência de votar o fuzilamento do acusado. Foi aí que o líder da povoação, Mico, de uns 26 anos, assassinado depois do golpe de Pinochet, fez um discurso extraordinário sobre as razões de ordem humana, prática e política, que deveriam ser consideradas em nome da própria revolução que se iniciava. O jovem líder não era apenas corajoso, mas tinha um conhecimento inegável de como seus companheiros pensavam e reagiam diante daquela circunstância. Falou longamente, sem hesitações. A proposta do fuzilamento foi vencida.

Finalizando esse comentário já longo, o que quero destacar é que quando grupos radicais trabalharam com as propostas que eu fiz foi porque, encontrando algo caminhando, fiz uma espécie de acréscimo ao caminhar. Evidentemente, Sérgio, acho que o fundamental nas minhas sugestões foi exatamente a posição não arrogante, uma posição que pretendia convencer realmente, e não simplesmente impor uma prática como sendo a única válida.

SÉRGIO: Já começamos de novo a entrar nos labirintos da memória. Mas, nessa questão de convencer, entendo convencer muito mais como vencer juntos, superar juntos e não no sentido transitivo de que um sujeito convenceu o outro. Porque se partisse desse princípio, seria obrigado a aceitar que existe, *a priori*, na cabeça de alguém, uma coisa que está certa e, na dos outros, algo errado. E que o processo, a relação entre os dois, o ato de convencimento, é a vitória da ideia que estava na cabeça do primeiro se instalando como um Monte Castelo na cabeça do outro. E não é isso.

PAULO: Exato.

SÉRGIO: O "convenceu", além disso, é recíproco, ou seja, é resultado do pensamento dos dois juntos. Andado o caminho, nem um nem outro estão como antes, os dois avançaram e convergiram. Ou não?

PAULO: Concordo inteiramente. Aliás, a sua análise é muito mais política do que linguística, o que mostra como a linguagem tem a ver com a política, não? A sintaxe não é puramente gramática. A sua interpretação do verbo convencer é política. Realmente, convencer no fundo é uma vitória *com*, mas esse sentido se perde quando indica a existência de um sujeito que age sobre um objeto de sua ação. E quando você aceita o convencer como vencer juntos, então os dois mundos mudam. Nesse sentido eu também me reeduquei no Chile, com os educadores e o povo chileno.[26]

Fiquei quatro anos e meio lá, e nesse labirinto aparecem à minha memória coisas guardadas, de modo que já fomos nos desviando do nosso caminho. Há muita coisa ainda a dizer sobre esses anos e durante as duas vezes que voltei ao Chile sob o governo de Allende, quando já estava morando na Suíça. Mas hoje eu preferia parar por aqui.

[26] Ver a esse respeito, o 1º capítulo de *Pedagogia: diálogo e conflito*, de Moacir Gadotti, Paulo Freire e Sérgio Guimarães. São Paulo: Cortez, 2008, 8ª ed.

6

Escrevendo no Chile: tempos fecundos

1. Primeiro livro: "revi tudo"

Sérgio: Paulo, depois de termos conversado um pouco, no último diálogo, sobre os primeiros tempos do Chile e sobre a sua vivência no interior, com o pessoal que trabalhava na área rural, eu me dou conta de que esse período todo que você passou no Chile foi provavelmente o período de maior fecundidade em sua obra. Foi nesse período que apareceu uma série de livros que posteriormente foram publicados nos Estados Unidos e no Brasil, e daí pelo mundo afora. Nesta nossa outra conversa sobre a sua estada no Chile, então, eu gostaria de satisfazer minha curiosidade em relação a todas essas obras que você foi escrevendo. Como é que foi a história do *Educação como prática da liberdade*, que foi o seu primeiro livro a ser publicado? Foi dona Elza que levou para o Chile os originais?

Paulo: Bem, a *Educação como prática da liberdade* foi uma revisão ampliada da minha tese, que defendi para uma cátedra na Universidade de Pernambuco. Nos intervalos das minhas cadeias trabalhei o material da tese e acrescentei, em determinados momentos, a experiência mais recente da aplicação mesma do que se chamava "método Paulo Freire". Na verdade, na tese já estavam em grande parte sugeridas as proposições que, aplicadas, seriam comprovadas ou não.

Mas não foi a Elza que levou os originais. Antes mandara, por um amigo francês que trabalhava no corpo diplomático de seu país, no Recife, os originais já mais ou menos trabalhados para a França, para serem entregues a uma grande amiga minha, Silke Weber, que, na época, estava fazendo seu doutoramento em Paris. Quando cheguei ao Chile, de lá ela me mandou os originais, o que, aliás, era o caminho mais seguro.

No Chile revi tudo e, inclusive, percebi uma série de incongruências. Essa mesma amiga me mandou, acompanhando os originais, uma carta em que, fraternalmente, me chamou a atenção para certas incongruências e fazia reparos no texto. Primeiro li a carta, lógico, e pensei: não pode ser que esteja assim no texto. Inquieto, fui a ele e constatei que ela tinha razão. A primeira revisão que fizera se dera num período de muita tensão, daí os lapsos, as falhas que ela registrara. Retifiquei tudo, e o texto final é esse que se tem por aí hoje.

Mas, antes de fechar o livro para publicação — parece-me, não tenho certeza, que a primeira edição foi em 1967 —, eu tive a felicidade de ter o Álvaro Vieira Pinto por perto, que fez uma leitura crítica dos originais. Esse grande filósofo brasileiro, às vezes nem sempre bem compreendido, chegara da Iugoslávia para o Chile. Uma vez mais, Plínio Sampaio e Paulo de Tarso deram sua contribuição junto ao governo, e ele logo estava dando sua assessoria de primeira qualidade ao Ministério da Educação, para o qual escreveu uma série de textos que alguns anos atrás foram publicados pela Cortez, com prefácio de Dermeval Saviani.[27] Mas

[27] Álvaro Vieira Pinto, *Sete lições sobre educação de adultos*. São Paulo: Cortez, 1985.

o Álvaro ficou um tempo lá em casa e depois foi para um apartamento perto de nós, de modo que ele pôde fazer a leitura crítica que pedi, e tivemos muitos diálogos sobre ela.

Depois passei o texto ao Weffort, para ele ler e ver se aceitava escrever uma introdução. Ele leu, aceitou e fez uma introdução que até hoje, para mim, sem nenhuma lisonja, acho que é melhor que o texto. É lógico que sei que a introdução sozinha não poderia funcionar, mas em muitos aspectos é melhor que o texto produzido. *(risos)*

Ela completa o texto de uma maneira extraordinária e é absolutamente válida até hoje. Ele percebeu muito lucidamente o que dizia o texto.

SÉRGIO: E a *Canção para os fonemas da alegria*, do Thiago de Mello, como é que chegou a ser incluída no livro, depois do prefácio do Weffort?

PAULO: Eu já disse que o Thiago de Mello era adido cultural do Brasil no Chile e que isso jamais o proibiu de dar a sua solidariedade aos exilados que chegavam. Num gesto generoso, simples e humilde, ele sempre recebeu a todos com os famosos jantares na casa onde morava, que era do Pablo Neruda.

Quando cheguei, dias depois o Thiago de Mello também fez um jantar na casa dele, no qual estavam Fernando Henrique Cardoso, Jader de Andrade, Francisco Weffort, Wilson Cantoni, entre outros, como o Strauss, a que já me referi. Além dos brasileiros, Thiago reunia chilenos que tivessem algo a ver com o campo de especialidade do exilado recém-chegado. Terminado o jantar, ele me apresentou e pediu que eu fizesse aos presentes uma exposição sumária do que tinha feito no Brasil. Falei um pouco da fundamentação do trabalho, da compreensão que tinha da alfabetização de adultos enquanto ato criador, enquanto ato de conhecimento, e, em seguida, projetei alguns *slides* que levara para mostrar como se fazia o processo de alfabetização na prática. Terminada a exposição, fizeram perguntas, e tivemos um diálogo mais generalizado, mais amplo; depois se seguiram os papos mais privados. Dois dias depois, estava almoçando na casa do Strauss, quando toca o telefone e era o Thiago. Muito emocionado, me leu esse poema, que ele escrevera praticamente em seguida àquela noite da recepção. Quando da publicação do livro, achei que seria muito importante que ele viesse no rosto do livro, porque o poema expressa melhor, em poucas palavras, alguns momentos que, no livro, exigiram de mim várias páginas.

SÉRGIO: A poesia é datada: Santiago do Chile, verão de 1964.

PAULO: É, exatamente o período de minha chegada, novembro.

SÉRGIO: Aliás, ele publicou no *Faz escuro mas eu canto porque a manhã vai chegar*, da Civilização Brasileira, em 1965.

PAULO: Exato, e eu republico no *Educação como prática da liberdade*, em 1967.

SÉRGIO: Quando os originais já estavam lidos pelo Álvaro Vieira Pinto, já havia o prefácio do Weffort e a ideia da inclusão da poesia do Thiago de Mello, aí você mandou os originais para o Brasil?

PAULO: Sim, e também para a França. Na época havia um interesse de uma editora francesa por esse livro. Depois ele foi publicado por outra, *Editions du Cerf*. Sobre a primeira, há um fato interessante: um dia recebi uma proposta, mas com dois itens que me chocavam muito. Um era que o livro não poderia ter a dedicatória que tem. Como se sabe, dedico o livro à minha mãe, à memória do meu pai — com quem comecei a aprender o diálogo —, e depois a Elza e aos meus cinco filhos, com os quais continuei a aprender o diálogo, e a um tio que muito me marcava. A justificativa da editora era que a dedicatória não tinha rigor, não tinha nada a ver com o espírito científico.

O segundo item, que me irritou bastante, era o seguinte: eles fariam uma primeira edição de 3 mil exemplares e me pagariam 5%, ficando então proprietários dos direitos para qualquer língua. É óbvio que escrevi uma carta, até certo ponto dura, em que dizia, em primeiro lugar, que quem decidia sobre a dedicatória do livro era eu, e, em segundo, que não podia aceitar a imposição que a editora me fazia na sua proposta de contrato, quanto aos direitos autorais, por me parecer absolutamente exorbitante. Diante disso, recusava a publicação. Quinze dias depois recebi outra carta em que eles amenizavam as exigências e me chamavam ao diálogo. Respondi que não havia possibilidade de diálogo, e cortei definitivamente. É por isso que o livro só foi publicado nos anos 1970, em francês, e por outra editora.

Sérgio: Depois que o livro foi publicado no Brasil, as repercussões foram imediatas? Como é que você sentiu no exílio as consequências da publicação no Brasil? Afinal, era o seu primeiro livro.

Paulo: É, o primeiro. Não houve uma repercussão assim, como você diz; houve uma falação em torno do livro, e ele começou a ser reeditado. Apesar de todos os seus momentos ingênuos, até hoje continua sendo publicado.

2. Noites frias de vinho quente: "e como escrevi nesse período!"

Sérgio: Voltando à minha observação anterior, como é que você explica essa fecundidade toda coincidindo com esse período histórico? É apenas impressão minha ou realmente o contexto em que você vivia propiciou naquele período o seu maior volume de escritos?

Paulo: Essa questão é muito interessante e você tem razão. Acho que o momento que vivi no Chile com Elza e meus filhos foi um momento profundamente rico na minha experiência de educador, e também profundamente desafiador.

De um lado, havia o fato de ser um exilado e que, portanto, tinha de me reintegrar tanto quanto possível à prática que já desenvolvia anteriormente no Brasil, superando-a, inclusive, e aprofundando as reflexões que iniciara. Essa nova realidade de empréstimo me exigiu um nível relativamente maior de eficiência como profissional.

Além disso, tinha uma preocupação política de acertar. E de dar uma contribuição fora do meu país que, indiretamente, era também uma contribuição ao meu país.

Tudo isso coincidiu com a convivência que pude ter com uma excelente equipe de brasileiros que na época estava no Chile, uma equipe tão boa que poderia constituir uma faculdade multidisciplinar. E acho que soube aproveitar tanto quanto pude esta convivência. Nos mais diferentes níveis, todos importantes e fundamentais para minha constante formação, posso citar alguns nomes com que convivi então. Desde o nível mais afetivo, menos intelectualmente comprometido, até o mais comprometido intelectualmente.

Você imagina o que são noites de frio em Santiago, numa Santiago sem calefação, ou seja, sem as defesas que a Europa mais moderna tem. Mas passei muitas dessas noites, às vezes com lareira, às vezes não, em que ficávamos a uma mesa, tomando vinho chileno, com Fernando Henrique, Weffort, Ruth Cardoso, Wilson Cantoni, Strauss, Jader, Flávio Toledo, Paulo de Tarso, Plínio Sampaio, Adão Pereira Nunes, Jacques, Fiori. Tinha encontros semanais com o Fiori, Álvaro Vieira Pinto e Álvaro de Faria. Esses três filósofos já eram mais recatados, participavam menos dessas noitadas em torno de uma mesa com um bom vinho chileno quentinho, servido nos copos com rodelas de laranja.

Mais adiante havia o Clodomir Moraes, o Jesus Soares Pereira. Como disse, esses encontros eram mesclados de afetividade e de análise científica da realidade brasileira e latino-americana.

Por outro lado, toda essa turma, como o Cardoso, o Weffort, o Jader, trabalhava no Instituto Latino-Americano de Pesquisas Sociais, da ONU. Eles traziam para nossos encontros informais a sua visão maior da América Latina. Nesse sentido, o exílio no Chile nos ensinou a América Latina, rompeu com o nosso paroquialismo. Porque preponderadamente nós éramos paróquias, não? Antes disso, apenas sobrevoávamos a realidade latino-americana, pois nosso polo de atração eram mais os Estados Unidos e a Europa.

Não que fôssemos alienados, de forma alguma, mas o exílio no Chile nos serviu a todos como rompimento com esse paroquialismo. Esse é um aspecto fundamental que obviamente me fez crescer muito, me deu condições de aprimorar os instrumentos de compreensão e análise da realidade.

E como escrevi nesse período! Cheguei até a contar, escrevi 1.600 páginas em um ano e meio, manuscritas. E, de modo geral, uma página manuscrita minha dá exatamente uma página datilografada.

SÉRGIO: Já que você falou no seu volume de produção em tão pouco tempo, fiquei curioso: como é que você escrevia normalmente?

PAULO: Daqui a pouco toco nisso. Só queria dizer antes que essa riqueza tem uma explicação. Riqueza em quantidade, não necessariamente em qualidade, certo? Porque inclusive, dessas 1.600 páginas nem todas foram transformadas em livro. Há algumas que ainda não estão publicadas. Outras foram publicadas só em inglês, em uma revista ou outra.

Mas o que me levou a tão sistematicamente quanto possível pôr no papel tudo isso? Em um dado momento da nossa presença no Chile, comecei a ser denunciado ao nível da administração superior da democracia cristã chilena — obviamente pela direita da democracia cristã — de que estava de "namoro", quase "para casar", com os grupos que a direita chamava de terroristas. Mais exatamente, o MIR.[28] Eu, na verdade, tinha muito boas relações com alguns jovens que, tendo sido antes militantes da democracia cristã, radicaliza-

[28] *Movimiento de Izquierda Revolucionaria*, fundado em 15 de agosto de 1965 no Chile, "como ponto de encontro dos setores dissidentes da esquerda tradicional, e expressão política dos setores mais radicais e marginalizados da sociedade". (http://members.tripod.com/~chilemir/)

ram e ultrapassaram os limites de um partido indiscutivelmente burguês moderno.

A denúncia era de que estaria sendo uma espécie de mentor. O que era de uma injustiça profunda em relação aos jovens militantes do MIR, que não precisavam de mim como mentor de coisa alguma. Aliás, eles não eram jovens para ter mentor.

Eu me lembro até de uma noite em que alguns jovens do MIR me procuraram lá em casa, na Alcides Gaspere, 500, Apoquindo, em Santiago. Ficamos conversando umas três horas sobre uma série de problemas táticos do MIR, relacionados à tarefa pedagógica e política da prática deles junto às massas populares. Eles concordaram com o meu ponto de vista, de uma relação dialógica entre a liderança militante revolucionária e as massas de quem se pretendia a adesão, para mim uma relação fundamental para estabelecer o convencer, de que já falamos: convencer as massas à perspectiva do MIR para ganhar o poder.

Pois bem, conversamos muito e, já tarde da noite, quando estavam saindo, disseram que compreendiam a minha posição, mas que, como eu era exilado político no Chile, eles preferiam evitar ter encontros pessoais mais assíduos comigo, para que se evitasse uma exploração política disso, no sentido de me identificar com eles. Eu concordei. Eles estavam certos, pois, como exilado político, não poderia participar de nenhum grupo político no Chile.

Isso eu aprendi com Lênin. Lênin sempre respeitou o país em que esteve exilado. Morou na Suíça, em Genebra, por exemplo, e, inclusive, em Genebra mesmo, eu costumava tomar cafezinho no bar onde Lênin escrevia, pelo menos conta a lenda, o jornal revolucionário que diariamente um militante político levava para Moscou. Aprendi isso com ele, a respeitar o país que nos recebe como exilados.

À medida que começaram os boatos, o Paulo de Tarso um dia foi procurado por um ministro, que lhe colocou a preocupação do governo em relação a mim, a de que eu estaria sendo um mentor dos grupos subversivos. O Paulo de Tarso negou definitivamente isso e me comunicou. Essa foi a segunda vez, porque antes chegara a mim um rumor de que havia uma denúncia contra mim da direita democrata cristã que, como toda direita, sabe claramente o que significa uma pedagogia que propõe a desocultação da realidade.

Depois dessas duas advertências, comecei a escrever todos os textos que corresponderiam a meus pronunciamentos em todos os seminários de que era participante. Daí a riqueza quantitativa. Antes não escrevia, porque sou muito oral, mas daí em diante comecei a pôr tudo no papel, para que, sendo acusado, o fosse à base do que realmente disse e não do que a direita afirmasse que eu dissera. Veja bem, se a direita dissesse que eu era uma pessoa que lutava contra o capitalismo, não haveria problema algum para mim. É isso mesmo que fazia e faço. E não precisaria escrever para me defender. Mas o que tinha que provar, inclusive para defender o próprio MIR, que eu respeitava e admirava, era que o MIR nem precisava de minhas orientações nem estava sendo orientado por mim, tampouco eu estava fazendo nenhum curso de treinamento de táticas guerrilheiras. Enfim, precisei escrever para provar que estava fora de uma prática político-partidária dentro do Chile.

Para todo encontro a que ia, escrevia um texto. Por exemplo, durante o tempo em que trabalhei no ICIRA,[29] dei assessoria técnica às equipes que trabalhavam na *Corporación de la Reforma Agrária* (CORA). Foi quando escrevi todos os textos que estão no *Ação cultural para a liberdade.* Enfim, quase todos os meus textos foram tão vivenciados que, de vez em quando, me ponho a pegar um ou outro e, folheando aqui e ali, faço uma espécie de viagem ao ontem, entende? Revivo todos os momentos.

A primeira denúncia foi feita em cima de um seminário em que fiz uma análise crítica do conceito de "promoção social". Na época do governo Frei, o Conselho de Promoção Social era dirigido por um homem que era realmente da direita. Depois desse seminário e da denúncia posterior, a Elza me sugeriu que eu passasse a escrever. A sugestão foi realmente dela. Eu comecei, e depois tomei um certo gosto pela escrita. Foi a partir daí que escrevi e emendei a *Pedagogia do oprimido.*

3. Escrever muito, dormir pouco. Aos sábados, passeio com os filhos

Sérgio: Paulo, uma pergunta de algibeira que sempre se faz aos escritores. É uma pergunta-chavão, mas, dependendo da resposta, pode até ser interessante. Quais eram as condições físicas em que você escrevia na época? Como é que você preferia escrever? De manhã, de tarde, à noite, sozinho ou no meio das crianças? Como é que você se concentrava para fazer com que as mãos desenhassem as ideias?

---

[29] *Instituto de Capacitación e Investigación en Reforma Agraria.*

Paulo: De modo geral eu escrevia à noite, a partir das sete e meia, nos dias de semana. Às vezes ia até as três horas da manhã, dormia um pouco e estava ótimo para o dia seguinte. Na época eu tinha uma vitalidade correspondente à que estou tendo hoje, com a diferença de que tinha uma condição física que não tenho mais. Podia trabalhar até as três da madrugada e acordar às seis, seis e meia. Hoje preciso de sete horas no mínimo para me refazer. Nos sábados e domingos, ou a família toda ia almoçar na casa de alguém ou vinha gente almoçar em casa, de modo que de noite trabalhava de novo. Às vezes, eu tinha um ou outro sábado para trabalhar. Chegou a um ponto em que, um dia, os dois filhos vieram ao meu quartinho de trabalho e disseram que queriam conversar comigo.

Sabe o que me disseram? Que alguma coisa estava errada naquela casa, que eu trabalhava todo dia e eles iam para escola. E que, quando chegava sábado ou domingo, todo mundo saía ou vinha gente almoçar, ou seja, eles não podiam conversar comigo, e isto estava errado. Concordei com eles e perguntei qual era a proposta que eles tinham. Eles me propuseram um programa que cumpri à risca: todo sábado a partir dali, daquela conversa, seria para eles e para mim.

Perguntei ainda qual era o programa que eles pretendiam para os sábados, e eles disseram que simplesmente queriam sair comigo e passear, e que cada sábado veriam qual o roteiro que desejavam. Mas aceitaram que eu desse um palpite. Foi quando perguntei: e a mãe? Disseram que naquele sábado só queriam a mim. Na época, tive a impressão de que foi uma cobrança em cima de uma necessidade da presença física do pai, da identificação com a figura paterna, e não propriamente uma rejeição da mãe.

Sérgio: Afinal, eles já a tinham o tempo todo.

Paulo: Exato. E começamos a nova programação. Numa dessas primeiras saídas, pegamos um ônibus e fomos à praça de La Moneda. Quiseram entrar numa livraria muito boa que havia ali. Não sei se foi o Lut, ou o Joaquim, mas um deles estava interessado em História do Chile e me perguntou como é que fazia para achar o que queria numa livraria daquele tamanho. Estávamos entrando na livraria quando a pergunta me foi feita. Há diferentes maneiras — disse eu a eles, enquanto nos dirigíamos a um canto da entrada principal — de a gente procurar livros numa livraria. Vamos conversar um pouco sobre isso antes de iniciar nossa busca.

"Você, Lut" — agora me lembro, era ele que se interessava naquele dia por alguns livros sobre a História do Chile —, "está agora aqui e sabe o que procura. Digo isso porque, muitas vezes, a gente vem à livraria sem ter algo definido, certo, para buscar. A gente vem comandado por uma curiosidade vaga, indefinida, geral — curiosidade em torno do livro e não de um certo livro — e comandado também por uma amorosidade, por um gosto do livro, que empurra a gente de livraria a livraria, e, nela, de setor a setor, de estante a estante. A gente faz isso quase como quem faz uma peregrinação. O livro tem essa força sobre quem gosta dele.

"Mas, vamos pensar nas diferentes maneiras que a gente tem para procurar um livro que quer comprar ou para visitar os livros, de que resulta sempre comprar mais. Em primeiro lugar, precisamos saber que os espaços de uma livraria são organizados como se fossem bairros de uma cidade, com suas avenidas, suas ruas. As ruas, maiores ou menores, são as prateleiras com os livros deste ou daquele assunto particular que, por sua vez, se acham enquadrados no tema geral que os abarca ou engloba. Se vocês quiserem a gente pode dar um giro dentro da livraria visitando seus bairros, suas ruas — a das ciências sociais, a das obras de ficção, a da filosofia etc.

"Assim, uma primeira coisa que a gente faz quando já sabe o que quer é localizar o setor em que se deve encontrar o livro de que a gente precisa. Você, Lut, por exemplo, deve procurar o setor de História. É lá que achará o que deseja.

"Às vezes, naquelas visitas já referidas que a gente faz às livrarias sem ter algo definido para comprar, como é o meu caso hoje, a gente vai de bairro a bairro, de rua a rua, passando pelas ciências sociais, pela filosofia, pela literatura, olhando um livro aqui, outro ali. Esta é uma forma gostosa, quase carinhosa de 'conviver' com o livro. A gente apanha o livro na estante, vê o seu título. Se seu autor já é conhecido, o nosso comportamento é um; se não é conhecido, é outro. Se não conhecemos o autor mas o título nos diz algo, procuramos ver qual é a editora que o publica. Se a editora é reconhecidamente séria já temos um elemento em seu favor. Vamos ao índice, acompanhamos os assuntos alinhados nele olhamos a bibliografia sugerida, lemos a contracapa, o prefácio, de que o autor é também sinal da validade do livro, ganhando assim uma visão razoável da obra.

"Mas, na pesquisa que a gente faz quando vem à livraria com o objetivo de comprar uma certa obra, ou quando a gente vem se entregar ao gosto de conviver com os livros, a gente pode pedir o auxílio do livreiro a quem indaga diretamente sobre este ou aquele livro ou a quem pede o catálogo que a gente mesmo consulta."

Depois de minha fala, ficamos lá por mais de uma hora, cada um fazendo a sua pesquisa. Me lembro de que Lut achou o que queria. Paguei e fomos almoçar.

À medida que começamos a viver juntos a exploração de recantos da cidade nos sábados, notei o quanto a mim também estava fazendo bem aquela proximidade necessária com os filhos.

SÉRGIO: Você alguma vez escreveu à máquina?

PAULO: Não. Nunca aprendi a escrever à máquina e fui aprendendo a ter uma confiança razoável na minha mão e numa folha de papel em branco.

SÉRGIO: Escrevendo a lápis ou a tinta?

PAULO: Tanto faz. Quando você fala nisso eu até começo a me lembrar de tantos originais que perdi. De um deles, porém, o da *Pedagogia do oprimido*, não apenas sei mas também me alegra não tê-lo comigo. É que sei que está bem cuidado, o dei ao Jacques Chonchol. Na época achei que nós todos, a família toda, devíamos demais ao Jacques e a Maria Edy, sua mulher. A solidariedade deles fora tão importante para nós que não havia como simplesmente dizer que gostávamos muito deles, ou dar um presente caro, por exemplo. Nada pagaria o carinho que eles sempre nos demonstraram. O único modo que me parecia poder revelar concretamente o nosso sentimento foi oferecer-lhe os originais da *Pedagogia do oprimido*. Poderia parecer presunção de nossa parte mas era verdadeiro. Mas, quanto aos originais dos demais trabalhos, não sei por onde andam. Perdi todos.

SÉRGIO: Paulo, entre as pessoas que escrevem há diferentes estilos, maneiras, diferentes manias de escrever. Há escritores que passam meses sem colocar uma linha no papel e, de repente, tocados por uma impulsão vertiginosa, vertem para o papel tudo o que foi sendo remoído. Há outros que fazem da escrita um exercício de ginástica cotidiano, em que vão destilando metodicamente para o papel dez, quinze, vinte linhas, num trabalho de quatro, cinco horas. Em que faixa você se situa em termos de fluxo de escrita? Na época, você escrevia caudalosamente ou gota a gota, frase a frase?

PAULO: Tanto na época como hoje escrevo pouco. É só ver meus livros, sempre são pequenos. No total, entre todos os artigos, conferências, entrevistas etc., tenho aproximadamente 1.400 páginas publicadas. Mas geralmente escrevo pouco, sinteticamente. Meu livro maior...

SÉRGIO: É a *Pedagogia do oprimido.*

PAULO: Isso. De modo geral, também tenho muita paciência comigo mesmo. Às vezes passo umas três, quatro horas no meu cantinho, só. Tem que ser só. Não reajo bem na presença da Elza. Quando escrevo, nem a Elza pode estar dentro do meu gabinete. Nunca disse isso a ela, mas também raramente ela entra. Mas quando entra, deixo de escrever; entre mim e o papel não pode intervir ninguém. E, de modo geral, tenho muita paciência. Posso passar quatro horas e escrever uma página, às vezes mais. Mas quando acabo posso entregar direto a uma datilógrafa ou para a editora, não preciso refazer praticamente nada, e a minha letra é bastante clara.

4. "Um dia sentei e comecei: Pedagogia do oprimido"

Sérgio: Paulo, em algum momento, ao escrever seus textos, você se surpreendeu em relação ao resultado? Ou seja, o que você escrevia sempre correspondeu ao que você tinha em mente ou às vezes a expressão no papel o surpreendeu?

Paulo: Sim, vez ou outra aconteceu de eu escrever e depois me deparar com algo que era melhor do que eu havia pensado. Mas isso ocorre mais frequentemente no diálogo contigo, precisamente porque sou mais oral do que escritor. O desafio da oralidade às vezes me leva a uma reflexão que, quando vejo no papel, acho que se estivesse escrito não seria tão bem-sucedida. Sou mais estimulado na conversa.

É lógico que, escrevendo, sinto que consigo ser mais sintético em dizer, lucidamente, o que quero. Em relação à *Pedagogia do oprimido*, por exemplo, passei um ano discutindo o livro antes de escrevê-lo. A primeira vez que falei nele foi em 1967, nos Estados Unidos. Tinha até o título, mas o livro mesmo ainda não estava escrito. Inclusive nessa vez que estive lá, para fazer uma série de conferências, falei até sobre o que ele iria ser. Como eu não falava nada mais do que "bom dia" em inglês, Carmen Hunter[30] iria ser a minha tradutora simultânea nas palestras — depois foi também ela quem traduziu *Cartas à Guiné-Bissau* para o inglês. Mas estávamos acertando antes como seria feita a palestra e, conversando, ela me perguntou se estava escrevendo algum livro. Falei que não, mas que estava pensando

[30] Carmen Hunter é hoje, ao lado de Jonathan Kozol, uma das melhores educadoras norte-americanas, dedicando-se seriamente ao problema do analfabetismo nos Estados Unidos. (Nota do editor à 1ª edição)

em escrever um, e discorri um pouco sobre o conteúdo. Depois da conferência, ela disse publicamente que estivera conversando comigo, que soube então que eu tinha planos para um próximo livro e que gostaria de fazer algumas perguntas sobre ele. Foi assim que falei pela primeira vez em público sobre a *Pedagogia do oprimido*.

Quando voltei para o Chile, continuei esse processo de confirmação de certos aspectos da temática sobre que estava pensando, o que redundava também numa espécie de preparação para a escrita. De modo geral, à medida que ia debatendo o tema e ampliando minha compreensão do mesmo, ia fazendo registros em fichas que me foram fundamentais no momento de escrever. Cheguei a ter praticamente três capítulos em fichas, antes de redigir o livro.

Nesse processo de vivência da gestação do livro, acho que até cansava os meus amigos pela insistência com que comentava com eles alguns aspectos do livro. Me lembro de que na época o Weffort e a Madalena estavam recém-casados e quando chegavam em casa eu os atacava com a *Pedagogia do oprimido*. Um dia a Madalena me perguntou, carinhosamente, se eu não estaria falando demasiado insistentemente sobre o livro. Se não seria melhor pô-lo logo no papel. Ela estava certa. E foi o que procurei fazer.

Um dia sentei e comecei. Os três primeiros capítulos foram escritos em quinze dias; ia até de madrugada. Houve noites em que nem dormi. O sol "nascia", a Elza levantava e lá estava eu. Quando terminei esses três primeiros capítulos, passei-os para o Fiori ler, criticar e ver se aceitava escrever o prefácio. Ele gostou do livro e aceitou, mas quando me devolveu os três capítulos com o prefácio, achei que faltava algo. Esse período coincidiu com uma das visitas que o Josué de Castro fez ao Chile.

Passeávamos uma tarde, Josué, Almino Afonso e eu, quando o Josué disse uma coisa que me marcou muito. Ele disse que, em geral, quando acabava de escrever um livro, colocava-o numa gaveta e lá o deixava por uns seis meses. Um belo dia, abria a gaveta, relia o texto, e reescrevia o que achava necessário. Foi o que eu fiz. Coloquei o *Pedagogia do oprimido* na gaveta durante uns quatro meses. Depois, um dia peguei os originais e passei a noite lendo-os. Foi a primeira leitura crítica. Refiz o necessário e escrevi, então, o quarto capítulo, que é o maior deles todos. É o capítulo em que discuto as teorias da ação dominante e da ação libertadora, temas mais político-pedagógicos, enquanto os outros são pedagógico-políticos. O tema do quarto capítulo seria muito mais da área do Weffort do que da minha.

Passei então o quarto capítulo para o Fiori, porque seria uma deselegância não fazer isso. Afinal, escrevera o prefácio para um livro de três capítulos. Me disse que ia ler só pelo prazer de ler mesmo, e manteve o prefácio após a leitura. Depois disso pedi à Sílvia, secretária do Paulo de Tarso, no Instituto de Capacitação e Investigação em Reforma Agrária (Icira) para que ela, em horas extras pagas por mim, me batesse os originais à máquina. Tirei cópias e submeti o livro a um sem-número de amigos, todos esses de quem falei e com quem convivi no Chile, e eles me deram sugestões, fizeram algumas críticas. Na edição americana, inclusive, faço referência a eles, mas na brasileira tenho a impressão de que não citei todos por uma questão de tática.

No início de 1969, estava com o livro definitivamente pronto. Fui aos Estados Unidos e levei-o para dois amigos norte-americanos. Daí ele foi entregue a uma editora e teve a sua primeira edição, em 1970, depois do difícil trabalho de tradução. Ironicamente, a *Pedagogia do oprimido*, escrita em português, foi editada primeiro em inglês. Só foi editado no Brasil depois de traduzido para umas cinco línguas mais ou menos.

SÉRGIO: Hoje, a *Pedagogia do oprimido*, de todos os seus livros publicados, é o mais traduzido?

PAULO: É. No geral, acho que tenho um ou dois livros que não foram traduzidos para nenhuma língua. A *Pedagogia do oprimido* é mesmo o mais traduzido. Deve andar pela 17ª língua.

7

Do Chile aos Estados Unidos

1. Enquanto isso, no Brasil, um autor clandestino

Sérgio: Bem, Paulo, nos dois últimos diálogos nós praticamente ziguezagueamos sobre o período em que você passou no Chile, de novembro de 1964 a 1969. Antes de avançarmos, porém, eu gostaria de colocar um pouco a minha memória para funcionar, em relação a esse período.

Entrei em contato com Paulo Freire em 1967, assim de ouvir falar, com a publicação brasileira de *Educação como prática da liberdade*. Interessante é que esse ouvir falar era à boca pequena, porque me lembro do seu nome quase como um nome proibido, que não podia ser pronunciado em tom normal. Alguma coisa de clandestino, de subversivo, o rodeava.

Depois, estava cursando o 1º ano do curso normal, quando me caiu em mãos o seu livro, que me impressionou muito, apesar de na época ele não ter tido grande repercussão na escola em que eu estudava. Era um livro com o seu nome, colocado à parte, pronunciado só nas rodas de bar de intelectuais de interior, ou por um ou outro estudante universitário que trabalhara com o seu método e que ainda sobrevivia em Presidente Prudente (SP), onde eu estudava na época.

Enfim, a leitura que fiz do seu livro foi condizente com o espírito da época: clandestina, extracurricular; nunca chegamos a discuti-lo em sala de aula, apesar de ser um curso de formação de professores. Pois bem, enquanto você vivia no Chile os seus anos de exílio, eu já vivia, do meu lado, um pouco antes de completar os dezoito anos, a prática de uma educação sem liberdade, e em que a busca de libertação não estava em jogo.

Para você ter uma ideia, eu só fui ler o *Pedagogia do oprimido* na segunda vez que saí do Brasil, picado pelo sentimento de latino-americanidade e pelo desejo de conhecer melhor nosso continente. A primeira vez que saí, foi de trem, Corumbá-Bolívia, e, na segunda, desci pelo sul do Brasil e entrei no Uruguai. Foi em Montevidéu que tive a oportunidade de comprar o *Pedagogia do oprimido*. Assim, o prolongamento da leitura de sua obra só foi possível quando viajava para fora do Brasil. Quanto a você, eu sabia que estava no Chile, mas não havia muita notícia, não.

PAULO: Você fez parte de uma geração intermediária entre a minha e a mais jovem, geração que só leu a *Pedagogia do oprimido* porque a comprou nos aeroportos da América Latina ou obteve cópias mimeografadas. Soube que, na época, o livro circulou discretamente pelo Brasil em cópias mimeografadas. Alguém, não sei quem, trouxe uma cópia do Chile. Depois também soube que, em São Paulo e no Rio Grande do Sul, ele foi lido em cópias da edição italiana. Já imaginou o trabalho? Sei porque recebia certas cartas dizendo isso, de pessoas que tinham lido o livro nessas condições.

Entre essas cartas cheguei a receber certa vez uma longa, de dez páginas, de cinco operários metalúrgicos de São Paulo, em que eles faziam uma apreciação do livro, com perguntas e sugestões. Uma das sugestões, que nunca esqueci e a que fiz referências em seminários na Europa e nos Estados Unidos, era a seguinte: "Paulo, é preciso que você escreva mais, sobretudo dirigindo-se a companheiros intelectuais que ainda não aprenderam que já passou o tempo de pretenderem, nas suas relações conosco, aparecer sempre como proprietários de uma verdade que eles trazem por benemerência, por benevolência, para nos doar. Já é tempo deles começarem a querer aprender também conosco." Eu considero essa advertência fantástica, e não só concordo com ela, como também ela já estava explícita na *Pedagogia do oprimido*.

Era dessa forma que eu era informado de como a sua geração estava lendo, procurando, se informando. Quando estava em Genebra, ou em outra cidade da Europa, sempre era procurado por brasileiros que também me falavam de como estavam as coisas. Era então que eu recebia relatórios vivíssimos do período durão do Brasil, e da prática que estava sendo discretamente levada. Essas conversas, nesses encontros, se transformavam em verdadeiros seminários, e às vezes eu até chamava mais alguém para participar desse esforço crítico.

Esses brasileiros que me procuravam em Genebra e me contavam sobre o que estavam fazendo, sobre suas experiências, é lógico que não chegavam a Genebra como se estivessem procurando uma fonte para beber água. Além do que, nunca me comportei como uma fonte. Participava também com perguntas, com questionamentos, sempre insistindo na dificuldade que tinha em dar respostas mais precisas, por estar a distância.

Esses encontros me ajudaram enormemente. Primeiro, porque eles me reintegravam ao meu contexto original, e isso não só do ponto de vista político-cultural, mas também afetivo. Enfim, matava as saudades, às vezes até me esquecia de que estava em Genebra, e me sentia exatamente no lugar de que a gente estava falando.

Por outro lado, participar de uma inquietação, de uma reflexão sobre uma prática que para mim era tão geograficamente distante, mas tão próxima política e afetivamente, significava manter viva a minha preocupação com o Brasil, me atualizava.

Além disso, era também o mínimo de contribuição que podia dar de longe. Aliás, eu não era uma exceção; todos os brasileiros no exílio faziam isso. Enfim, esses contatos me mantinham vivo também no Brasil.

Fazendo um parêntese, uma das grandes tragédias para o exilado, sobretudo quando ele tinha uma militância político-partidária, que não era o meu caso na época, é a tragédia de se sentir morto no contexto do seu país de origem. É por isso que muitos exilados se neurotizam de tal maneira que passam a ver agentes policiais, até da CIA, à procura deles no exílio. Porque, à medida que o exilado fala a um companheiro das perseguições que ele imagina, no fundo está dizendo: veja, meu índice de periculosidade continua alto, está vendo? Ou seja, isso é não querer morrer.

O meu caso não era bem esse. Era um político enquanto educador, minha militância sempre foi na educação, de modo que podia estar vivo mais facilmente. Mas não há como negar como era bom saber que se estava vivo no Brasil.

Nessa época, recebi muitas informações sobre o Brasil, mas nunca as revelei em cartas. Com a possibilidade de censura, fazer isso seria comprometer alguém que estava no Brasil. Nos meus quase dezesseis anos de exílio, não escrevi uma só carta comprometedora; meu comportamento era nota dez. E nunca mandei nenhuma carta por alguém que voltava para o Brasil. Alguns brasileiros, mais ingênuos, me ofereciam, mas sempre recusei. Se a pessoa quisesse, podia visitar a minha família, como uma carta viva, pessoal. Mas entrar no Brasil com carta minha era como dizer "aliás" num inquérito policial, erro que o Clodomir já me ensinara a evitar.

2. "Um livro violentíssimo": problemas no Chile

Sérgio: Voltando aos dois diálogos anteriores, você num certo momento disse que começaram a aparecer denúncias, sinais de que as suas ideias estavam incomodando, repercutindo no Chile. Eu gostaria de saber como é que essa situação se desenrolou.

Paulo: Uma das várias acusações que me fizeram também era de um ridículo enorme; a de que eu teria escrito um livro violentíssimo contra a democracia cristã como um todo, mas sobretudo contra a pessoa do presidente Frei, que, na verdade, era um homem sério, de bem. É certo que se inclinava mais à direita, não havia jeito dele tombar para a esquerda, mas era um homem sério. Pela acusação que me faziam, eu teria inclusive procurado editores chilenos com esse livro terrível, mas eles, mesmo que não fossem simpáticos à democracia cristã e ao presidente, por uma questão de brio patriótico, teriam fechado suas portas a uma publicação do livro.

Sérgio: Havia nome para esse livro?

Paulo: Não, só se falava genericamente num livro. Essa história chegou a um ministro de Estado e ele foi checá-la com o Jacques Chonchol. É óbvio que o Jacques nem precisou me ouvir para dizer que aquilo não podia, de maneira alguma, ser verdade. Negou peremptoriamente tudo, disse não, que não sabia que eu tivesse escrito tal livro, e mais: que tinha certeza de que jamais eu escreveria coisa semelhante. Disse que eu até poderia escrever um livro crítico sobre a democracia cristã, mas jamais fazendo ataques pessoais e violentos à figura do presidente Frei. Mas também é lógico que ele não poderia considerar essa conversa com o ministro como uma conversa qualquer; era política. E ele me procurou. Nessa altura, não trabalhava mais com ele.

SÉRGIO: Você se lembra em que ano foi?

PAULO: Tenho a impressão de que foi no início de 1969, quando nós já estávamos realmente para deixar o Chile. Não estava certo quanto a isso, mas já estava pensando. Fui então ao gabinete do Jacques, onde ele me pôs a par do que estava ocorrendo a meu respeito. E fiz então uma proposta: que me prontificava a ficar no gabinete dele enquanto o ministro conseguisse os seus melhores agentes policiais para vasculhar minha biblioteca. Disse que ficaria por tempo indeterminado, o quanto fosse necessário para que eles fizessem isso. Só pedi que a Maria Edy fosse junto, para que a Elza não se assustasse. Desse modo, a Elza abriria a biblioteca para eles e, se os originais desse livro fossem encontrados, aceitaria a expulsão do país sem mágoa alguma. Disse ainda ao Jacques que lá só seria encontrado um livro que realmente escrevera, a *Pedagogia do oprimido*, e que tem só uma referência à democracia cristã e ao presidente Frei, por sinal elogiosa. Esse foi o livro que escrevi, disse a ele.

Ele se negou a propor isso ao ministro, disse que já falara que não era verdade nada do que estava sendo dito, e que só queria que eu ficasse a par disso. Esse foi o último caso de denúncia da direita da democracia cristã contra mim. O que acontece, de fato, é que, no geral da democracia cristã, só em determinadas circunstâncias é possível um acordo com ela. Mas, mesmo assim, considero praticamente impossível uma identificação de perspectivas. Com a direita da democracia cristã, então, nem se fala.

3. "Não quis ser 'saído' de novo"

Sérgio: A sua saída do Chile está ligada a todas essas pressões ou elas simplesmente coincidiram com um processo de desligamento da realidade chilena, que ia se dar de qualquer forma?

Paulo: Não posso dizer que, se não tivesse saído, teria havido uma radicalização das ameaças e uma consequente expulsão. Creio que não. Possivelmente as pressões da ultradireita diminuiriam. Talvez porque havia homens como Chonchol e o ministro Valdez, por exemplo, que em parte deteriam as arrancadas de assanhamento da ultradireita. De qualquer maneira, essas denúncias sucessivas me advertiram para a necessidade de considerar uma saída do Chile.

Um dia a Elza e eu estávamos conversando sobre isso, e me lembro de que eu dizia que queria muito bem ao Chile, que devia demais a ele e que não gostaria de sair de lá expulso, nem convidado a deixar o país. As duas possibilidades para mim eram impensáveis, por duas razões: primeiro, ficaria magoado demais com uma saída direta ou indiretamente forçada; em segundo, isso me impediria um retorno. É lógico que na época eu nem imaginava um Pinochet.

Além disso, a perspectiva de uma possível expulsão me criaria muitas dificuldades. Um exilado que é expulso do seu primeiro país de exílio se complica no resto de sua vida de exilado. Juntando tudo isso com uma coincidência de uma série de convites que, de repente, começaram a aparecer, como se houvesse uma orquestração, achei que, se tinha de sair, o momento era aquele. Outro fator coincidente foi um problema com a recontratação da Unesco. Havia uma promessa de eu ser recontratado em melhores condições do que as que tinha, de consultor, mas, pelo que me informaram, houve alguma intervenção do governo brasileiro. Com isso, a Unesco demorou uns três meses até resolver a contratação, e eu fiquei no ar esse tempo todo. Não posso afirmar, mas pode ser que também tenha havido pressões da direita da democracia cristã.

SÉRGIO: Paulo, nessa questão de uma possível influência da delegação brasileira no caso de sua recontratação, posso dar um depoimento sobre o meu caso. Na época em que fui contratado, por exemplo, para ir para Angola, bem depois, em 1978, pude ver que não havia ingerência da delegação brasileira e de outros países na contratação de consultores por um curto período, digamos, para missões de dois ou três meses. Mas para contratos de maior duração, de um, dois anos, aí sim, os nossos nomes, pelo menos em 1978, passavam pela delegação brasileira da Unesco. Realmente havia uma interferência.

PAULO: Era o meu caso. Mas, juntando tudo isso, acabei me decidindo pela saída. Houve um outro fator ainda: já estava há quatro anos e meio no Chile, indiscutivelmente um período riquíssimo da minha vida. De fato, como educador, acho que tive dois momentos importantes: no Chile e, depois, no tempo que passei pela África, tendo aqui já como base o Conselho Mundial de Igrejas. Mas, no Chile, comecei a sentir que precisava me experimentar em outros espaços, confrontar outros problemas. Naquele momento, então, aceitei a proposta de Harvard e, em seguida, a do Conselho Mundial de Igrejas. Saímos do Chile em 1969.

SÉRGIO: Antes da saída do Chile, há pelo menos uma passagem sua pelos Estados Unidos. Eu gostaria de tentar recuperá-la. De onde é que veio esse interesse das universidades americanas em relação ao seu trabalho?

PAULO: Tudo começou quando eu ainda estava no Serviço de Extensão Cultural da Universidade de Pernambuco, antes de trabalhar com o Paulo de Tarso no Ministério da Educação. Começou a partir de Angicos. Um tempo depois, o *New York Times* publicou uma reportagem sobre a experiência de Angicos. Não me lembro bem se foi sobre Angicos apenas ou se sobre a experiência geral que estávamos vivendo. Mas o fato é que fazia referências a mim, situando: professor brasileiro da Universidade de Pernambuco etc. A partir disso, recebi algumas cartas dos Estados Unidos. Uma delas era engraçada: o missivista dizia que lamentava muito não poder escrever na minha língua nacional, embora ele tivesse feito algum esforço para aprender o espanhol, mas não conseguiu. *(risos)*

Bem, as cartas vinham de diferentes áreas dos Estados Unidos. Depois comecei a receber também consultas de setores universitários. Houve então o golpe de Estado e fui para o Chile. O golpe de Estado obviamente foi notícia lá, e devem ter aparecido muitos comentários específicos sobre o

Recife: o governo Arraes, o problema com a Aliança para o Progresso. Enfim, o imperialismo via Recife como uma cidade endemoniada, uma espécie de Manágua, na época. Eu era do Recife, participei do Movimento de Cultura Popular, tudo isso deve ter chegado lá. Tanto que, quando ocorreu o golpe de Estado e me exilei, o Ivan Illich, que eu já conhecia, nos mandou um telegrama oferecendo o Centro de Estudos em Cuernavaca para que eu, Elza e os filhos fôssemos para lá. É óbvio que as autoridades brasileiras não permitiram, mas Ivan Illich me testemunhou seu apreço e sua solidariedade desde o começo.

E, em 1967, por sugestão dele, o Robert Fox — um monsenhor católico que desenvolvia um trabalho fantástico com um grupo de educadores norte-americanos e que trabalhava nas áreas negra e porto-riquenha de Nova York — me convidou para visitar o seu trabalho. Robert Fox acaba de falecer em Nova York, e não posso deixar de homenageá-lo aqui.

O trabalho que ele desenvolvia tinha muita coisa parecida com o que eu vinha propondo, mesmo que com algumas diferenças substantivas. Mas não posso dizer que fosse reacionário, de modo algum. Ivan Illich conhecia a prática de Robert Fox e disse a ele que havia um brasileiro que fazia um trabalho semelhante ao dele. Foi assim que surgiu o primeiro convite, para conhecer o trabalho de Fox, que coincidiu com o interesse da Universidade de Fordham, uma universidade jesuíta de Nova York. Os dois patrocinaram, então, a minha ida aos Estados Unidos.

Na Universidade de Fordham, foram organizados uns dois ou três seminários comigo, e o padre Joseph Fitzpatrick convidou professores amigos de diversas universidades americanas. Fazendo um parêntese, foram necessários o exílio e uma ida a Princeton, em 1967, para que me encontrasse pessoalmente com Rubem Alves, que estava fazendo sua tese de doutoramento em Princeton. Outro grande intelectual brasileiro que encontrei aí foi o Paul Singer, creio que já afastado da USP e trabalhando na Universidade de Princeton. Lembro-me também de ter encontrado, nessa época, o professor Octávio Ianni, então docente da Universidade de Columbia.

Como você vê, essa ida aos Estados Unidos foi uma espécie de grande desafio para mim, além das surpresas. Não só encontrei amigos, mas também pude dialogar com professores e estudantes norte-americanos, entre os quais alguns demonstram estar relativamente bem-informados em torno da política brasileira e do que estava acontecendo na área da alfabetização de adultos.

Ainda nessa visita encontrei o famoso economista, professor Albert Hirschmann, que, na época, ensinava em Harvard.

O interessante também dessa visita foram os preparativos. O primeiro de todos, a própria decisão. Você acredita que quando me chegou o convite eu quis recusar? Ingênua e arrogantemente pensava nada ter a aprender e nada ter a ensinar na matriz do imperialismo. Elza, uma vez mais, marcou sua presença junto a mim. Comentando com ela a intenção, a decisão, quase de não ir, ouvi dela estas perguntas: "Você acha, porventura, que toda a população dos Estados Unidos é imperialista? E onde anda a sua radicalidade? Virou sectário? Por que não aposta na outra parte que por pequena que seja não é imperialista e está lá também?"

Aceitei o convite. Fui e não me arrependi de haver ido. Decidido a ir, começaram porém os problemas com a falta de documentos para viajar. Procurei, como deveria fazê-lo, o Ministério de Assuntos Estrangeiros ou Ministério das Relações Exteriores. Minha situação, ainda que não fosse única, era irregular. Exilado na Bolívia de onde viera após o golpe militar que aquele país sofrera em fins de 1964, era um brasileiro no Chile, de um lado, sem passaporte nacional; de outro, sem documentação chilena, pois que entrara no país com a caderneta de identidade. Em tal situação, não me era possível viajar. Necessitava de um documento chileno que me permitisse sair do país e a ele voltar legalmente.

Se fosse de direito um exilado no Chile, nenhuma dificuldade. O governo chileno, no momento oportuno, me teria dado um documento de viagem. Eu era, porém, um exilado de fato, na verdade um brasileiro residente e, como tal, o que se esperava de mim é que tivesse o passaporte brasileiro. Era esta a questão a ser resolvida — questão política e não estritamente jurídica.

O diplomata responsável pelo setor competente do Ministério me escutou e, em seguida, me disse mais ou menos: "Não nos falta boa vontade para resolver o seu problema. Não devemos, contudo, agir levianamente, oferecendo-lhe sem mais um documento chileno com o que podemos criar dificuldades diplomáticas com o governo de seu país. É necessário, portanto, que o senhor nos traga algo escrito do consulado brasileiro em que, pelo menos, se insinue que lhe negam passaporte. De posse de uma declaração ou coisa parecida assim, lhe forneceremos um documento de viagem com validade de dois anos, que o senhor poderá renovar. Desta forma, o senhor pode legalmente sair do país e voltar a ele quantas vezes forem necessárias."

Me pareceu tudo muito razoável, correto. Só me restava então procurar o consulado brasileiro e tentar, aquela sim, uma operação difícil: conseguir que o cônsul dissesse por escrito que eu não tinha direito a um indiscutível direito — o de ter passaporte.

Fui então para o meu escritório do Indap e pedi a uma secretária do departamento para telefonar ao consulado brasileiro e ver se o cônsul poderia me receber. A resposta, imediata, foi que eu podia ir lá no dia seguinte, às 10 horas da manhã. Fui muito bem-recebido pelo cônsul e, depois de uma conversa muito cordial, contei a ele meu problema: um passaporte, assim, seco e direto. Ele pediu desculpas, mas infelizmente não poderia me conceder um passaporte. Falei então que não havia problema, mas que ele me fornecesse pelo menos um papel dizendo isso, que não podia me dar o passaporte, e assinasse. "Mas como é que posso assinar um documento desses? Direito ao passaporte o senhor tem, mas por uma questão de arbítrio de poder... Agora, eu não posso dar por escrito uma declaração nestes termos." *(risos)*

Expliquei então como assim ficava praticamente preso no Chile, que não podia viajar etc., que a chancelaria chilena me daria o visto de saída se o governo brasileiro pelo menos insinuasse que não me concederia o passaporte.

Sugeri a ele um documento dizendo o seguinte, mais ou menos: "Declaro que o cidadão brasileiro Paulo Reglus Neves Freire saiu do Brasil na condição de exilado político para a Bolívia e chegou ao Chile sem passaporte." Disse que ele poderia melhorar a redação, mas que algo nesse gênero seria suficiente. Foi o que ele fez. Quer dizer, houve grande boa vontade do cônsul.

4. "O senhor foi ou é simpatizante do Partido Comunista Brasileiro?"

Paulo: Consegui então o documento chileno de viagem e parti para a segunda etapa: conseguir o visto de entrada nos Estados Unidos. Dei entrada no consulado americano ao pedido de visto e me informaram que eu seria em breve chamado a voltar. Uma semana depois realmente fui chamado e fui. O gozado é que tive uma espécie de intuição da conversa que ia ter. O cônsul me recebeu cortesmente e chegamos ao assunto assim:

— Estou com o seu documento de viagem, o senhor está querendo ir aos Estados Unidos e solicita visto de entrada. Mas gostaria de lhe fazer algumas perguntas — disse ele.

— Pois não.

— O senhor teve problemas com o governo brasileiro?

— Com qual governo brasileiro? Tive problemas com o golpe de Estado brasileiro. Não tive, tenho. Fui preso, fui praticamente expulso do meu país, fui expulso da universidade onde ensinava, pois me aposentaram sem ter doença nem idade de ser aposentado. Acabei enjoando tanto da cadeia que me exilei no Chile, não tive, continuo tendo problemas. Estou aqui sem passaporte brasileiro por causa disto.

— O senhor foi ou é simpatizante do Partido Comunista Brasileiro?

— Senhor — nesse momento me levantei da cadeira em que estava —, se estivesse preso e o senhor fosse delegado ou uma autoridade militar qualquer, até compreenderia a pergunta. Como não estou preso e o senhor não é delegado de polícia, que me conste, estou na embaixada americana e o senhor é o cônsul, então recuso a me submeter a tal inquérito policial para ir ao seu país. E é bom dizer que fui convidado por seis universidades do seu país, não pedi para ir lá. Desculpe essa arrogância de minha parte, mas realmente não pedi para ir. Me convidaram e eu aceitei, acho interessante ir ao seu país. Agora, se para ir a condição é me submeter aqui a um interrogatório sobre as minhas opções políticas, sobre os meus sonhos políticos e minhas adesões ideológicas, então o senhor pode me devolver meu documento de viagem sem visto mesmo, pois vou sair agorinha do seu gabinete e escrever a todas as universidades dizendo por que não posso ir: porque recuso o interrogatório que o senhor pretendeu iniciar — já disse isso de pé, abrindo a porta para sair.

— Não, não, professor, aqui está o seu documento.

Pois o documento já estava com visto e tudo, prontinho. Quer dizer, no fundo ele achava que, na certa, um professor de uma área subdesenvolvida, exilado político, sem passaporte, submetido a sustos desde o seu país de origem, temeroso, experimentado em cadeia, ele achava que esse exilado estivesse sonhando em salvar-se, unindo-se ao país dele, aos Estados Unidos. Jogando com essa hipótese, por que não tentar conseguir informações? Se eu cedesse acho que estava lá até hoje respondendo às suas perguntas. A primeira pergunta respondi, afirmando. Mas se tivesse entrado no jogo e começasse, assustado, a responder a perguntas sobre minhas opções políticas, transitaria da condição de candidato a viajante para a de denunciante ou de informante.

Em respeito ao próprio exílio, a mim mesmo, ao meu passado tão recente naquela época, à minha luta, por pequena que tivesse sido, eu não podia aceitar de modo algum uma coisa daquelas.

Contei tudo isso nos Estados Unidos também, num jantar em que estive com um ex-diplomata americano que trabalhara no Brasil, com o Robert Fox e com um outro grande jesuíta que depois foi preso e condenado a três anos de cadeia porque fez uma desobediência civil: Daniel Berrigan, um grande poeta.

Depois dessa viagem, imediatamente depois, fui ao México com Ivan Illich, quando conheci Erich Fromm.

5. Andanças americanas

Sérgio: Paulo, eu gostaria de voltar para o final desses episódios de dificuldades que você teve até chegar aos Estados Unidos. Ou seja, depois de tudo isso chega um professor brasileiro, nordestino, recifense, produto típico de uma cidade do Terceiro Mundo, com problemas do Terceiro Mundo, e desembarca no coração dos Estados Unidos, em plena Nova York. Como foi esse seu primeiro contato, assim ao nível de sensações, de primeiras impressões, com a civilização americana?

Paulo: Acho que é meio difícil de escapar de um certo susto. O mesmo aconteceu com o primeiro contato com São Paulo. Mas, Nova York, aquela cidade subindo, e ao mesmo tempo se espraiando, confesso que a minha primeira sensação foi de ficar inibido, tímido, assustado. Logo no aeroporto. O tamanho de tudo era algo inibidor. Juntando-se a isso a impossibilidade de falar inglês... Eu lia, mas falar e ouvir são completamente diferentes, de modo que nas duas primeiras vezes em que estive nos Estados Unidos não entendia nada.

SÉRGIO: Sem poder controlar a velocidade, como se faz lendo.

PAULO: Isso tudo acaba criando uma situação de perder-se, de medo, de tudo e de todos. Acho que deve ser exatamente a sensação do analfabeto em uma grande cidade. Ouvi depoimentos de analfabetos no Chile que me retrataram uma situação praticamente igual à minha quando cheguei a Nova York, também em Paris, em 1968. Segundo esses depoimentos dos chilenos, quando iam a Santiago, falando espanhol, ficavam perdidos, com medo de pegar ônibus errado, de ser roubado numa loja, medo de tudo. Exatamente como eu me sentia.

Obviamente fui recebido pelo Fox, que falava muito bem espanhol, e me introduziu a tudo, até que comecei a me identificar.

SÉRGIO: Ainda nessa primeira ida aos Estados Unidos, no plano da educação, você se lembra de algum paralelo que fazia entre a situação que via lá e a situação brasileira ou chilena? Ou seja, havia diferenças notórias na prática da educação ou não? Como é que você foi construindo um inevitável quadro comparativo?

PAULO: Enquanto as minhas visitas se reduziram a uma semana, ou quinze, vinte dias, não deu para fazer nada disso. Só realmente quando morei nos Estados Unidos, durante quase um ano, foi que comecei a sentir melhor essas diferenças, que explicitei aqui e ali no *Ação cultural para a liberdade*.

Uma coisa que logo achei muito interessante nos Estados Unidos foi o que a gente pode chamar de cortesia universitária. Por exemplo, se os americanos o convidam para uma universidade qualquer, de modo geral sempre se informam sobre suas amizades, sobre gente que você gostaria de conhecer, e fazem a surpresa de oferecer um almoço no próprio campus da universidade promovendo esses encontros. A Universidade de Colúmbia, por exemplo, fez isso comigo, de modo que pude reencontrar um grande especialista em José Lins do Rego, Rabassa,[31] que já conhecia.

Antes do golpe, em 1963, quando estava no Serviço de Extensão Cultural da Universidade do Recife, recebi um dia um jovem professor norte-americano que ficou então muito amigo de Luiz Costa Lima, esse grande crítico literário brasileiro. Eu me lembro de que acompanhei Rabassa à Faculdade de Direito e ele descrevia a faculdade antes mesmo de entrar, tudo por causa da sua convivência com os livros de Lins do Rego. Falava do Recife, do Nordeste, dos engenhos, da Paraíba, enfim, como se tivesse vivido lá. Tinha toda uma geografia sentimental e intelectual, que ele bebeu em Lins do Rego. Pois bem, a Universidade de Colúmbia soube que eu conhecera o Rabassa no Recife e, para minha surpresa e satisfação, ele foi convidado para almoçar e jantar comigo.

SÉRGIO: Quando?

PAULO: Em 1967. Na primeira viagem. Inclusive os advogados que me defenderam usaram muito bem, com muita habilidade e astúcia, essa visita na minha defesa. Como no fundo eu estava sendo acusado de ser endemoniado, o Paulo Cavalcanti me pediu que eu mandasse uma carta de cada uma dessas universidades sobre a visita. Escrevi a todas e recebi cartas excelentes, usadas pelos advogados de defesa.

SÉRGIO: Esses seminários em diferentes universidades se faziam com que tipo de público?

---

31 Trata-se seguramente do professor norte-americano Gregory Rabassa, considerado um dos maiores tradutores da literatura latino-americana.

Paulo: Geralmente eram estudantes universitários, não apenas da área de educação, mas também de ciências sociais; e professores, preponderantemente de educação.

De um modo geral eu falava da experiência da alfabetização, da fundamentação dessa proposta, projetava *slides* e mostrava como é que eles eram discutidos. Sem falsa modéstia, quando saía de Harvard para almoçar com o conhecido economista Albert Hirschman, fiquei muito gratificado quando ele disse que a minha exposição conseguiu uma coisa que não era muito comum: a unidade entre a prática e a teoria. Na verdade, em todas essas universidades havia uma imensa curiosidade sobre tudo isso.

Quando voltei para os Estados Unidos em 1969, para a Universidade de Harvard, aí a coisa se espalhou muito. Porque o fato de eu estar em Harvard coincidiu com os primeiros artigos, seminários e conversas em torno do que viria a ser a *Pedagogia do oprimido*. O interessante é que, quando fui assinar o contrato com o editor para a publicação americana, ele não gostou do título, disse que "pedagogia" era pesado, mas não teve jeito de mudar porque o título já era conhecido. Raramente passei um fim de semana em casa, sempre circulando e falando da *Pedagogia do oprimido*.

Sérgio: Paulo, entre o que você escreveu e o que começou a ser publicado nos Estados Unidos, se não me engano há uma ligeira diferença no título do *Ação cultural para a liberdade*, entre a edição brasileira e a americana, não?

Paulo: Nos Estados Unidos saiu *Ação cultural para a liberdade* mesmo. A divergência de título aparece realmente na edição brasileira. Mas vou contar a história toda.

O *Ação cultural para a liberdade* foi um ensaio em que retomei algumas dimensões da *Educação como prática da liberdade*, e outras questões que não estão nesta última. Escrevi o *Ação* em Cambridge, e era uma tentativa, enquanto se traduzia a *Pedagogia do oprimido*, de introduzir o provável público americano a esta última. Pois bem, o texto foi escrito e mandado a um centro privado com o qual trabalhei simultaneamente com Harvard, e foi publicado na *Harvard Educational Review*, que aliás até hoje continua fazendo separata desse texto. Talvez agora pare, pois já existe a edição integral do *Ação cultural para a liberdade e outros escritos*, só que com outro título,[32] exatamente igual à edição brasileira, apenas com uma extensa entrevista minha.

Tempos depois do texto ter saído em revista, juntei uma série de outros que eu escrevera no Chile em 1968, chegando até 1974. Pus o título, *Ação cultural para a libertação e outros escritos*, e mandei para o Fernando Gasparian, da Paz e Terra. O livro foi aceito e alguns meses depois recebi em Genebra uma carta do Gasparian dizendo que o livro estava saindo, mas que tinha uma observação a fazer, que ele esperava que entendesse e aceitasse. E era o seguinte: ele me avisava que na capa o título seria *Ação cultural para a liberdade*, e que, dentro do livro, o artigo seria preservado conforme o título original, "para a Libertação". O argumento dele era o seguinte, com o qual concordei inteiramente: na época em que o livro estava saindo a palavra "libertação" era muito mais agressiva do que a palavra "liberdade". O que é mesmo, "liberdade" é muito mais estática, já "libertação" implica luta, envolve processo. Isso não podia sair, pois ele

[32] *The politics of education: Culture, power and liberation*. Massachusetts: Bergin & Garvey Publishers, Inc., 1985, 236 p.

temia, com razão, que se pudesse perder a oportunidade de publicar o livro por causa da palavra.

SÉRGIO: Mas, se você pudesse escolher, preferiria "liberdade" ou "libertação"?

PAULO: Ficaria com "libertação".

6. Teologia da Libertação? "Um certo clima de conforto"

SÉRGIO: No seu entender, qual a relação que existe entre uma pedagogia do oprimido, uma educação como prática da liberdade, ou uma pedagogia da libertação, com a evolução do pensamento e da ação cultural da Igreja dentro da América Latina? E com o surgimento da Teologia da Libertação?

PAULO: Para mim é uma razão de alegria, e de muita responsabilidade, reconhecer que, mesmo sem ser teólogo, fui influenciado, tive uma influência nesse movimento de educação e libertação que é a Teologia da Libertação. Seria uma lamentável imodéstia de minha parte até mesmo sugerir que os meus trabalhos e que minha prática da América Latina nos anos 1960 tenham sido uma fonte para a Teologia da Libertação.

As fontes da Teologia da Libertação, como todo mundo sabe, ultrapassam de longe as contribuições que venho tentando dar no campo da educação para a libertação. Mas também não tenho dúvida de que, neste ou naquele momento, nesta ou naquela visão da prática pedagógica, e na questão da natureza política do ato educativo, que venho sublinhando com tanta ênfase desde os anos 1960, em tudo isso certamente há algo que ver com a Teologia da Libertação, da mesma forma que ela tem algo a ver com a minha forma de compreender a educação e a libertação também.

Por isso não é mera coincidência que eu tenha amigos muito próximos entre os líderes da Teologia da Libertação, tanto no campo católico como no protestante. E não só da Teologia da Libertação, mas também de outras teologias afins, na Europa e nos Estados Unidos.

Não é por acaso que sou amigo há muito tempo, de antes dos primeiros ensaios de Teologia da Libertação serem publicados, de um grande teólogo peruano como Gustavo Gutierrez, de Rubem Alves, de Júlio Santana, de Hugo Assmann, de Miguel Bonino, de Richard Shull, de Princeton, talvez um dos primeiros teólogos da libertação quando ainda não se falava dela. Poderia citar vários outros, que encontrei na América Latina ou fora, por exemplo, quando passavam pelo Conselho Mundial de Igrejas. Enfim, há uma indiscutível relação entre mim e a Teologia da Libertação.

Só para terminar, gostaria de dizer, de insistir, que talvez eles tenham me influenciado mais do que eu a eles. O que é indiscutível é que há um certo clima de conforto entre nós. Não nos estranhamos de forma alguma.

SÉRGIO: Ora, as críticas que se faziam à Teologia da Libertação de uma certa maneira o atingem também. Você acha que as fontes da crítica à Teologia da Libertação e à sua visão de educação partem do mesmo lugar?

PAULO: As que são feitas do ponto de vista da direita, acho que sim.

8

Encontros no México, saudades do Recife

1. Cuernavaca: encontros com Illich e Fromm

Sérgio: Ao começarmos este diálogo eu me dou conta de que nós estamos navegando em zigue-zague, o que é normal do ponto de vista da memória, não é? Ela nem sempre respeita uma cronologia linear, dá *flash-backs*, o que certamente exige, por parte dos leitores, uma certa ginástica para estabelecer o que acontece antes ou depois; às vezes acontece depois e é dito antes. Gostaria de iniciar esse diálogo com teu zigue-zague pelos Estados Unidos, a que você já fez referência em outros diálogos. Houve uma primeira ida em 1967 e uma segunda em 1969, que termina com sua mudança para lá, certo? Ou, entre a primeira e a segunda parece que há uma passagem pelo México. Mesmo considerando o que já falou sobre os seus contatos com o Ivan Illich, insistiria em que você voltasse a ela.

Paulo: Na verdade fui ao México antes de ir aos Estados Unidos. O México foi, assim, o terceiro país que visitei no começo de minhas andanças de exilado.

Já falei do meu primeiro encontro com o Ivan Illich no Recife, antes do golpe; da sua solidariedade antes de eu ser preso, expressa no convite que nos fez a mim e à minha família para irmos viver e trabalhar em Cuernavaca. Quando já estava vivendo no Chile ele me convidou novamente para, daquela vez, falar a um grupo de latino-americanos sobre as experiências que eu vivera recentemente no Brasil.

A Cidade do México me causou um impacto enorme. Fiquei profundamente atraído por suas cores, por sua intensidade de vida, mas fiquei mesmo centrado em Cuernavaca, que fica mais ou menos a uma hora do distrito federal. Cuernavaca é uma cidade em eterna primavera, sempre colorida, desperta. Nela vivia, e creio que ainda vive, uma dezena, talvez mais, de gente famosa: do cinema, das artes, das ciências. Erich Fromm era uma dessas pessoas que Cuernavaca hospedava.

Assisti a uma série de conferências dele sobre a alienação em Marx, conferências excelentes, e como Ivan Illich tinha relações muito próximas com ele, me conseguiu uma entrevista particular, que Fromm marcou para dois dias depois, entre 16 e 17 horas. Às 16 horas em ponto lá estava eu, e confesso que nessa primeira vez diante de Fromm, particularmente, experimentei toda a sensação de estar diante de um homem famoso, aceito e desaceito, criticado positiva e negativamente, mas um homem afirmado. Não que eu mistificasse a pessoa dele, nada disso, mas já havia tempo, desde o Recife, que era seu leitor assíduo. Num certo sentido, foi como o primeiro encontro com Anísio Teixeira, o grande Anísio Teixeira, de quem a gente pode discordar, mas é obrigado a respeitar. Coisa que nem sempre ocorre, pois às vezes se discorda desrespeitando o outro, desnecessariamente.

SÉRGIO: Nesse período de uma hora frente a frente com Erich Fromm, como foi que se desenvolveu a conversa?

Quem falou mais, o que você observou, enfim, o que lhe ficou desse encontro?

PAULO: Esse encontro me marcou muito, até hoje. E lógico que antes, quando Illich solicitou a entrevista para mim, conversou com Fromm e me apresentou como seu amigo, falou rapidamente da minha experiência no Brasil, da minha visão de educação, do exílio, da prisão etc. O fato é que quando Fromm me recebeu já tinha no mínimo algumas informações em torno do que eu estava fazendo. Isso facilitou a conversa. De qualquer forma, estive por alguns segundos, que me pareciam um longo tempo, inibido, sentado em frente a Fromm, sem saber exatamente o que dizer. Preferi que o próprio Fromm iniciasse o diálogo. Com simplicidade e habilidade falou de Cuernavaca, de seu clima, de seu ar primaveril eterno. Assim, quando me pediu que falasse do trabalho, de como pensava a educação, eu já me sentia capaz de fazê-lo. Mais livre, comecei a falar sobre alguns aspectos que considerava fundamentais para a compreensão da prática que desenvolvia no campo da alfabetização e da educação em geral. O interessante é que depois de uns cinco minutos ele começou a interferir no que eu falava e praticamente adiantava, antecipava conclusões em função do que eu havia dito. E, discretamente, perguntava se estava sendo correto nas conclusões que estava tirando.

Disse a ele então que se todas as pessoas com quem conversava percebessem com tal clareza e poder de antecipação o que vinha falando, não havia por que me cansar *(ri)*, pois não precisaria falar mais do que dez minutos. Ele riu muito, mas disse que a partir das premissas que eu colocara, a conclusão só podia ser aquela, e que tudo o que eu fazia tinha muito a ver com uma espécie de psicanálise histórico-político-cultural. E completou: é exatamente nisso que deve repousar o perigo da proposta, do ponto de vista do poder. Trabalhar com as classes populares a possibilidade de reconhecer a razão de ser da posição em que elas se encontram, o nível de exploração em que se acham, isso certamente ameaça as classes dominantes. E disse que eu tinha razão, que era óbvio que não se podia esperar que as classes dominantes pudessem endossar um tipo de pedagogia dessa ordem.

E o que eu dizia a ele em 1966 repito hoje: a tarefa de pôr em prática uma proposta político-pedagógica deste tipo é a de quem, realmente, está opondo-se à preservação do sistema capitalista, se engajando na luta em favor da criação de uma sociedade socialista. Por isso é que o esforço da desopacização, de desvelamento da realidade opacizada, pela ideologia dominante não pode ser realizado a não ser por quem faz a opção acima referida. A natureza da classe dominante proíbe-a de fazê-lo.

A conversação continuou e, às 3 para cinco, muito bem-comportado, me levantei para me despedir, certo de que minha entrevista estava encerrada. "Não, não", disse ele, fazendo um gesto para que eu me sentasse de novo. Fiquei até às 6, e daí em diante nos correspondíamos de vez em quando. Lembro-me de uma longa carta em que discutia com ele a questão da violência, da agressividade, não como forma instintiva do ser, mas como algo que se constitui socialmente, historicamente. Lembro-me também de uma carta sua pedindo-me que mandasse um texto para um jornal que ia sair no México. Mandei e foi publicado. Parece até que era um jornal que tinha algo a ver com o dr. Orfila, que mais tarde fundou a Siglo Veintiuno, que edita os meus livros em espanhol.

Sérgio: Esse artigo era sobre o quê?

Paulo: Era um artigo que hoje faz parte do *Ação cultural para a liberdade e outros escritos*. No jornal ele foi publicado com uma apreciação de Fromm.

Continuando, depois daquela primeira vez, encontrei-o todas as vezes em que fui a Cuernavaca e, quando já estava morando na Europa, falava com ele, de vez em quando, por telefone. Ele costumava passar uma parte do ano em Ugano, na Suíça, outra em Cuernavaca e outra em Nova York. Vim a saber da morte dele, em 1980, quando me preparava para voltar ao Brasil.

Sérgio: Você vinha sempre ao Centro de Ivan Illich, não?

Paulo: Várias vezes vim a Cuernavaca para dar cursos, participar de encontros, de seminários etc., e ficava hospedado no próprio Centro. Tomávamos café juntos pela manhã, Illich e eu. Fazíamos o nosso café.

Sérgio: Na época você já fumava?

Paulo: Fumava muito na época. Comecei a fumar muito cedo e nessa época fumava quarenta, cinquenta, sessenta cigarros por dia. Parei de fumar há uns oito anos, se não me engano.

Quando ia ao México geralmente trabalhava com cem a duzentas pessoas, todas da América Latina, separadas em grupos. Trabalhava o dia inteiro, a cada duas horas discutia com um grupo de cinquenta. Raramente reunia todos os grupos, porque não havia nem sala para uma audiência dessas. Só de vez em quando é que reunia todos, mas fora, debaixo das mangueiras, e depois nos dividíamos de novo. Sempre era um trabalho muito gratificante.

O resultado disso tudo foi depois reunido pelo Illich, umas 400, 500 páginas, e publicado pelo Centro, antes de terem saído como livro em outras línguas.

No México tive ainda a satisfação de reencontrar assiduamente o Julião. Ele morara um tempo na Cidade do México, mas quando o reencontrei já estava em Cuernavaca, no Centro de Ivan Illich. Julião passava o ano inteiro dando cursos sobre problemas agrários.

Havia um interesse muito grande não apenas de latino-americanos mas também de norte-americanos sobre as Ligas Camponesas, de que Julião falava de cátedra.

Em síntese, essa foi a minha passagem pelo México. Depois, quando não estava mais no Chile, mas em Cambridge, voltei lá ainda. Quando o Centro foi fechado, já morava na Suíça.

2. Como viver sem o Recife?

Sérgio: Paulo, enquanto você vai falando de suas viagens, cada vez mais vai me dando uma impressão nítida e forte de uma viagem constante a realidades de empréstimo, digamos assim, para usar uma expressão que você recuperou do Álvaro Vieira Pinto. O que me intriga nisso tudo é o seguinte: como você, nessas viagens todas, convivia com a distância do Recife? No Chile, por exemplo, como é que você passava o seu cotidiano com as ausências do Recife?

Paulo: Essa pergunta é muito interessante, não só para mim mas para todo exilado. Você viveu um tempo fora do Brasil, mas não como exilado; imagino que daí vem a sua curiosidade.

Como outros exilados, o que se deu comigo muito enfaticamente, o que mais causava impacto, era a distância do Brasil. Portanto, a primeira distância era do Brasil e, dentro dessa saudade, havia então a distância particular, privada, do Recife. Acho que isso aconteceu com todos os exilados: quando a gente se via desgarrado no mundo, era a totalidade do Brasil que fazia falta. Mesmo porque acho que o sentido mais profundo do exílio está realmente na dimensão da totalidade nacional de que a gente faz parte. É lógico que há uma dor de cotovelo especial em relação ao lugar de nascimento, onde se aprendeu a andar, falar, onde se teve as primeiras brigas de rua etc. Chupando manga, tomando banho de mar, ou seja, todas essas lembranças do nosso cantinho mesmo sempre são muito fortes.

Sérgio: Pode-se dizer então que, no núcleo da nacionalidade sentida como perdida, desgarrada, no exílio, estava a sua recificidade. *(ri)*

Paulo: Exato. No fundo era através dele que eu indiscutivelmente sentia a minha brasilidade. Então é claro que sofri, sofri demais essa saudade do Recife. Quando escrevia para os meus amigos inclusive sempre falava muito das ruas, das saudades que tinha das esquinas, da pitangada, por exemplo. Chega até a me dar uma certa tristeza agora quando penso que algumas pessoas para as quais escrevi durante dezesseis anos de exílio, depois de minha volta, silenciando-se parece que preferiam que eu estivesse longe, como se esta devesse ser a condição para continuar escrevendo e preservar a amizade.

Nunca me esqueço de um dia em que estava no meu escritório quando me chegou pelo correio um exemplar de uma revista nacional, cujo número era integralmente dedicado às cidades brasileiras. Comecei pelo Sul, e fui subindo devagar, Porto Alegre, Florianópolis, Curitiba etc. E fui subindo bem disciplinadamente, não quis chegar no Recife a não ser no momento mesmo, quis fazer todo o trajeto oferecido pela revista. Se eu tivesse passado rapidamente as páginas, seria assim uma espécie de pressa que não cabe no amor. Preferi ir aos poucos, fui amando todas as cidades, me entregando a uma a uma. Como já conhecia todas elas, a cada fotografia me lembrava de alguma coisa que tinha ocorrido comigo em cada uma delas. Até que cheguei ao Recife. E fiquei parado. Obviamente aí as lembranças e as saudades eram muito maiores. Me revi dando aulas numa favela, nas esquinas, revi meus namoros de infância e adolescência, o começo de minha vida com a Elza, os filhos nascendo. Revi tudo isso durante a tarde toda.

Depois fechei a revista e escrevi uma carta de umas cinco páginas. Poucos leram essa carta, que tenho até hoje guardada. Não sei se ela presta do ponto de vista do estilo, não. Certamente é medíocre em termos literários, mas como expressão de querer bem acho que vale muito. Não passaria num concurso literário *(ri)* com ela, mas como expressão de afetividade, de curtimento da distância, de sentimento do compromisso com a cidade, com o povo, ainda hoje me emociono com ela.

Sérgio: Quando você fala assim dessa carta me vem à lembrança um poema de um outro amor, de um outro sentimento de brasilidade encarnado no amor à sua cidade. É o *Poema sujo*, do Ferreira Gullar, com todo o seu amor por São Luís.

PAULO: Só que no Ferreira Gullar há não só o querer bem, mas a beleza literária também. Gullar é um grande poeta, o que não é o meu caso. *(ri)* Comparando a minha carta com o poema dele só resta uma coisa igual entre os dois: o querer bem.

SÉRGIO: Paulo, eu gostaria que a sua distância crítica em relação à carta não privasse os leitores da possibilidade de ter um outro juízo a respeito das qualidades do texto. Que tal a gente publicá-la num apêndice a esse livrinho, para ver se os leitores realmente concordam com esse seu juízo rigoroso?

PAULO: Olha, há anos, em Lima, num debate citei essa carta, para ilustrar respostas em relação a perguntas sobre como eu vivia no exílio. No fim do debate uma das pessoas presentes me procurou. Era um editor, não sei se de uma revista ou editora de Buenos Aires; me pediu para publicar a carta e eu neguei. Neguei pelas mesmas razões de que falei agora.

Neste momento agora, começo a mudar e concordo em colocá-la como um apêndice, porque já disse como eu vejo essa carta. Não é de forma alguma uma tentativa de apresentá-la como produção literária. Mas realmente gostaria que o leitor do Recife, do Nordeste, lesse essa carta como expressão do meu bem-querer, da saudade tremenda que eu tinha.[33]

SÉRGIO: Em Santiago, além dessa saudade pela ausência de coisas que só o Recife podia lhe dar, você não encontrou

[33] V. anexo, "Recife sempre".

semelhanças entre Santiago e Recife? Ou seja, Santiago talvez não o tenha privado de todo o Recife, na medida em que te oferecesse vivências correspondentes a Recife. Ou não? Você se lembra de alguma coisa que compensasse a ausência do Recife?

PAULO: Esse é o grande esforço que o exilado tem de fazer. De um lado, ele não pode tentar esquecer, afogar a falta do seu contexto de origem, e, de outro, não pode rejeitar o novo contexto, o de empréstimo. Ele tem exatamente que conseguir viver a tensão entre os dois contextos, combinar o que ele traz e a novidade. Para isso é preciso "namorar" essa nova realidade, proibir-se juízos de valor e comparar o contexto substantivo com o agora adjetivo. O exilado também precisa se sentir útil, para que possa realmente perceber o novo contexto, a demanda que ele faz. Nesse sentido, o Chile acabou se constituindo um segundo país para mim. Do ponto de vista da geografia, do clima, das cores, do cheiro, é verdade que não tinha nada a ver com o Recife; nada do Chile me lembrava o Recife, pelo menos nesses aspectos.

Do ponto de vista das pessoas, com todas as diferenças culturais, sempre procurei compreendê-las. Por exemplo, o chileno é mais formal, engravatado, chama todo mundo de *usted*, que não é uma tradução direta de você. Semanticamente não é a mesma coisa.

SÉRGIO: Seria mais o nosso "senhor".

PAULO: Isso. Outra coisa é que os chilenos têm uma dose maior de ironia do que de humor. Na cultura nordestina é o contrário, há mais humor do que ironia. Sempre procurei não rejeitar essas diferenças, valorizando absolutamente a minha experiência nordestina e negando a chilena. A grande sabedoria do exilado para sobreviver bem está justamente nisso. E não há por que pedir desculpas ao contexto de origem porque começou a "namorar" um outro. Em matéria de exílio, não há por que ter-se sentimento de culpa porque se começa a querer bem ao contexto de empréstimo. Acho que uma condição de saúde, de manutenção do amor pelo contexto original é exatamente aprender a andar de braços dados com a novidade.

Assim, com os meus dezesseis anos de exílio, o que não é brinquedo, posso dizer que adquiri uma espécie de saber. Um saber que não gostaria de pôr em prática novamente, pelo menos espero que pelo resto de minha vida não seja novamente forçado a deixar o meu país. Espero que essa gente brasileira doida para dar golpe de Estado, uma minoria, se acostume a deixar de dá-los. Estou muito contente no Brasil, minha gente, não me botem pra fora de novo. *(risos)*

3. "Quando o Chile começou a bailar"

Sérgio: Você que chegava de um verdadeiro terremoto político no Brasil, que pôs por terra todo um trabalho que estruturava na época, como é que enfrentou a realidade de abalos sísmicos no Chile? Houve alguma situação-limite em que esses abalos sísmicos o tivessem impressionado?

Paulo: Claro, tive uma tremenda experiência de terremoto no Chile, 28 de março de 1965. Não esqueço a data porque, coincidentemente, era aniversário da minha mãe, então viva e lúcida. Eu estava conversando com o Weffort sobre o meu primeiro livro quando o Chile começou a bailar. Uma dança dramática: balançava tudo, a terra rangia.

Um terremoto razoável dá a impressão de que há milhões de leões rugindo debaixo da terra. O mundo todo balança, pelo menos é a sensação, parece que tudo vai rachar, se romper. O Chile é muito castigado por isso.

Tenho um grande amigo, um dos maiores poetas chilenos, talvez tão grande quanto Neruda; chama-se Fernando Alegria. Ele tem um poema que diz: "O meu país não tem certeza da sua geografia." Não é lindo? E é isso mesmo: o que é ilha vira continente, o que é montanha vira lago, da noite para o dia; em três minutos uma depressão vira montanha e 30 mil pessoas morrem.

Além dos terremotos o Chile também tem os seus vendavais e maremotos. A Elza tinha muito medo dos vendavais. Num deles, que começou bem cedinho, de madrugada, morávamos no 4º andar e fomos despertados pelo barulho enorme que o vento fazia. Chegamos à janela e a impressão que tive era a de rever o mágico de Oz: calcinhas de mulher, calças de homem, camisas, tudo voando, assim na frente da minha janela, passando a 120, 140 quilômetros por hora.

Depois visitei o sul do Chile com o Jacques Chonchol, que estudava os estragos para definir as providências que o governo tomaria, e vi árvores enormes, troncos que não poderiam ser abraçados por três homens juntos, completamente arrancadas do chão.

Mas o povo chileno é extraordinário, e no dia seguinte já estava reconstruindo o seu país. Não é à toa que estão podendo enfrentar esse furacão político que é Pinochet; para um povo acostumado aos furacões naturais, esse tipo de furacão político, às vezes pior que os primeiros — às vezes não, quase sempre — não é assustador.

Que testemunho mais fantástico poderia ter um exilado do que chegar a um país como o Chile e encontrar um povo que briga com a natureza e com os déspotas? O povo chileno sabe muito bem que a contradição fundamental com que o ser humano se depara não é entre ele e a natureza, mas a que se dá no domínio social, político e econômico.

Essas coisas confesso que aprendi no Chile, quer dizer, não que o Chile me tenha feito um homem completamente diferente do que eu era, mas o que fez comigo foi exatamente aprofundar em mim uma radicalidade já anunciada.

Terminamos aqui esta nossa conversa; devemos nos preparar para, noutro momento, tomar a nossa passagem pela Europa e pela África. Ao fazê-lo, continuaremos a falar de como temos aprendido com a própria história.[34]

---

[34] "Por razões que vêm também da nossa própria história pessoal — sobretudo talvez da minha, por eu ter saído do Brasil — esse livro acabou não tendo a continuidade imediata que nós esperávamos. Ficamos no primeiro livro, que saiu em 1987, e que só retomamos agora, seis anos depois." V. *Dialogando com a própria história*, 3ª ed. São Paulo: Paz e Terra, 2011.

Segunda Parte

9

Brasília, anos 1960: de Paulo a Paulo

1. Vereador, deputado, prefeito e ministro: "não se faz oitenta anos uma vez por semana!"

Sérgio Guimarães: Vamos fazer um teste aqui? O seu nome inteiro qual é?

Paulo de Tarso Santos: Paulo de Tarso Santos.

Sérgio: Só?

Paulo de Tarso: Só.

Sérgio: E nós estamos em São Paulo. Hoje é 14 de janeiro de 2006.

Paulo de Tarso: Isso é para um livro?

Sérgio: É. Mas por enquanto estou testando o som.

Paulo de Tarso: Um livro que vai ser reeditado?

Sérgio: Exatamente. É esse livro aqui: *(lendo)* "Paulo Freire e Sérgio Guimarães, *Aprendendo com a própria história*".

Paulo de Tarso: Vamos, então! Vamos trabalhar?

Sérgio: Já começamos. Eu posso te tratar de você?

Paulo de Tarso: Lógico!

Sérgio: Se os dados que eu tenho são bons, o seu aniversário foi há dois dias. Foi bom?

Paulo de Tarso: Foi. Muito bom.

Sérgio: Afinal de contas, não se faz oitenta anos uma vez por semana!

Paulo de Tarso: Tinha um mundo de gente, para surpresa minha.

Sérgio: *(lendo)* "Paulo de Tarso Santos nasceu no dia 12 de janeiro de 1926 em Araxá, Minas Gerais, ..."; é verdade?[35]

Paulo de Tarso: Correto.

Sérgio: "... filho de Vasco Santos e de Maria Soares Santos." Esse é um dado do Centro de Documentação da Fundação Getulio Vargas. Diz aqui: "Bacharelou-se, em 1949, em ciências jurídicas e sociais pela Faculdade de Direito da Universidade de São Paulo (USP). Filiado ao Partido Democrata Cristão (PDC), em 1955 foi eleito vereador à Câmara Municipal da capital paulista. No pleito de 1958 elegeu-se deputado federal por São Paulo, ainda pela legenda do PDC."

Paulo de Tarso: Correto.

Sérgio: "Ativo participante da campanha vitoriosa de Jânio Quadros à Presidência da República nas eleições de outubro de 1960, tornou-se prefeito de Brasília, capital federal desde abril de 1960, em fevereiro de 1961. Licenciado da Câmara dos Deputados desde então, reassumiu o seu mandato de deputado federal logo depois da renúncia do presidente em agosto de 1961. Foi favorável à Emenda Constitucional nº 4, de setembro de 1961, que implantou o regime parlamentarista no Brasil, como forma conciliatória para propiciar a posse do vice-presidente João Goulart, cujo nome era vetado pelos ministros militares."

Paulo de Tarso: Qual é a relação que estabelecem disso comigo, aí?

[35] Ver http://www.cpdoc.fgv.br/nav_jgoulart/htm/biografias/Paulo_de_Tarso.asp. Fonte: *Dicionário Histórico Biográfico Brasileiro pós 1930*, 2ª ed. Rio de Janeiro: Ed. FGV, 2001. 5v. il.

Sérgio: O texto está dizendo que você foi a favor dessa emenda que estabeleceu o parlamentarismo no país. É verdade isso?

Paulo de Tarso: É.

Sérgio: "Nessa legislatura, participou da Frente Parlamentar Nacionalista (FPN), organização suprapartidária que combatia a presença do capital estrangeiro na economia nacional e a remessa de lucros para o exterior. Reeleito em outubro de 1962, integrou a Frente da Mobilização Popular (FMP), movimento nacionalista cujo objetivo era lutar pela implementação das chamadas reformas de base (reforma agrária, urbana, tributária, bancária e constitucional). Liderada pelo deputado federal Leonel Brizola, congregava representantes de organizações sindicais, estudantis e de mulheres. Defensor da antecipação do plebiscito nacional — que, em janeiro de 1963, decidiu pelo retorno ao regime presidencialista —, em junho de 1963 Paulo de Tarso licenciou-se da Câmara para assumir o Ministério da Educação e Cultura.

"Em outubro de 1963, as entidades organizadas na FMP anunciaram o rompimento com Goulart, alegando que o presidente vinha realizando um governo de interesse exclusivo das classes conservadoras, distanciando-se dos grupos que haviam assegurado sua posse na crise de 1961. No dia 14 desse mês, Paulo de Tarso demitiu-se da pasta da Educação, retornando ao exercício do mandato de deputado federal." É isso?

Paulo de Tarso: É.

2. Cadeia: "onde é que eu vou te pôr?" Depois, o Chile. "Por que o Chile?"

Sérgio: "Com o golpe militar de 31 de março de 1964, que depôs Goulart, teve no mês seguinte seu mandato cassado e seus direitos políticos suspensos por dez anos pela aplicação do Ato Institucional nº 1 (AI-1). Em julho, foi preso na cidade paulista de Pompeia. Posto em liberdade, asilou-se no Chile, passando a trabalhar no Programa das Nações Unidas para o Desenvolvimento (PNUD)."[36]

Paulo de Tarso: Precisava explicar: eu fui preso, mas fiquei muito pouco tempo nessa prisão aí.

Sérgio: Como é que foi essa história de ser preso?

Paulo de Tarso: Eles estavam à procura de todo mundo. Eu fui preso, mas fiquei... quanto tempo? Também não tenho certeza de quanto foi, mas, pela minha lembrança, eu devo ter ficado preso não chegou a vinte dias.[37]

---

[36] Está é a parte final do texto: "Entre 1969 e 1970 trabalhou como técnico em educação e desenvolvimento da Food and Agriculture Organization (FAO), órgão vinculado à Organização das Nações Unidas. De volta ao Brasil em 1971, trabalhou como advogado em São Paulo. Em maio de 1979, filiou-se ao Movimento Democrático Brasileiro, agremiação oposicionista criada após a extinção dos partidos políticos em outubro de 1965, através do AI-2. Em agosto de 1979, beneficiado pela Lei da Anistia, teve seus direitos políticos restabelecidos. Com a extinção do bipartidarismo em novembro seguinte e a consequente reformulação partidária, filiou-se ao Partido do Movimento Democrático Brasileiro. Secretário de Educação de São Paulo no governo de Franco Montoro (1983-1987) entre 1983 e 1985, neste último ano tornou-se conselheiro do Tribunal de Contas do Estado (TCE) de São Paulo, chegando a exercer sua presidência em 1989. Deixando o TCE em 1991, assumiu o cargo de diretor presidente da Fundação Memorial da América Latina, permanecendo nesta função até 1994, quando se afastou da vida pública. Casou-se com Maria Nilse de Cunha Santos, com quem teve cinco filhos."

[37] Trata-se certamente de uma daquelas "arapucas" de que falávamos Paulo Freire e eu em nosso *Dialogando com a própria história*, v. Capítulo zero,

Sérgio: Onde?

Paulo de Tarso: Em São Paulo.

Sérgio: Você foi bem tratado na cadeia?

Paulo de Tarso: Muito bem-tratado. Não tenho queixa nenhuma, não.

Sérgio: Nenhum beliscão, nada?

Paulo de Tarso: Nada! Inclusive eu entrei lá numa certa hora, e o dono da cadeia falou: "Meu Deus do céu, onde é que eu vou te pôr?" Aí eu falei: "Onde é que você está pondo este sujeito aqui?" Ele: "Esse vai para a cadeia!" E eu: "Pois é para onde você deve me mandar. Eu não sou diferente dele." E ele me mandou mesmo, atendeu o meu pedido. Fiquei três dias na cadeia, e depois saí. Para outra prisão.

Sérgio: E nessa outra, como é que era? Sozinho, ou tinha mais gente dentro?

Paulo de Tarso: Só eu. Mas muito bem-tratado, muito bem-arrumado, tudo direitinho.

Sérgio: E essa ida para o Chile, depois: por que o Chile?

Paulo de Tarso: Essa é uma boa pergunta. Eu sempre gostei do Chile, engraçado! Tive simpatia a vida toda pelo Chile. E quando precisei ficar fora do Brasil, eu fui para o Chile. Fiquei um ano no Chile, você sabia disso?[38]

Sérgio: Sabia que você tinha ficado no Chile, não sabia exatamente quanto tempo.

Paulo de Tarso: Aí eu decidi optar pelo Chile, e fui morar no Chile.

---

segmento 5, "Uma entrevista com Piaget e as arapucas da memória". Mais adiante, Vasco, um dos filhos de Paulo de Tarso que também participou deste diálogo, oferece informação mais precisa quanto ao número de dias em que o pai teria ficado preso: "Cinquenta e dois."

38 Outra "arapuca". Pelo que Vasco dirá depois, foram seis anos no Chile.

Sérgio: E depois?

Paulo de Tarso: Depois eu saí, voltei para a minha atuação. Eu não estava atuando muito, não. Mas, naquela altura, eles me perseguiam pelo que eu tinha feito, não pelo que eu podia fazer em seguida. Eles achavam que eu tinha potencial para fazer muita coisa, e então me vigiavam.

3. "Será que o senhor sabe o que está fazendo?"

Sérgio: Agora, de Paulo para Paulo: onde é que entra o Paulo Freire nessa história?

Paulo de Tarso: Quando eu comecei a cuidar da educação, me disseram que o Paulo era um técnico maravilhoso. E eu então peguei o telefone e chamei o Paulo, lá onde ele morava.

Sérgio: No Recife.

Paulo de Tarso: Chamei no Recife e ele veio. E ainda me perguntou: "Me desculpe uma pergunta: será que o senhor sabe o que está fazendo?" É textual isso. E eu falei: "Paulo, sei muito bem. Fica tranquilo, porque é o que eu quero, e não tem nenhuma dificuldade aí." Aí ele veio.

Sérgio: Veio a Brasília. Nesse momento você já era ministro da educação, certo?

Paulo de Tarso: Já. Eu o chamei como ministro.

Sérgio: E como é que apareceu essa oportunidade de ir para a educação? Por que para a educação?

Paulo de Tarso: Foi opção minha. Eu não me lembro qual era, mas havia uma alternativa que me propuseram. Eu preferi a educação.

Sérgio: E o que é que lhe vem à cabeça, dos problemas da época, na área da educação? O que é que lhe parecia mais grave, mais sério?

Paulo de Tarso: Ah, mas agora minha memória está pifada! Faz muito tempo! Eu procuro raciocinar logicamente, e tal, mas não sou capaz de recolocar todos os problemas que eu discuti na época. Já não sou capaz.

Maria Nilse: *(até então calada, apenas acompanhando a conversa)* Posso entrar?

Sérgio: Claro!

Maria Nilse: Tem duas coisas que eu posso xerocopiar e te dar. Uma: *(mostrando um volume encadernado)* eu só tenho esse, com todas as obras do Paulo.

Sérgio: *(lendo)* "Paulo de Tarso, *Educación y cambio social.*"

Maria Nilse: É o que ele fez na Bolívia, sobre alfabetização e tudo isso. Eu posso tirar uma cópia também deste aqui — porque eu não tenho mais — que é o do Coimbra, que entrevistou o Paulo e fez um livro contando toda essa história de 1964.[39] Conta também do Paulo Freire, e tudo isso que te interessa.

Sérgio: Muito bem. Mas voltando a esse período, que está sendo esquecido, mas que a gente está tentando recuperar: o que é que ficou na sua memória, dessa época aí, como ministro?

Paulo de Tarso: Ah, você está me pedindo o impossível.

Sérgio: Ah, é? Não ficou nada?

Paulo de Tarso: Não é que não ficou. Mas eu teria que fazer um esforço aí, de consultar gente, porque a minha memória não é ideal.

---

[39] *64 e outros anos*, com depoimentos a Oswaldo Coimbra, publicado pela Editora Cortez.

Sérgio: Você ainda se lembra da campanha de alfabetização?

Paulo de Tarso: Me lembro de tudo isso. O Paulo Freire foi meu assessor durante algum tempo, eu fazia perguntas ao Paulo.

Sérgio: Por que é que você ficou tão pouco tempo na área da educação? Você discordou da orientação na época? Pelo que você se lembra, qual foi o problema que o fez sair do ministério?

Paulo de Tarso: Maria Nilse, nega, você se lembra por que é que eu saí? Então explica.

4. Varas de pesca, anzóis, canhão, tanque e boatos: "fulano de tal foi enforcado!"

Maria Nilse: Acho que essa história vai ser mais comigo. É o seguinte: o diálogo estava muito violento, os estudantes (...) muito a liderança do Paulo, o governo sendo muito malhado por causa da atuação do Paulo, do Paulo Freire e do pessoal. Aí o Paulo foi ao presidente e disse: "Jango, eu acho que te ajudo mais no congresso do que aqui, porque eu desvio um pouco a atenção. O Paulo [Freire] fica aqui e eu vou lutar lá no Congresso, porque lá vai precisar de gente que te defenda." Tanto que ficou o Sambaqui,[40] e o Paulo [Freire] ficou no ministério.

[40] "Júlio Furquim Sambaqui nasceu em Ribeirão Preto (SP) no dia 19 de dezembro de 1906, filho de José Lopes Sambaqui e de Ana Furquim de Almeida Sambaqui. Estudou ciências contábeis, na cidade de São Paulo, diplomando-se em abril de 1932. Em fevereiro de 1935 foi nomeado inspetor de ensino comercial por Gustavo Capanema, ministro da Educação e Saúde Pública (1934-1945). Sempre ligado à educação profissional, foi diretor da Divisão de Contabilidade e Orçamento da Universidade do Brasil e do Departamento de Administração do Ministério da Educação e Cultura (MEC). Foi ainda um dos principais responsáveis pela transferência do MEC para a nova

Então foi por isso que ele foi para lá. Não houve divergência, não houve briga, não houve nada. Foi de comum acordo: o Paulo abriu mão do ministério para ficar noutra trincheira, vamos dizer assim, porque era uma luta, naquela época.

SÉRGIO: Nesse período você estava em Brasília também?

MARIA NILSE: Estava. Sempre estive perto.

PAULO DE TARSO: Estava! Basta dizer que eu estava, porque eu não ficava longe dela de jeito nenhum!

SÉRGIO: Você esteve ligada à educação também?

MARIA NILSE: Eu participava do movimento nacional feminino, e era a presidente em Brasília. Nós tínhamos um movimento nacional grande de mulheres, mas era um movimento separado. Tinha a frente nacionalista masculina, e

---

capital federal, Brasília, inaugurada em abril de 1960. Em outubro de 1963, no governo do presidente João Goulart (1961-1964), assumiu interinamente o cargo de ministro da Educação e Cultura, substituindo Paulo de Tarso Santos. Durante sua gestão promoveu a elaboração de um plano diretor de educação física e recreação para as escolas de todos os níveis, obteve a adesão dos serviços do teatro, cinema, rádio e televisão aos programas de educação do ministério e apoiou as caravanas da cultura, promoção de Pascoal Carlos Magno que levava atividades culturais e educativas, tais como exposições, balés e teatro ao interior do país. No ensino superior, promoveu estudos destinados a transformar as faculdades de filosofia em faculdades de Educação para a formação de professores de grau médio, e duplicou o número de vagas nas faculdades. No ensino médio, desenvolveu a chamada Campanha para Formação Intensiva da Mão de Obra Industrial, tendo em vista a preparação de operários qualificados para a indústria, especialmente a de São Paulo. Em relação ao ensino primário, promoveu a suplementação do salário dos professores do interior do país para evitar o abandono do ensino e incentivar a sua ampliação; a criação de escolas na faixa das fronteiras para evitar que os brasileiros frequentassem escolas estrangeiras; uma campanha intensiva de formação e aperfeiçoamento de professores primários. Algumas de suas iniciativas, principalmente o incentivo ao programa de alfabetização baseado no método Paulo Freire, provocaram violentas reações dos setores conservadores." (*Dicionário Histórico Biográfico Brasileiro pós 1930*, 2ª ed. Rio de Janeiro: Ed. FGV, 2001. 5v. il.)

tinha a frente nacionalista feminina. Eu era participante dessa frente feminina. Primeira mão: ninguém sabe disso. *(ri)*

SÉRGIO: Quando houve o golpe de Estado, e aí que o Paulo de Tarso foi preso, como é que você ficou?

MARIA NILSE: Aí eu nem aparecia, viu? Porque eu trabalhava muito, mas muito na coxia. Nós estávamos em Brasília. O Plínio Sampaio[41] ficou lá em casa conosco. A Marieta e os meus filhos vieram. Ela trouxe os meus e os dela, e vieram para São Paulo. Eu fiquei lá para cuidar dos maridos *(ri)* que tinham ficado. A gente não sabia o que ia acontecer. Nós morávamos no mesmo prédio do Jango, no mesmo conjunto. Era canhão, tanque passando em frente *(Paulo de Tarso ri)*, aquela barulheira, aquela coisa, e os boatos: "Fulano de tal foi preso, fulano de tal foi enforcado, foi morto." Não aconteceu nada disso, mas os boatos eram terríveis!

---

[41] "Nascido em 26 de julho de 1930 em São Paulo, Sampaio é casado, tem seis filhos e 12 netos. É a segunda vez que concorre ao Palácio dos Bandeirantes: em 1990, quando disputou pelo PT, ficou em quarto lugar, com 12,1% dos votos, atrás de Paulo Maluf, Luiz Antônio Fleury e Mario Covas. A carreira política começou bem antes da fundação do PT. Na Faculdade de Direito, foi militante da Juventude Universitária Católica (JUC). Durante a ditadura militar, participou de protestos contra o regime e esteve entre os cem primeiros brasileiros cassados. A cassação levou-o ao exílio no Chile, quando começou a trabalhar na FAO (Organização das Nações Unidas para a Agricultura e a Alimentação). No Chile, travou contato com Fernando Henrique Cardoso, com quem estreitaria laços na década de 1970. Sampaio e FHC chegaram a articular a formação de um partido socialista no Brasil, junto com nomes como Almino Affonso, Marcos Freire e Jarbas Vasconcelos. A parceria não vingou — tampouco o embrião do partido. 'Fui um dos coordenadores da campanha do Fernando a senador em 1976, fomos aliados. Mas ele ficou fascinado pela ideia de ser presidente da República e preferiu ir para o PMDB. Eu rompi exatamente porque ele não quis sair do PMDB para fundar o partido novo. Fiquei fora, e quando se formou o PT, entrei no PT'." (*http://eleicoes.uol.com.br/2006/estados/saopaulo/biografias/plinio.jhtm*)

Então nós ficamos lá. Depois eles foram para Goiás, porque aí o pessoal mais visado já tinha saído de avião — foi embora em aviões pequenos para a Bolívia — e outros ficaram por lá, mais ou menos clandestinos. Por incrível que pareça, quem nos ajudou a ir para Goiás foi... acho que agora eu já posso contar, não é, Paulo?

Paulo de Tarso: É, pode.

Maria Nilse: ... *(rindo)* porque isso a gente não contava. Foi o Ari — era o secretário do governo do Mauro Borges — e a mulher do Mauro Borges, a Lourdes. Os dois arrumaram lugar numa fazenda, para o Paulo e o Plínio ficarem.

Sérgio: Quem eram?

Maria Nilse: O Ari era secretário do governo e o Mauro Borges era o governador de Goiás. E eu vim para São Paulo, para ver o que é que a gente ia fazer da vida. Paulo Freire nessa época estava lá em Recife. Ele foi preso, e ficou lá, com a Elza. Isso é folclórico. *(ri)* Eu discuti com a Marieta: "Bom, vamos arrumar umas varas de pesca, uns anzóis, alguma coisa para esses dois fazerem lá no meio do mato, no meio do rio lá. Vamos ver o que é que vai acontecer com eles." Aí eu parei, olhei para a Marieta, e nós duas tivemos um acesso de riso. Eu disse: "Você acha que o Plínio ou o Paulo vão pescar na vida deles, numa hora dessas?"

Paulo de Tarso: Olha, se você quiser saber alguma coisa específica, pode perguntar para a Maria Nilse, porque ela está a par de tudo, e tem uma memória melhor que a minha.

Sérgio: Sim. Mas você chegou a pescar?

Paulo de Tarso: *(rindo)* Não pescamos nada, não.

Maria Nilse: Nós não compramos vara, nada, não. Mas aí conversamos com o doutor João Arruda Sampaio, pai do

Plínio, e fomos os três para o meu apartamento lá em Brasília. Ele era desembargador do tribunal aqui, e foi conversar com o Luís Viana, que era vice-presidente, e com o pessoal, para saber "O que é que tem com o Plínio e o Paulo?"

O Luís Viana disse que não tinha nada, que não sabia o porquê daquela coisa atrás do Paulo, do Plínio e do próprio Paulo Freire, porque eles não tinham feito nada. Eles tinham tentado alfabetizar, educar. Aí nós resolvemos trazer os filhos e ficamos em Brasília; ainda os dois dentro de casa, mas clandestinos. E falaram: "Não, não tem motivo, não tem nada, podem circular normalmente."

Aí teve as férias de julho, e nós viemos passar férias na fazenda do papai, como fazíamos sempre.

5. Operação de guerra, truco na fazenda: "na nossa intimidade o senhor não entra!"

Paulo de Tarso: Deixa eu contar sobre a vinda do Paulo depois. Fala.

Maria Nilse: Parente é um perigo, não é verdade?

Sérgio: *(rindo)* "Parente é um perigo!" É uma boa teoria, essa.

Maria Nilse: Quando não é muito amigo é um perigo! Fizeram um carnaval. Eu vou contar porque foi tão folclórico, isso só acontece no Brasil! De repente, nós estamos quietos, tranquilos na fazenda, lá, com os nossos filhos, e chega um coronel com um batalhão, tiro de guerra e não sei quê, todo mundo se arrastando, sabe quando é para tomar um forte? Os meus sobrinhos, os dois filhos, todos saíram a cavalo, assustados. As crianças choravam. Os homens invadindo a casa, como se fosse, sei lá...

SÉRGIO: ...uma operação de guerra?

MARIA NILSE: ...uma operação de guerra. Porque eu acho que eles não fazem guerra, ficam frustrados, e então de vez em quando têm que treinar. *(riem)* E, para treinar, como é o jeito? "Vamos prender esses subversivos!"

PAULO DE TARSO: O melhor depoimento dela até hoje. Podem continuar conversando.

MARIA NILSE: Aí foi aquele caos. A minha avó, lá em Marília, com quase noventa anos, soube que o Paulo ia ser preso e tinha vindo. De pé, ao lado do Paulo. A família ali, esperando, porque não tinha motivo para baixar a cabeça para nada.

SÉRGIO: Isso foi onde? Numa fazenda...

MARIA NILSE: ...em Pompeia, perto de Marília. Outra coisa engraçada: o coronel não podia prender o Paulo sem o delegado da cidade. Quando o delegado ficava de férias, assumia a delegacia o juiz de paz. O juiz era companheiro de jogar truco na fazenda com o Paulo. *(Paulo de Tarso ri)* Aí foi o juiz de paz dizendo: "Doutor Paulo, eu aqui prendendo você, que coisa horrível!" E o coronel lá, todo empertigado.

Para encurtar a conversa, o Paulo falou: "Bom, deixa eu pegar um pijama, umas coisas, que vocês vão me levar, não é?" E entrou no quarto para pegar uma valise. Aí veio um investigador. Eu parei na porta e disse: "O que é que o senhor quer?" E ele: "Ele está sendo preso, e eu tenho que seguir." E eu: "Na nossa intimidade o senhor não entra! Ponha-se daqui para fora! Vai ficar esperando lá no seu lugar. Aqui não é o seu lugar. O senhor não está tratando com meliantes. Ele vai fazer uma mala, eu vou ajudá-lo, e o senhor vai ficar aqui." E a minha filha, que era muito magricelinha, muito doente, deu-lhe um pontapé: "Feio, tá prendendo o meu pai!" Aí o investigador começou a chorar: "Profissão desgraçada! Fazendo criança chorar!" Aí eles foram para lá, o Paulo fez a malinha dele e veio.

Trouxeram o Paulo para São Paulo, para o quartel-general. E ele ficou preso aqui no "Manuel da Nóbrega", mas muito bem-tratado. Eu cheguei, me aprontei toda. Meu pai era presidente do Bradesco[42] na época. Eu, em geral ando assim, simples, mas aí eu botei roupa de filha de presidente do Bradesco *(Sérgio ri)*, colar de pérolas, casaco, peguei o carro do meu pai, com motorista, entrei, cheguei e disse: "Eu preciso falar com o general Kruel." O capitão, com um olhão desse tamanho: aquele carrão, aquela mulher toda bem-vestida! "A senhora tem hora?" E eu: "Não, não tenho hora, e não estou lhe perguntando isso. Diga ao general Kruel que a senhora do doutor Paulo de Tarso está aqui, esperando para falar com ele. Vai fazer o que eu estou mandando!" Capitão tem treinamento para obedecer, não é? Eu dei ordem, ele obedeceu. Engraçado, porque eu não sou nada disso. Eu era calma, tímida!

Eles me mandaram entrar, e veio o coronel Paulo Tomás, que ia passar férias na fazenda do meu pai, com a mulher dele, com os filhos dele. E ele ficou fala para lá, fala para cá: "Seu marido é um comunista!" Eu falei: "Olha aqui, Paulo. Eu não te conhecia, só sei que você passava férias lá na casa do meu pai. Agora, eu estou casada com o Paulo há catorze anos, então eu devo conhecer um pouquinho dele. Em vez de estar falando que ele é comunista, pergunte para mim. Quem tem que dizer o que ele é sou eu, não é o senhor. Como o senhor vai dizer? O senhor tem

[42] Banco Brasileiro de Descontos.

lido jornal ultimamente?" "Os jornais falam." E eu: "E se os jornais mentem? Eu quero conversar com o senhor daqui a catorze anos, quando os senhores militares já estiverem conhecendo esses jornalistas, sabendo como eles tratam as pessoas. Aí o senhor vem e olha nos meus olhos e repete que o meu marido é comunista! Mas daqui a catorze anos. Neste momento, os militares são ignorantes em matéria de política. Os senhores não sabem o que está acontecendo nesse Brasil."

6. Tudo católico, apostólico, romano, mas "nada contra os comunistas"

Paulo de Tarso: Pois eu lhes disse: "O desaforo que os senhores fazem é de achar que eu sou comunista e não tenho coragem de afirmar. Se eu fosse comunista, eu diria a vocês: 'eu sou comunista.' O grave em tudo isso é que vocês me consideram tão lerdo, tão moloide, que eu não tenho coragem de afirmar."

Sérgio: Na época você já estava filiado ao Partido Democrata Cristão, certo?[43]

Paulo de Tarso: Sempre fui, a vida toda.

Sérgio: Mas havia comunistas dentro do Partido Democrata Cristão?

Paulo de Tarso: Não, de forma nenhuma!

Maria Nilse: Tudo católico, apostólico, romano! Era quando tinha JUC, JEC.[44] Eram uns movimentos católicos.

---

[43] V. a respeito, Sandro Anselmo Coelho, "O Partido Democrata Cristão: teores programáticos da terceira via brasileira (1945-1964)". *Rev. Bras. Hist.*, 2003, vol. 23, nº 46, p. 201-228. ISSN 0102-0188.

[44] Juventude Universitária Católica (JUC), Juventude Estudantil Católica (JEC).

E tinha os formados jovens, que não eram nem estudantes nem operários. O Paulo era presidente desse grupo de recém-formados, profissionais jovens. Era a Ação Católica. E, nesse grupo de Ação Católica — o doutor Queiroz Filho, [Franco] Montoro, doutor João Arruda Sampaio, tudo gente de muita responsabilidade, todos católicos — eles acharam que os católicos deviam fazer alguma coisa, porque realmente, no movimento popular, a área estava sendo tomada pelos comunistas, e porque não tinha um grupo católico, um grupo que enfrentasse, lutando para conquistar o voto dessas pessoas. E formar mentalidade. Toda a finalidade do PDC era essa.

Paulo de Tarso: A gente não tinha nada contra os comunistas. A gente disputava com os comunistas, com partidos diferentes.

Maria Nilse: Era uma questão de disputa política, porque os outros partidos não tinham uma filosofia partidária. Os comunistas tinham a filosofia deles. E tem toda uma doutrina social cristã, que está aí, e que tinha que ser apresentada para a juventude. A juventude tinha que estar a par da doutrina social cristã, para poder haver um diálogo, ou uma controvérsia, o que fosse, mas cada um lutar para conquistar a juventude para esse caminho.

Sérgio: Agora, voltando ao Paulo Freire: o que é que você disse que ia falar da vinda dele?

Paulo de Tarso: Eu soube quem era o Paulo — não me lembro exatamente quem me disse isso, mas era uma pessoa conhecida...

Maria Nilse: Darcy Ribeiro. Tinha um outro, Bernardo Coelho, que fazia em Recife um trabalho também, e era católico também. Tudo gente católica.

PAULO DE TARSO: Deixa eu contar a minha conversa com o Paulo pelo telefone. Eu disse quem eu era e perguntei se ele queria vir para Brasília. Aí ele virou para mim e disse: "Ministro, me desculpe, posso falar?" E eu: "Fala, Paulo." "O senhor sabe o que o senhor está falando?" Quer dizer, chamá-lo para Brasília era um problema muito mais complexo do que eu poderia estar supondo. Eu falei: "Não, eu estou a par de tudo, sei exatamente o que é." Aí ele veio.

7. "O SENHOR LEU A *MATER ET MAGISTRA*?" "EU NÃO LI *O MANIFESTO COMUNISTA*."

SÉRGIO: E depois da cadeia...

PAULO DE TARSO: Depois de uma das cadeias...

MARIA NILSE: Foram duas. Uma foi essa para onde ele veio e ficou, aqui no presídio "Manuel da Nóbrega". Do "Manuel da Nóbrega" ele foi mandado para Quitaúna. Eu falei de parente: esse parente nosso deu o nosso endereço a um sargento — estava aquele movimento de sargentos, que você sabe. Esse sargento chegou, e nós estávamos almoçando. "Quer almoçar?" Cristão chegou, vamos comer junto, não é? Faz parte da comunhão. Aí ele almoçou conosco. A partir daí ele convidou o Paulo — que estava preso em Quitaúna, pelo Exército — e o Paulo levou uns três ou quatro livros que ele tinha publicado, com a *Mater et Magistra*,[45] para os presos lá. E conversou com eles: "Vo-

[45] "Destacamos que, no final de 1961, a 9 de outubro, Paulo de Tarso Santos expôs na Câmara dos Deputados uma proposta radicalizada feita à direção do PDC: modificar o nome do partido 'para Partido Socialista Cristão, expressão mais adequada a uma agremiação que se deve voltar a realizar a socialização defendida corajosamente pela Encíclica *Mater et Magistra*'; para este deputado, 'a sobrevivência e a dignidade eram prioridades em relação ao direito de propriedade'." V. Sandro

cês, os sargentos, vão poder votar. Leiam aí, vejam, nós estamos no Partido Democrata Cristão." Conquistar para o partido, foi tudo, não teve conversa nenhuma de golpe, nunca se falou nisso.

SÉRGIO: Estamos falando da encíclica *Mater et Magistra*, de João XXIII, que você distribuiu, é isso?

MARIA NILSE: O Paulo contratou uma pessoa que fez um livro. É uma encíclica grande, que tem toda a doutrina social cristã. Depois eu tive uma outra conversa — quando o Paulo estava preso — com o coronel que estava sendo chefe do interrogatório do Paulo, coronel Nader. Eu sabia em que missa ele ia, e fui à mesma missa que ele. Quando ele foi comungar eu fui atrás dele, comungamos juntos. Quando terminou a missa, eu falei: "Coronel, eu sou a mulher do Paulo de Tarso, e queria conversar com o senhor." Ele disse: "Pois, não, minha senhora, que coisa boa! Eu também estou preocupado com o seu marido." Ele morava pertinho, e nós fomos até a casa dele. Tivemos um longo papo, e aí foi que ele disse: "Mas seu marido prega a união dos estudantes, dos operários e dos...", o que foi mesmo?

SÉRGIO: ... camponeses?

MARIA NILSE: ...camponeses. E eu falei: "É verdade. Mas o senhor está saindo da igreja, não está? O senhor não acabou de comungar? O senhor leu a *Mater et Magistra*?" "Não, senhora." "Eu não li *O manifesto comunista*, mas imagino que o senhor deva ter lido", porque eu sei que eles falam isso. "Mas se o senhor for seguir o seu chefe, que é o João XXIII, o senhor vai ver que ele fala isso. Nós estamos simplesmente pregando o que o papa está mandando fazer neste momento."

Anselmo Coelho. ibidem, p. 213.

Paulo de Tarso: Olha, o que está aqui acontecendo agora é muito importante, porque este é um depoimento fundamental, que nenhum outro tinha obtido até aqui.

Maria Nilse: Mas deixa eu acabar de contar. Eu falei: "Eu acho que os senhores do exército, em vez de ler *O manifesto comunista*, que eu nunca li, deviam pegar a encíclica e ler, para ver o que é que o papa está mandando fazer. É o que nós estamos fazendo, nada mais." Aí ele disse: "Dona Maria Nilse, eu quero lhe pedir um favor: pelo amor de Deus, me dá um jeito de conhecer o doutor Paulo, porque eu não durmo mais, eu não tenho mais sossego. Muitos de nós estão desesperados, porque quando a gente interroga um homem como o doutor Paulo, a gente não entende por que é que estão fazendo uma coisa dessas."

Então eu achei que isso foi interessante para conscientizar um pouco os militares, pelo menos os militares de boa vontade.

8. Mulher, cachacinha, violão, e a troca do sargento datilógrafo

Sérgio: Agora, essa ida para o Chile, como é que aconteceu? Quando ele sai da prisão...

Maria Nilse: Lá ele ficou um mês e tanto. Aí foi engraçado. O Nader me disse: "Ele sai dia 27 de julho." Só que a Aeronáutica chegou lá e levou o Paulo embora preso para a Aeronáutica. E era aniversário do meu filho. Eu estava com a festa do aniversário — ele pequenininho — pronta. Eu falei: "Não, senhor. O Paulo tem que passar lá e apagar a velinha com o meu filho. Ele já estava solto! O senhor dá um tempinho." "Só com ordem do brigadeiro Maciel." E eu: "Não levem o Paulo para Santos correndo, não, porque eu vou conversar com o brigadeiro Maciel. Ele vai lá, apaga a velinha, e aí vocês podem levar e interrogar tudo o que quiserem."

Aí eu fiquei lá, espera que espera. Quando chega o brigadeiro Maciel, que eu olho, era o Luisinho Maciel, meu amigo de infância, afilhado da minha tia, muito amigo da minha família. "Luisinho de Deus, você é que é o brigadeiro Maciel?!" E ele: "Maria Nilse, e eu, carcereiro do Paulo! Imagine que coisa horrível!" *(ri)* Aí ele falou: "Então vamos fazer o seguinte: eu mando o Paulo com dois oficiais. Ele vai lá, apaga a velinha do Paulinho e vai embora. Não vai acontecer nada, porque ele vai ser interrogado lá em Santos." O Paulo ficou lá com ele acho que mais uns vinte dias. Interrogaram, interrogaram muito.

Sérgio: No total, quantos dias ele ficou preso?

Maria Nilse: Quantos dias, Vasco? *(filho dos dois, que até então também vinha acompanhando a conversa calado)*

Vasco: Cinquenta e dois. Aliás, em Santos aconteceram dois fatos importantes. O papai se sentiu mal, e então pediu uma ajuda do oficial médico. Ele foi conversar com esse oficial médico, e deu de cara com uma pessoa extremamente sensível. O papai deu uma cutucada nele, e o oficial começou a falar das amarguras dele para o papai. E ficaram os dois de noite cantando, num quarto do quartel...

Maria Nilse: Ele adorava cantar e tocar violão.

Vasco: Fizeram até seresta. E o papai disse a ele: "O senhor precisa relaxar um pouco!"

Maria Nilse: E ele disse: "Eu gostava de duas coisas nesse mundo: tomar uma cachacinha; não me embebedar, mas tomar uma cachacinha, e tocar meu violão e cantar.

Minha mulher implicou, não quer mais que eu cante, e não quer mais que eu tome a cachacinha. *(Sérgio ri)* Por isso é que eu estou nessa depressão." Aí o Paulo, para o médico: "Mas o senhor não pode ficar assim, não! O senhor tem que acabar com isso. O senhor vai morrer! Viver aqui, fechado! Não pode fazer nada do que gosta, nem tocar violão e cantar! Vamos embora!" Aí o Paulo teve que voltar lá para o lugar onde estava sendo interrogado; o oficial botou a mão no ombro dele e vieram os dois, abraçados, em plena prisão, cantando *(começa a cantarolar)* "Meus cabelos cor de prata/ são beijos de serenata/ que a lua mandou para mim." *(Caem na risada)* Aí foram para lá, e recomeçaram o interrogatório.

Vasco: Há um segundo fato ainda. Houve uma troca de turno do sargento datilógrafo. Era feita a pergunta e datilografada a resposta...

Maria Nilse: Ele era interrogado oito horas, de cada vez. De oito a dez horas.

Vasco: Aí trocaram o sargento. E o sargento virou para o coronel e disse: "Por favor, será que o senhor não deixa eu repetir o turno? Eu estou aprendendo muito aqui."

Maria Nilse: "Deixa eu continuar datilografando, porque eu estou aprendendo muito."

Sérgio: Paulo, você se lembra de alguma coisa disso? Ou já não se lembra mais dessa parte da prisão?

Paulo de Tarso: Tudo o que ela está falando é expressão da verdade, eu estou sabendo.

Maria Nilse: Mas você se lembra, Paulo?

Paulo de Tarso: Não me lembro tão bem quanto ela, porque minha memória não está tão boa quanto a dela. Mas lembro o suficiente.

SÉRGIO: Do Paulo Freire, o que é que você se lembra mais?

PAULO DE TARSO: Eu me lembro de que foi o Darcy Ribeiro que me falou sobre o Paulo. Eu telefonei para o Paulo e o Paulo disse uma coisa que ficou marcada na minha memória.

SÉRGIO: Isso você contou.

PAULO DE TARSO: Eu falei: "Não, foi o Darcy que me indicou, e eu quero que você venha para cá para trabalhar comigo. As suas posições eu conheço, são semelhantes às minhas." E ele veio.

9. ESCOLA CATÓLICA, REFORMA AGRÁRIA: "E SE NÃO HOUVESSE O HOMEM?"

SÉRGIO: Depois vocês se encontraram no Chile também.

PAULO DE TARSO *(rindo e dirigindo-se à mulher e ao filho)*: Bom, como é que foi isso?

VASCO: Moramos no Chile seis anos juntos.

MARIA NILSE: Aí foram amigos que ajudaram o pessoal a sair. Eu não sei como, o Paulo Freire foi para Bolívia. Nós éramos democratas cristãos, amigos dos democratas cristãos do Chile há muitos e muitos anos. O Paulo começou jovenzinho, em 1953, na democracia cristã. Depois teve um congresso lá em 1955, outro congresso em 1958 aqui. Então ele conhecia bem os democratas cristãos chilenos.

Aí o Paulo Freire da Bolívia foi para o Chile. Nós já estávamos lá, porque o Montoro ligou para o Presidente Frei e arrumou asilo político para nós. Aí que os brasileiros começaram a ser muito bem-recebidos pelo Valdez[46] e pelo Presidente Frei no Chile.

[46] Gabriel Valdez, ministro das Relações Exteriores do governo Frei.

PAULO DE TARSO: Ele era companheiro da democracia cristã.

MARIA NILSE: Conseguimos para ir o [José] Serra; o Plínio, que era democrata cristão, também foi para lá. Foi um grupo. O Paulo era simpatizante, acho, não era partidário, não. Não sei.

PAULO DE TARSO: O Paulo Freire? Não era, não.

SÉRGIO: Muito depois é que ele entrou como um dos fundadores do PT, já com a abertura, em 1980.

VASCO: Interessa falar do catolicismo do Paulo Freire?

SÉRGIO: Interessa, claro!

VASCO: A escola em que nós estudamos no Chile era uma escola muito especial. Chamava-se "Colégio Seminário Menor", do Padre Bolton, não é, pai? E lá estavam os filhos do Paulo Freire também, em Santiago. Ele convivia com os pais.

Era uma escola que tinha toda uma visão nova, baseada num sistema de confiança. Eles falavam: "Nós somos uma escola católica. Vamos criar líderes para serem honestos. Não podemos tratá-los como desonestos agora." Resultado: ninguém fiscalizava na prova, porque eles diziam: "Vocês é que têm que saber que não podem colar." Tudo bem, esse é um lado.

Aí eles dois trabalharam juntos, não é, papai? O senhor trabalhou junto com o Paulo Freire na reforma agrária, quando o senhor estava no Icira,[47] não é?

PAULO DE TARSO: É, começamos um trabalho. Não terminou, não.

VASCO: O senhor lembra daquela escola do Icira, em que eles diziam que o analfabeto trabalha com trezentas palavras só, enquanto que uma pessoa letrada trabalha com três

[47] Instituto de Capacitação e Investigação em Reforma Agrária.

mil? Aí o senhor sempre dizia: "Cuidado, quando você vai falar com o camponês, e quando ele te disser 'sim, senhor', não quer dizer que ele está de acordo."

Paulo de Tarso: Verdade. *(ri)* Então quando você falava alguma coisa e ele dizia "sí, señor", significava o seguinte: "Sim, senhor, eu entendi o que o senhor está dizendo. Não é que eu estou de acordo com o que o senhor está dizendo." Isso eu senti no Chile, e o Vasco ouviu isso.

Vasco: É. Depois, papai, o assunto que o senhor mais tratava lá no Icira era a respeito do problema do paternalismo nos chefes de assentamento.

Paulo de Tarso: É, mas eu não me lembro, filho. *(dirigindo-se ao Sérgio, a respeito do Vasco)* Ele tem a memória melhor que a minha.

Vasco: O senhor sempre dizia que tinha que evitar o paternalismo, que o chefe de assentamento tinha que ser uma pessoa que fosse realmente propor uma relação de paralelismo com os reassentados.

A outra coisa que o Paulo Freire sempre contava e que o papai contava também — vamos ver se o senhor se lembra, pai — é aquela história de uma decodificação, quando se estava conversando sobre natureza e cultura. O camponês virou para o doutor Paulo Freire e disse assim: "Deus criou o mundo. Deus criou o homem que está no mundo." E o Paulo Freire perguntou ao camponês: "E se não houvesse o homem?"

Paulo de Tarso: "Tampoco existiría el mundo." Ou seja, não haveria ninguém para dizer "este es el mundo".

Vasco: Essa é uma das histórias. Há outra. Fala, pai.

10. O dono da fazenda, Pinochet e a memória: "ele era um técnico, eu era um político"

Paulo de Tarso: Ele disse uma coisa maravilhosa: "El verdadero dueño vive más allá." Explica isso.

Vasco: É o seguinte, Sérgio. Chegaram para o camponês e disseram: "Agora você é dono da sua terra." Aí ele virou e disse: "No, señor. El verdadero dueño vive más allá." Nem com documento ele acreditava que era dono. E o Pinochet provou que ele tinha razão.

Paulo de Tarso: É uma reflexão do homem do campo, lá embaixo. Mas veja a lógica que tem dentro desse "el verdadero dueño vive más allá". Quer dizer: ele não tinha nenhuma ilusão, não.

Vasco: Era o dono da fazenda que tinha ficado atrás do morro, com uma terra reservada já para ele. Aí depois o Pinochet anulou toda a reforma agrária chilena, desde Frei e Allende. E voltou tudo para os verdadeiros donos.

Sérgio: Uma coisa que eu te queria perguntar, Paulo de Tarso: essa história da memória, como é que você vive essa questão? Com o passar do tempo, as coisas vão desaparecendo...

Paulo de Tarso: É, inclusive desaparecendo mais depressa que em relação a outros. Por exemplo, para o Vasco não passou. Muita coisa passou para mim, e não passou para ele. Por isso é que é importante, numa conversa como esta, que ele fale também.

Sérgio: Você está escrevendo coisas?

Paulo de Tarso: No momento, não, mas já escrevi. Eu tenho livros publicados.

Sérgio: A sua mulher inclusive mostrou estes aqui: *Educación y cambio social*; *O diálogo no Grande sertão: Veredas*; *Os cristãos e a revolução social*; *64 e outros anos*; e *Dialogar é preciso*. Ah, e tem esse aqui, que eu não tinha visto: *A lógica do compadre e outros casos mineiros*. São contos?

Maria Nilse: São. *Histórias de Minas*. Ele é do Araxá, e então ele conta as histórias de como as coisas eram lá no Araxá. É divertido.

Sérgio: A propósito, você continua democrata cristão?

Paulo de Tarso: Continuo, eu sou católico.

Sérgio: Sim, mas agora o que é que virou o Partido Democrata Cristão?

Paulo de Tarso: O Partido Democrata Cristão não está atuante, mas o meu catolicismo não mudou, não. Na verdade, eu sou um católico político. Fui um católico político, mas católico; então eu procurava pensar a política num contexto católico. Não um contexto de estar rezando toda hora, mas no contexto dos valores católicos.

Sérgio: E pelo que você conheceu do Paulo Freire, havia uma coincidência de opiniões ou divergências?

Paulo de Tarso: Nada, nada. Coincidência perfeita! Isso é que facilitou tudo, porque a nossa convivência foi muito boa, desde o início. Está claro que ele era um técnico em educação, e eu era um político da educação. Há uma diferença aí, mas essa diferença nunca impediu que nós nos entendêssemos muito bem.

10

"A saída é organizar-se"

1. O rebelde e o *Bagacinho Jazz Band*: eles "morreram de beber cachaça!"

Sérgio: Quem nasce em Santa Maria da Vitória o que é que é?

Clodomir Morais: Santa-mariense.

Sérgio: Além de ser baiano. Mas nessa história de Santa Maria da Vitória, eu queria verificar com você: neste livro aqui, *Um futuro para os excluídos*...[48]

Clodomir: ...escrito por Raff Carmen, da Universidade de Manchester e...

Sérgio: ...Miguel Sobrado...

Clodomir: ...da Universidade Nacional de Costa Rica — UNA.

Sérgio: Exatamente. Logo no início, aliás, no segundo capítulo, o Miguel Sobrado diz o seguinte: *(lendo)* "Clodomir Santos de Morais nasceu em 30 de setembro de 1928, em Santa Maria da Vitória, uma pequena cidade rural do estado da Bahia, no nordeste do Brasil. Em sua cidade natal, frequentou os primeiros anos da escola. Esteve

[48] "Clodomir Santos de Morais: As origens da teoria e do método de capacitação massiva", in Raff Carmen e Miguel Sobrado (org.), *Um futuro para os excluídos — criação de empregos e geração de renda pelos pobres — Clodomir Santos de Morais e o laboratório organizacional*. Porto Velho: Instituto de Apoio Técnico aos Países do Terceiro Mundo (IATTERMUND), 2002, 290 pp.

primeiro em uma escola pública e depois em uma privada." Suponho que seja em uma escola privada. *(ri)*

CLODOMIR: Agora, ele não diz aí que quando alguém perguntava "Onde é que fica Santa Maria da Vitória?", eu sempre dizia: "Incrível que você não saiba!" "Não. Onde é isso?" E eu: "Das cidades brasileiras, depois de Washington, é a melhorzinha!" *(Sérgio ri)*

SÉRGIO: Ele diz aqui que, de ambas as escolas, "foi expulso sem terminar o primário, por seu caráter rebelde". Você era assim desde criança, é?

CLODOMIR: Sim.

SÉRGIO: E você se lembra de alguma rebeldia sua?

CLODOMIR: Sim. Eu estive em várias escolas particulares. Pública, só uma, de onde fui expulso.

SÉRGIO: Por quê?

CLODOMIR: Porque a professora resolveu me dar uma reguada. Eu tirei o corpo e fui duro com ela. Aí então ela mandou chamar meu pai. Meu pai era um homem simples, modesto, usava ainda chinelo, na cidadezinha, e foi lá. Dia 15 de novembro, dia de passeata dos estudantes, chega o meu pai, que sempre foi violento, batia para valer! Ela explicou: "Seu filho é mal-educado", e tá, tá, tá! Ele não quis ouvir o resto: "Vam'bora!" Eu disse: "Não vou. Pode ir o senhor." Ele foi, e eu fui depois.

Quando chego em casa, entrei certo: "Vou levar uma surra, de cinturão mesmo." Fui lá para dentro do quarto, e não vi o meu pai enervado. Eu só o vi conversando com a minha mãe, e dizendo o seguinte: "Ele já é um homem, *(riem)* não tem por que apanhar." E pronto. A partir desse momento, o meu pai tratou de dar uma solução no meu problema. Mandou que eu voltasse para a escola, mas a professora ignorou totalmente a minha presença durante a semana. Minha mãe, costureira, ainda fez uma farda, para ver se a professora aceitava. Não adiantou nada.

Aí é quando o meu pai se recordou de uma carta de um tio meu, irmão da minha mãe, chamado Claudemiro dos Santos, que, ao passar por lá com a sua esposa e os filhos todos — que eram quatro ou cinco — para visitar, depois de tantos anos que ele havia saído de lá, acho que dez anos — e era um tio que tinha um bom português, corrigia os filhos no verbo... Naquele tempo, havia surgido uma *jazz band* na cidade. Uma *jazz band* que veio de Santana dos Brejos, um município vizinho que desafiou Santa Maria para jogar futebol. Aí foi um corre-corre danado: "Mas aqui não tem mais ninguém que joga!" "Não, mas a gente faz um time aqui, de qualquer jeito!" Chamaram os sapateiros para fazer as chuteiras, chamaram os costureiros para fazer as camisas, que seriam de vermelho e preto, porque a de Santana era amarelo e preto.

No dia da data, a cidade para, toda embandeirada, por onde haveria de passar Santana dos Brejos: setenta e tantas pessoas montadas em mula e cavalo, que não havia caminhão. Aquele mundo, aquela comitiva toda, uma poeira da moléstia! E foram todos, como todos os santa-marienses, fomos à Sambaíba, numa curva do rio Corrente. O rio é navegável, aí entra navio-gaiola do São Francisco, e todos nós tomamos banho vivo, que Santana não tem rio. Tem um riachinho, e cacimba, entendeu? Então eles lá se esbaldaram no rio.

Logo, na mesma noite, iria haver um baile, antes do jogo. E eles trouxeram uma *jazz band*, que era um bombo, com as castanholas aqui, dois pratos e uma caixa aqui do lado, um outro tambor do lado de cá e um pedal para fazer o ritmo. Nós não conhecíamos isso. Conhecíamos banda de música, com um bumbo grande, estreitinho assim. Aquilo foi uma novidade, todo mundo correu para ver! "Como é que toca esse troço?" Um troço gordo assim, como zabumba, de bumba meu boi.

E eu me recordo que eu estava lá dentro da sala e chegaram dois irmãos. E um disse para o outro: "Alzinho!" Alzinho era Altenor, e disse para Antenor, o irmão: "Veja o que é a ignorância, hein! Olha como se escreve zabumba. É *jazz band*!" *(Sérgio cai na risada)* Eu saí de perto, para não rir da cara deles. Eu tinha talvez dez anos nessa época.

Aí, para os adultos do partido político do intendente, que era o coronel Clemente de Araújo Castro, imediatamente ele importou um *jazz* de Salvador, daquele mesmo jeito, com castanholas, com prato, com essa coisa toda. E como havia música da filarmônica 15 de Novembro, chamada "A Vitória", era só juntar o saxofone, clarinete, trombone etc. e pronto, está feito, o resto é banjo — que usa quatro cordas e é um tambor, faz aquela percussão. Não faltou, para os meninos da minha idade, a ideia de fazer um *jazz* para menino. Logo depois, a oposição também criou a sua *band*. A primeira *jazz band* de Santa Maria era a *Tupi Jazz Band*, então a oposição criou a *Bagaceira Jazz Band*. E nós, os meninos, filhos de gente da oposição, fizemos a *Bagacinho Jazz Band*. E a gente fazia festas, matinês nos domingos, lá pelas três, quatro da tarde.

Quando chega esse meu tio, alguém falou: "Olha o que os meninos estão fazendo ali. Vai lá para você ver que coisa linda! Lá em Cariranha, onde você mora, não tem coisa desse tipo: aqui tem *jazz* do governo, *jazz* da oposição, e *jazz* dos meninos!" E ele foi lá na hora exatamente em que — como em todo *jazz*, os adultos costumam tomar cachaça — nós estávamos tomando vinho de jenipapo, que é o que se admitia, licor de jenipapo. Aquela tendência de imitar os adultos, não é? Ele olhou assim: "Ah!, isso não vai dar certo!" E escreveu para um outro irmão, dizendo: "Ofereça a Antonio, meu cunhado, a hipótese desse menino ir se educar em São Paulo, em Santo André, porque, se ele ficar lá, vai acontecer o que aconteceu com várias gentes da minha geração: morreram de beber cachaça, de fumar, de blenorragia, o diabo!"

Meu pai se lembrou dessa carta, que eu tenho até hoje, e já quando o meu tio ofereceu: "Traz o menino, ele fica aqui em casa, e faz o ginásio" — naquele tempo era a admissão — o meu pai foi me levar até lá, por causa desse tio. E lá eu cheguei e passei uns seis meses, mas numa decepção muito grande, porque eu tinha o terceiro ano primário, e estava num curso de admissão em que sabia mais do que a professora! Só tirava cem, cem, cem, porque em Santa Maria o ensino era muito bom! Com seis meses, vimos que não dava para viver na casa desse meu tio. Meu pai sabia que ia ser difícil, e resultou arranjando um colégio, o Coração de Jesus, dos salesianos.

2. Hitler, Mussolini, "negro", "cabeça-chata": "e os paulistas ficaram com muita raiva"

Sérgio: Aliás, aqui no livro, nesse mesmo capítulo, ele diz o seguinte: "Depois viajou para São Paulo, onde concluiu o seu curso primário, residindo na casa de um tio. Ingressou mais tarde no colégio Coração de Jesus, onde podia trabalhar e estudar. Era um colégio com 609 alunos internos e 1.300 externos, em sua maioria filhos de emigrantes italianos e alemães, que simpatizavam com Hitler e Mussolini. Clodomir era o único nordestino e o único mulato. Seus companheiros o marginalizavam, chamando-lhe 'negro' e 'cabeça-chata'." Você chega a ter ainda a imagem clara desse tipo de discriminação?

CLODOMIR: Claro! Eu entendia, inclusive, e dava razão, porque São Paulo havia sido humilhada em 1932, numa revolução constitucionalista. Vargas derrotou a revolução, porque tinha um caráter assim de separatismo. Assim era, aqui e acolá se falando de uma nova Itália! Como já havíamos perdido o Uruguai, e quase perdemos o Rio Grande do Sul com a chamada Revolução de Piratini, aí vinha mais essa agora! E Vargas, que era gaúcho — sabia o que significava isso —, botou para lascar, polícia do Nordeste, e abafou a revolução.

E os paulistas ficaram com muita raiva. De quem? Desses policiais que vieram da Bahia, do Ceará, do Rio Grande do Sul etc. Muitos deles eram grosseiros, muito grossos, que metiam cano e torneira na parede, pensando "dali sai água!". *(Sérgio cai na risada)* Você pode imaginar: uma seca da moléstia! E os gaúchos? Com aquelas esporas desse tamanho, quando viam piso, todo encerado, rap, rap, rap, para valer! Então os paulistas não precisavam dos nordestinos, porque ademais tinha muito mulato.

Eu entendia isso da seguinte forma: eles são tudo a favor de Hitler e de Mussolini! E eu tinha visto no *Index Librorum*

Prohibitorum,[49] o Índice dos Livros Proibidos, o primeiro que aparece é *Os miseráveis*, de Vitor Hugo. Ao proibir, você está criando curiosidade, não é? Com um dinheirinho que eu sempre ganhava porque trabalhava, pedi a um externo para

---

49 "O *Index Librorum Prohibitorum* (Índice dos Livros Proibidos) foi uma lista de publicações proibidas pela Igreja Católica Romana, de 'livros perniciosos' contendo ainda as regras da igreja relativamente a livros. O objetivo desta lista era prevenir a leitura de livros imorais ou de obras que contivessem erros teológicos e deste modo 'prevenir a corrupção dos fieis'. Em certas ocasiões, a proibição de livros prevenia que os católicos romanos descobrissem certos pontos fracos ou não comprovados da doutrina da Igreja. Os autores foram encorajados a não publicar material que os católicos romanos possam achar dificil de defender.

"Foi criado em 1559 pela sagrada congregação da Inquisição da Igreja Católica romana (mais tarde chamada de congregação para a doutrina da fé). O index foi actualizado regularmente até à trigésima-segunda edição, em 1948, tendo os livros sido escolhidos pela congregação ou pelo papa. A lista não era simplesmente reativa, os autores eram encorajados a defender os seus trabalhos. Em certos casos eles podiam republicar com omissões se pretendessem evitar a interdição. A censura prévia era encorajada.

"A trigésima-segunda edição, publicada em 1948, continha 4.000 títulos censurados por várias razões: heresia, deficiência moral, sexualidade explícita, incorreção política etc. Não é surpreendente que a Igreja Católica romana tenha praticado a censura. Membros de outras religiões também exerceram ou continuam a exercer a censura. O que é notável é que obras de cientistas, filósofos, enciclopedistas ou pensadores como Galileu Galilei, Nicolau Copérnico, Nicolau Maquiavel, Erasmo de Roterdão, Baruch de Espinosa, John Locke, Berkeley, Denis Diderot, Blaise Pascal, Thomas Hobbes, René Descartes, Rousseau, Montesquieu, David Hume ou Immanuel Kant tenham pertencido a esta lista.

"Alguns notáveis romancistas ou poetas incluidos na lista são: Laurence Sterne, Heinrich Heine, John Milton, Alexandre Dumas (pai e filho), Voltaire, Jonathan Swift, Daniel Defoe, Vitor Hugo, Emile Zola, Stendhal, Gustave Flaubert, Anatole France, Honoré de Balzac, Jean-Paul Sartre, ou o sexologista holandês Theodor Hendrik van de Velde, autor do manual sexual 'The Perfect Marriage'.

"Teve um grande efeito por todo o mundo católico. Por muitos anos, em áreas tão diversas como o Quebec, Portugal, Brasil ou a Polônia, era muito difícil de encontrar cópias de livros banidos, especialmente fora das grandes cidades. O índice foi abolido apenas em 1966 com o Papa Paulo VI." In Wikipedia, http://www.hostgold.com.br/hospedagem_sites/Index_Librorum_Prohibitorum.

trazer — e ele me trouxe — *Os miseráveis*. Eu lia no banheiro. Num dormitório de oitenta a cem meninos, ninguém dava conta de quem estava no banheiro e quem não estava.

SÉRGIO: Você trabalhava onde?

CLODOMIR: Era para eu varrer a tipografia, porque os tipos às vezes caem no chão. Então tem que pegar os tipos e botar nas suas caixas.

SÉRGIO: Que tipografia era?

CLODOMIR: O próprio colégio tinha. E a minha função era essa: varrer o chão, pegando os tipos e regressando às suas respectivas caixas. Depois entrou a linotipo. Você sabe, a linotipo é uma máquina de escrever que pesa cinco toneladas. E eu curioso: aquilo era bonito, toc, toc, toc...

SÉRGIO: Exato, saía o chumbo todo, já nas linhas...

CLODOMIR: E a essa altura eu já tinha aprendido datilografia, trinta palavras por minuto. Então eu me meti na linotipo, o que mais tarde me orientou para o jornalismo. Eu me fiz depois foi como jornalista.

SÉRGIO: Desse colégio aí você acaba saindo também, e vai para um outro, o Colégio Agroindustial dos Adventistas, não é?

CLODOMIR: Dos salesianos eu saí, só não fui expulso porque dom João Rezende Costa — que ainda vive, hoje arcebispo de Belo Horizonte — gostava muito de mim. "Não, esse garoto é muito bom, é um menino que escuta, aprende as coisas rápido!" Eu sempre estava em contato com ele no recreio, conversando.

Ele tinha uma posição política diferente dos outros, e se manifestava da seguinte forma: "Na Europa só tem dois povos: os eslavos e os que não se lavam!" *(Caem na risada)* E ali eu digo: "Bem, ele está do outro lado!" Os eslavos são os russos, os poloneses etc. Esse é que gostava de mim, porque eu lia e comentava com ele depois uma porção de coisas. Depois dos *Miseráveis*, o outro livro se chamava *História da filosofia*, de William Duran, o gringo, esse que a Globo editorial do Rio Grande do Sul editou. *Tapetes mágicos* se chamava a coleção. Quando eu folheei aquilo ali, encontrei coisas de que eu não tinha a menor ideia: a definição de psicologia a partir da afirmativa "conheça-te a ti mesmo"; "o socialismo de Aristóteles e o comunismo de Platão", lá no livro. "Ah!" Então aí já comecei a nadar! *(riem)* De modo que quando Dom João Rezende Costa começou a me simpatizar, é porque eu tinha um certo diálogo.

Chegou Dom Aquino Correia, que era arcebispo de Cuiabá, membro da Academia Brasileira de Letras, e eu era um cara que chegava para conversar com ele, porque, "puxa, esse cara é um poeta extraordinário!", e eu gostava muito de poesia. Então ganhava muito conversando. Sempre tratei de conversar com gente que, de certo modo, melhorava a minha cultura. Aí, quando chegou a hora de me expulsar, "por quê?" Eu tinha um mapa, era proibido. Era proibido escutar rádio. Aluno nenhum tinha rádio. Mas nós fabricávamos o detector de Branley, que é o avô do rádio. Nós aprendemos, nas aulas de ciências naturais, o que é a eletricidade, o que é a bobina etc. E daí vem o exemplo do detector de Branley, que nós fazíamos dentro de uma caixinha, com uma bobina de dez metros; daí sai para uma antena, que era o estrado da cama — dessas camas de madeira, que tem molas, e que a gente usava como antena — e o fio-terra era o cano de água que passava atrás da cama. Naquele tempo tudo era metálico, não havia o plástico, então era simples fazer o terra.

O padre Cabral, que era o assistente, já estava roncando. Era só ligar com uma agulha numa pedra de galena, que é um detector de ondas artesianas que a gente sabia montar, e pronto: músicas profanas, o que era proibido...

SÉRGIO: Você chegou a ser pego?

CLODOMIR: Não, mas tinha um grupo comigo, com quem a gente trocava ideias sobre a guerra... A gente tinha um mapa e via como estavam avançando os exércitos; acompanhamos a batalha de Stalingrado, a desmoralização dos nazistas lá e na África.

Foi quando, um dia, as fábricas, tuuuuuuu!, a mandar brasa — devia ter umas 15 mil em São Paulo — todas apitando. "O que é isso? Acabou a guerra!" Isso na hora da gente ir tomar banho. "Estão dando de graça guaraná Caçula para tudo quanto é menino!" Nós tínhamos um guaraná Caçula por mês, era tudo! Quando deu onze horas da noite, que o clérigo Cabral já estava roncando, com lençóis amarrados a gente desceu do primeiro andar, e lá vamos para a calçada! Uns quinze, de uns oitenta e tal. E fomos passar a noite, enchendo o rabo de guaraná! *(Caem na risada)* A cidade não dormiu: uns tomando cerveja, e as fábricas a apitar, apitar.

Quando voltamos para o colégio, ali pelas seis da manhã, já estava o prefeito na porta. Passamos um por um. Não houve nada, mas... o serviço secreto é o confessionário, não é? Aperta e a coisa sai. Apertou e: "O cão chupando manga é esse aí!" *(riem)* E começaram a armar um ambiente para me expulsar. Dom João Rezende disse "Não, não. A gente espera o fim do ano e diga-se que ele não volta mais. Por que vamos expulsar?" Esse homem depois foi um superior, lá na congregação dele, em Turim. Mais tarde ele passou pelo Recife, eu era deputado estadual e fui fazer uma visita a ele. E ele, todo feliz, recordando.

3. Dos adventistas à fábrica da Ford: "A essa altura, do telhado para cima, eu só acreditava em gato!"

Sérgio: Em 1946 é que você muda para o Colégio Agroindustrial dos Adventistas, é isso?

Clodomir: Sim, porque no colégio salesiano me pediram para não voltar.

Sérgio: Expulsão branca!

Clodomir: É, e então procurei saber onde é que tinha um colégio mais barato. Na cidade era impossível. Já aquele [dos Adventistas] era muito grande, e o custo da educação saía mais barato do que nos colégios menores. Então fui para esse, que tinha duas horas de trabalho, todos os dias. Lá eles guardam o sábado, e o domingo não guardam. No domingo eu podia trabalhar, plantando eucalipto com os japoneses que estavam ao redor daquela área, produzindo lenha. Ganhava cinquenta centavos de cruzeiro, para plantar eucalipto, e um tostão para campinar. Aí eu podia trabalhar dez horas por dia, e ganhava dinheiro.

Depois, havia o fato de ali terem uma ferraria. Naquele tempo ainda existia produção de ferraduras, de peças para arado. Ali se consertava, além do mais, os dois caminhões do colégio, e produziam peças, com fundição de bronze.

Sérgio: Dentro do próprio colégio?

Clodomir: Sim, o colégio era uma propriedade de uns quatrocentos hectares, era muito grande. Então, a minha curiosidade me levou a saber quando é que funde o ferro, como se pode produzir peça com carvão de pedra, e quando e como se pode fundir bronze. Ademais, curioso, eu fui vendo como é que era o problema da mecânica dos caminhões deles. Esse conhecimento de um ano me enriqueceu muito. Não tinha tipografia, mas eu era músico, fundei uma banda, e fundamos também teatro. Com caracterização: alugávamos máscaras e perucas lá na cidade, o que não existia no colégio. Era uma espécie de psicodrama; um psicodrama muito fraco, muito débil, mas a gente apresentava. Naquela época, estava-se falando de democracia, em Juracy Magalhães, no famoso governador da Bahia, que foi presidente do Parlamento, o Otávio Mangabeira, no Getulio etc.

Nesse tempo eu devia ter o quê? Dezoito anos. Então juntamos os cabeças-chatas que gostam desse tipo de atividade intelectual, poetas etc., e apresentamos um teatro. Foi um susto, "beleza!", gostaram muito. Eu sei que, anos mais tarde, encontrei lá uma banda de música para valer, a minha cresceu muito. Agora, vê só: o fato de ter trabalhado um pouco com mecânica, na organização da horta, na fabricação de suco de uva — a marca era Superbom —; o fato de ter tido esse tipo de atividades me encorajou a deixar o colégio.

Sérgio: Por quê?

Clodomir: Porque no colégio eu estava fazendo o ginásio. Terminei o ginásio, e o que vem depois é o curso de teologia, e eu não estava interessado. A essa altura, do telhado para cima eu só acreditava em gato. *(Caem na risada)*

De modo que eu fui para a cidade de São Paulo buscar trabalho, e encontrei trabalho na Ford Motor Company, na seção de comercialização de peças. De repente, apareceu lá um concurso, que era de fazer um trabalho de inspeção de linha de produção. Eu fiz, e então me nomearam inspetor. Para isso, eu tinha que passar por toda a linha: depois do chassi, aí era instalar o bloco do motor, e daí os cabeçotes. E a esteira anda. A esteira determina o ritmo. Agora, era suficiente o tempo, porque nós tínhamos condições de discutir ainda o jogo do São Paulo, do Corinthians, do Palmeiras...

Sérgio: Ou seja, a cadeia de tempos e movimentos não era assim tão acelerada.

Clodomir: Não. Era Taylor mesmo, mas estava bacana. E não havia eletricidade nessa área, porque era tudo ar comprimido. Evitavam ao máximo a eletricidade, que era para não ter desastres. Eu passei dois anos nisso. Éramos 3.600 operários, e produzíamos setenta e um carros por dia. Montagem: as peças vinham dos Estados Unidos; tudo vinha de lá, era só montar.

4. O movimento estudantil e o pai marxista do Fernando Henrique Cardoso

Sérgio: E onde é que entra o Colégio São Paulo, aí?

Clodomir: Antes.

Sérgio: Antes da Ford?

Clodomir: É. Eu estive um ano no Colégio São Paulo. Bem, o fato é que economizei dinheiro lá no colégio adventista. Cheguei também a trabalhar num jornal chamado *Jornal do Foro*, e ganhei dinheiro com esse jornal, vendendo assinaturas. E quando fui lá para o Rio vender assinaturas, aproveitei e fui à Câmara de Deputados, no Palácio dos Tiradentes, visitar um deputado que recebia lá votos da minha terra, o Rui Santos. Fiz até uma entrevista com ele, de tal forma que, no colégio adventista, apresentei um artigo e a entrevista com esse deputado. Eu já me encaminhava ao jornalismo.

Depois é que eu fui ao Colégio São Paulo, antes da Ford, onde escrevi artigos no jornal estudantil *Crônica*. Aliás, antes disso, estive lá na minha terra, onde fundei um jornal, que se chamava *A Nova Ideia*. Volto àquele meu tio, Clausemiro dos Santos, que viu que era perigoso eu ficar ali, tanto assim que dos membros da *Jazz Bagaceira*, só temos quatro vivos. Os outros três morreram de beber cachaça. *(ri)*

Sérgio: Mas com vocês não era só licor de jenipapo?

Clodomir: Sim, mas se você fica ali naquela sociedade atrasada, você passa de licor para cachaça mesmo. Cerveja era caríssimo. Cachaça lá se produzia muito. Então, esse meu tio, que era um tipo culto, tinha fundado em 1919, lá em Santa Maria da Vitória, um jornal chamado *A Ideia*, de que só saiu uma edição. *(Sérgio cai na risada)* Quando foi sair a segunda, o intendente, atrabiliário, mandou botar a prensa no rio Corrente, com os tipos e tudo mais. E botou para correr esse careta. Mais tarde, eu fundo *A Nova Ideia*.

Pois bem: no colégio São Paulo, como eu já tinha a experiência da revista dos adventistas, eu escrevi um outro artigo, *Monroísmo ou imperialismo?* Nesse número, saiu um artigo de Fernando Henrique e uma poesia de Radha Abramo. Ela já estava enamorada de Cláudio Abramo, que era seu primo, e com quem não esperou muito e casou-se.

SÉRGIO: Você também chegou a participar do movimento estudantil, nessa época, não?

CLODOMIR: A essa altura, no colégio São Paulo, nós tínhamos fundado a UESP — União dos Estudantes Secundários de São Paulo, depois que a polícia fechou a FESP — Federação de Estudantes Secundários de São Paulo. Estivemos metidos nisso, e o centro de agitação era o colégio São Paulo, porque tinha alunos como, por exemplo, uma filha de Monteiro Lobato estudando lá; um filho ou sobrinho de Portinari; um filho de Sérgio Milliet, que era um intelectual brilhante; a Radha Abramo, que era aluna, minha colega... Isso fez com que o colégio polarizasse a atividade política dos estudantes secundários. Ademais, observe, o colégio era de classe média, onde estava o Fernando Henrique, que morava a uns trinta, quarenta metros, num apartamento com o pai dele, o general Leônidas Cardoso, advogado brilhante e general aposentado. Berço de ouro: você vai ver aquele famoso quadro;[50] não me recordo se é de Calixto ou de outro grande pintor que fez um mural muito bonito, que tem o Pedro II de barba e três oficiais entregando o bilhete azul para ele ir embora. *(riem)* Esse que está entregando é o tataravô do Fernando Henrique Cardoso. Eles eram comtistas, a favor de Comte...

SÉRGIO: August Comte, o positivista. E com o Fernando Henrique, você chegou a estabelecer alguma relação de amizade?

CLODOMIR: De amizade, sim. Ele tinha um ano na minha frente, e era mais novo do que eu. A irmã dele, a Gilda

---

[50] Pelo que sei, há pelo menos um quadro mostrando a cena, "Entrega da carta de exílio a Pedro II", mas esse é obra de Albert Chapon, e faz parte do acervo do Museu Histórico da Cidade do Rio de Janeiro.

Cardoso, bem mais nova do que eu, era minha colega de carteira. A gente estudava juntos, e então a mãe permitia que eu fosse estudar lá na casa dela. Nós juntávamos os amigos, os colegas de Fernando, lá, para não haver problema na rua, briga ou encrenca. Não existia assalto naquele tempo, mas as mães sempre achavam melhor em casa. Serviam café, bolo.

Eu passei um ano aí, e realmente aprendi muito com o general Leônidas Cardoso. E eu vi várias vezes Leônidas Cardoso sabatinando o Fernando Henrique, com o volume primeiro de *O capital*. Ele tinha que estudar e fazer a sabatina. Eu usufruí muito desse ambiente, que não pude sustentar, porque depois tive que entrar na Ford. Aí passava trabalhando oito horas por dia, e saía correndo para ir a outro colégio. Às vezes me faltava até o dinheiro para o bonde, aí eu ia a pé. O movimento estudantil continuou, mas aí eu já não era militante, porque estava mais jogado no trabalho com a classe operária, dentro da Ford.

Sérgio: Até aí você tinha essa movimentação política mais por espontaneidade ou já era algo, nessa altura, relacionado com o movimento comunista ou com o partido comunista?

Clodomir: Era e não era, porque o pai do Fernando tratou de nos transformar a todos os colegas em marxistas. O pai dele era um bom marxista! Foi depois deputado federal, quando eu fui deputado estadual. E ele: "Você é que é o meu filho, porque o Fernando não serve para isso. Você foi quem aprendeu comigo!" *(Sérgio cai na risada)* Ele federal, eu estadual, ambos eleitos pela votação dos comunistas. Eu fui eleito na legenda do PTB de Vargas, mas com a votação das organizações sindicais do partido comunista. E representei durante quatro anos o Partido Comunista, sem nunca dizer que era comunista, porque, se dissesse, a Liga Eleitoral Católica[51] me cortaria a cabeça. Já entrei pelo fato de que a Liga Eleitoral Católica havia queimado três ou quatro candidatos: "É comunista, o outro também, são todos comunistas!" Eu nessa época escrevia em quatro jornais diários, no Recife, e já não era empregado. Com um outro colega, Clóvis Melo, havia fundado uma agência de notícias, a Edipres — Empresa Distribuidora de Informações — e redigíamos reportagens para os jornais.

[51] "Na década de 1920, a crescente urbanização, a secularização da cultura e a fundação do Partido Comunista do Brasil enfraqueceram visivelmente a influência tradicional do catolicismo. Para fazer frente a tais mudanças, o arcebispo do Rio de Janeiro, dom Sebastião Leme, liderou um movimento destinado a defender os ideais cristãos na vida política nacional. Foi com esse intuito que foram criados a revista *A Ordem* (1921) e o Centro Dom Vital (1922), sob a direção de Jackson de Figueiredo. Foi somente no final da década de 1920, quando Alceu Amoroso Lima assumiu a direção do Centro Dom Vital e de *A Ordem*, que a Igreja conseguiu se tornar uma força político-social expressiva.

"Em 1932, com o objetivo de articular-se com o mundo da política, o grupo católico, tendo novamente à frente dom Leme, criou a Liga Eleitoral Católica (LEC), que teve como secretário geral Alceu Amoroso Lima. Dom Leme optou por essa estratégia em nome da 'segurança da comunidade católica' e frequentemente lembrava, nas páginas da revista *A Ordem*, as virtudes da concessão e do compromisso àqueles que se opunham a Vargas e pretendiam formar um partido católico de oposição.

"Congregando intelectuais e segmentos da classe média, a LEC teve uma participação expressiva nas eleições de 1933 para a Assembleia Nacional Constituinte. Sua atuação consistiu em supervisionar, selecionar e recomendar ao eleitorado católico os candidatos aprovados pela Igreja, mantendo uma postura apartidária. Argumentava-se não haver necessidade de um partido católico, quando as mais variadas agremiações partidárias aceitavam os postulados da Igreja." (Para maiores informações, consulte o Centro de Pesquisa e Documentação de História Contemporânea do Brasil, da Fundação Getulio Vargas, http://www.cpdoc.fgv.br/nav_historia/htm/anos30-37/ev_liga_eleitoral.htm.)

5. Jânio Quadros e a primeira prisão: "Você é louco! Você é imbecil!"

Sérgio: Sim, mas como é que foi essa saída de São Paulo para o Recife?

Clodomir: Ah, bem! Quando estava na Ford e frequentava esse colégio, eu me massacrava muito, porque era duro o trabalho, o dia todo. Ganhava bem, o salário era alto na Ford, melhor que o dos operários comuns e correntes. Morava numa pensão e tomava, uma vez por semana, um meio copo de vinho, coisa que o pessoal não tomava. Tomava água, e, um que outro, tomava uma cerveja.

Enfim, chegou um momento em que eu busquei um trabalho na imprensa. E nisso jogou um papel importante o Cid Franco. Cid Franco era do Partido Socialista, de Francisco Mangabeira, irmão do governador da Bahia. Eu conversei com ele sobre a experiência com os adventistas. Ele era muito a favor da educação; estava que só Cristovam Buarque, só fala em educação, educação, educação... *(Sérgio ri)* Cid não era deputado nem vereador, nessa época. Era apenas um homem que tinha muita projeção na estação de rádio Cultura. Eu disse: "Lá nos adventistas a gente construiu edifícios. Fazíamos tijolos, telhas, fazíamos tudo. Uma seção do colégio foi construída pelos alunos. Eu acho que isso é uma boa coisa; você pode construir, com os próprios alunos, os alojamentos do colégio. O colégio será pago pelo trabalho deles, e eles ainda recebem uma espécie de subsídio."

O Cid disse: "Rapaz, a ideia é muito interessante, mas isso comporta um projeto muito grande! A propósito, você trabalha onde?" "Trabalho na Ford." "E tem umas ideias assim?" "Sim." "Pois eu acho que é muito importante a educação. E só trabalhou com a Ford?" "Não, trabalhei no colégio São Paulo. Editamos um jornal chamado *Crônica*." "Olha, e você não quer trabalhar no *A Hora*?" "Como não! Parece que estou sonhando, porque jornalista trabalha só cinco horas!" Ele fez um bilhetinho para Denner Médici, que era o dono de dois jornais, *A Hora* e *O Esporte*.

Fui trabalhar lá como repórter. Naquele tempo, o repórter era repórter: colhia os dados, fazia uma síntese e entregava lá ao redator. O redator tinha cinco, seis repórteres, e era um homem já dos seus trinta, quarenta anos; usava chapéu, gravata. A roupa podia estar puída, mas era um cidadão! Era incrível: eles chegavam os quatro ou cinco, batiam um papo sobre as novidades, fumando, tomando cafezinho. Todos já haviam lido os jornais que saíam de manhã cedo — *A Hora* era um jornal vespertino — e então já tinham uma ideia de como iam sair as coisas. Pegam as reportagens, e você só ouvia as descargas: trrrrrrrrrrrrrr, tac! Trrrrrrrrrrr, tac! E eu que escrevia umas trinta palavras por minuto e achava que escrevia muito! Eram os redatores! Havia divisão técnica do trabalho. O repórter, o redator, o revisor, o editor, e por aí vai!

Aí aparece um cidadão interessante, que também quer aprender jornalismo, e era amigo de Denner Médici. Chamava-se Jânio Quadros, e era vereador. E um vereador especial, porque haviam cassado o mandato acho que de uns dez[52] vereadores comunistas, com a proscrição do Partido

[52] De acordo com o historiador Augusto Buonicore, "na cidade de São Paulo os comunistas elegeram 15 vereadores, conquistando assim a maior bancada da Câmara Municipal. Mas, no último dia de 1947, todos foram impedidos de tomar posse e, em seguida, tiveram seus mandatos cassados." V. "A explosão eleitoral comunista nos anos 40", http://www.vermelho.org.br/base.asp.

Comunista, em 1947. Aí, ele que estava lá embaixo na legenda de um desses partidos, sobe. E faz um discurso muito sério: "Eu tenho uma responsabilidade muito grande, que é a de fazer o trabalho de uma bancada do Partido Comunista, de defender o povo nos seus interesses" e pá, pá!, naquela linguagem dele, falando um bom português. "Fá-lo-ei com todo orgulho!"

Foi para *A Hora*. E, aqui e acolá, ele fazia um discurso: "A nossa denúncia ontem aqui nesta câmara repercutiu na imprensa." Era ele mesmo! *(Sérgio ri)* Ou o inverso. Saía um artigo, e ele: "A nossa reportagem de ontem repercutiu na câmara de vereadores!" E nos fizemos amigos. Um dia chega Jânio, de manhã cedo. "Olha, temos que sair agora rápido, para ir lá na rua Conde de Sarzedas", porque lá é que estava o antigo jornal alemão, que agora era do Partido Comunista, que editava o jornal *Hoje*. Fecharam o *Hoje*, eles saíram com o diário *Notícias de Hoje*, que no mês seguinte também foi fechado. Daí editaram o matutino *O Sol*, com a cara de [Luís Carlos] Prestes impressa de um lado do título e, do outro, dois versinhos de Castro Alves: "Estrela para o povo/ Para os tiranos — lúgubre cometa." Fecharam *O Sol*, e iam sair agora com outro, quem sabe o *Jornal do Povo*, e a polícia ia fechar. E Jânio faz uma arenga dentro da redação: "Afinal de contas, isso é um exercício da liberdade de imprensa! O fato de serem comunistas não tem problema: eu represento os comunistas de quem cortaram os diplomas! Eu não sou comunista, mas acho que a democracia tem que estar acima de tudo isso!"

E nos leva, com essa arenga toda, lá para a Conde de Sarzedas, para garantir a saída do *Jornal do Partido Comunista*.

Quando chegamos, conversamos com os comunistas lá dentro: "Estamos imprimindo." Saímos para a rua e a polícia cercou. Pega três jornalistas — eu, Antonio Lúcio, Waldemar Gonçalves — e Jânio Quadros. Bota no camburão da polícia e leva lá para perto da Estação da Luz, onde estava a Ordem Política. Para mim, era a primeira prisão. E o atrabiliário, que era um tal de Páscoa, comissário, comunicou ao delegado da Ordem Política e Social que, salvo equívoco, se chamava Luís Cunha, baiano da cidade de Carinhanha. "Olha, doutor, o senhor não sabe o que é que a gente agarrou aqui! Três jornalistas e o vereador Jânio Quadros! Vamos levando aí para meter nas chaves." A gente estava escutando, porque eles falavam alto. E a resposta, lá: "Você é louco! Você é imbecil! *(Sérgio ri)* Você prende jornalistas, vereador! Agora mesmo, mete o pé no freio, para e tira eles daí! E não me apareça com essa conversa aqui." Pronto, saímos. Estivemos presos, quem sabe, meia hora.

Sérgio: Esse foi o batismo?

Clodomir: Foi. E quando encontrava o Jânio Quadros, a gente lembrava. Quando ele era governador, quando foi presidente da república, e depois quando foi prefeito [de São Paulo]. Ele esteve no exílio também.

Sérgio: E com o Jânio você manteve também uma relação de amizade até o fim?

Clodomir: Muito. Até a morte dele. Diga-se, de passagem, que o Instituto de Apoio Técnico aos Países do Terceiro Mundo, que é quem edita isso (refere-se ao já citado livro *Um futuro para os excluídos*), e é uma edição de cor vermelha, que é a do Instituto — essa sua aí é em azul, porque o Fernando Henrique Cardoso disse: "Não põe em vermelho, não, porque isso em vermelho é PT." *(Sérgio cai na gargalhada)* Formamos o Instituto...

SÉRGIO: E o Jânio apoiou.

CLODOMIR: ...quando eu chego do exílio, fui trabalhar na UnB. E lá na UnB, entre os projetos que tínhamos, o principal era montar um instituto de capacitação para combater o desemprego e gerar renda da população modesta. Nada de universidade, porque os universitários não servem para isso. Estão muito viciados, ao passo que o cara embaixo, que não entrou no vestibular, não tem perspectiva. Chega alguém oferecendo um curso que transforma esse cidadão, em noventa dias, num economista de combate, ou seja, num cara que maneja projetos, ah, beleza! E ele depois vai fazer lá a universidade, depois de ganhar dinheiro como um técnico médio.

6. Comunista? Seis dias de gaiola, dois dias montado em burro

SÉRGIO: Sim, Clodomir, mas antes de dar essa pirueta aí que você já deu, pulando para 1987, já para o fim do exílio, eu queria voltar um pouco atrás. Aqui neste artigo do [Miguel] Sobrado, ele diz que você, "nos anos 1950, foi membro discreto do movimento comunista brasileiro, do qual foi expulso posteriormente, dado *(sic)* a sua posição radical sobre o papel protagônico dos assalariados rurais e camponeses, no processo de transformação nacional". Que problema foi esse?

CLODOMIR: Quando estava em São Paulo, eu vinha passar férias em casa: tomava dois dias e meio de trem para Pirapora, no norte de Minas. Descia de cinco a seis dias de gaiola, de navio, até Sítio do Mato. E tomava dois dias montado em burro para chegar em Santa Maria da Vitória. Era essa a situação. Chegando em Santa Maria da Vitória, tinha que passar uma semana para receber visitas, segundo as normas. Meu pai gostava que as visitas chegassem para ver o "espécime" que foi educado em São Paulo. *(Sérgio ri)* Uma semana antes de voltar das férias, eu tinha que pagar as visitas. Então, eu tinha que sacrificar, das minhas férias, duas semanas, além daqueles dias viajando, sendo que, subindo o rio, em vez de ser cinco, seis dias para Pirapora, eram dez, doze.

Eram realmente umas férias sacrificadas. Mas o que me criava problema era a vergonha que eu tinha, porque na minha cidade tínhamos talvez dez estudantes — estudante é aquele que está fazendo o ginásio ou o colégio; os outros são meninos de escola. Em Santa Maria, quando eu olhava, era a minha geração que estava sem chance de ir para o colégio ou mesmo de estudar o ginásio. Para começar que alguns chamavam de "doutor estudante", porque falava difícil, falava muita coisa que ninguém entendia! Mas eu me envergonhava porque via muitos dos meus ex-colegas de escola, mais inteligentes do que eu, que não tiveram chance. Aquilo me contrariava muito, tanto que eu só estive duas ou três vezes de férias, no máximo.

Aliás, houve outro motivo que determinou a suspensão dos meus estudos em São Paulo. Todos os dias chegava à Estação do Norte, no Brás, um trem cheio de migrantes nordestinos, na sua maioria trabalhadores rurais, com suas famílias miseráveis em busca de emprego no estado de São Paulo. Eles eram jogados no grande e famoso edifício da

Migração, outrora usado para os migrantes italianos, alemães, japoneses, portugueses, espanhóis. Só que, com a Segunda Grande Guerra, em que afundaram, aqui e ali, navios brasileiros de carga e passageiros, a fome de braços da expansão da Pauliceia teve que se satisfazer com migrantes nacionais. Na "Migração" da rua Visconde de Parnaíba, no Brás, eram humilhados e apartados como se fossem bois, pelos fazendeiros de café, cana e algodão de Assis, Palmital, Presidente Prudente e Santo Anastácio.

SÉRGIO: Anastácio? Minha terra!

CLODOMIR: Pois bem, foi aí que reuni outros nordestinos, criei a Associação Nortista, e fiquei dirigindo o jornal *A Voz do Norte*, que ajudava a divulgar postos de trabalho da área de serviços — guardas, amas de casa, cozinheiros — e carregadores, ajudantes de pedreiros da construção civil, responsável pela construção de seis casas ou apartamentos por hora, na grande cidade que crescia em vertical. Em vez de hospedar os nordestinos na Migração, eram levados para a pensão do Seu Tavares, no largo das Perdizes, e logo eram encaminhados às empresas urbanas que haviam solicitado trabalhadores à Associação Nortista. Com isso, adquiri a fixação de andar buscando emprego para os conterrâneos desempregados e fui me inclinando a mudar-me para o Nordeste, a fim de operar diretamente na fonte da chamada drenagem demográfica rural, mediante a criação de Ligas Camponesas ou ligas de trabalhadores urbanos, com o fim de fixá-los lá no Nordeste mesmo.

O fato é que, quando faço o exame vestibular, para entrar na escola de direito no largo São Francisco, não pude alcançar a média que estavam exigindo aquele ano, em função de uma quantidade enorme de candidatos. Então eu vou para a [rua] Maria Antonia, onde está a faculdade de ciências sociais, em frente ao Mackenzie. Chego lá, faço o exame, e tiro uma nota alta. Passei, mas a essa altura, eu já não via sentido de entrar na universidade. Eu ficava mais distante daqueles meus contemporâneos. Resolvi interromper, porque ademais me ocorreu um acidente muito simples. Já no Colégio Salesiano — por influência de Dom Aquino Correia, célebre arcebispo de Cuiabá, membro da Academia Brasileira de Letras, que esteve três meses hospedado no Colégio Coração de Jesus — eu fazia poesias, sonetos, poesia metrificada e poesia livre, com conteúdo social, lírico e de ação social. Essas poesias caíram na mão da minha locadora.

Nessa altura, eu já não estava em pensão. Alugava um quarto de empregada doméstica, mas já morava em apartamento, e isso era status! A mulher, dona Beatriz, era professora, e quando olhou a minha poesia, passou para uma amiga dela. Essa amiga veio conversar comigo. "Você pretende editar isso quando?" "Eu não tenho patrocinador." "Mas pode encontrar. Eu acho muito boa, a poesia sua. Se você vai editar, põe na gráfica Hélio e paga depois. E se você fizer isso, tem que aceitar, antes de mais nada, ocupar a cadeira de Monte Alverne na Academia de Letras da Cidade de São Paulo." A cidade tinha dois milhões de habitantes. Aquilo tocou na vaidade do jovem poeta *(Sérgio ri)*, e eu arranjei uma forma de mandar imprimir. E aí, antes de sair a segunda edição do livro, eu fui entronizado. Tive que fazer um discurso sobre o Frei Francisco de Monte Alverne, que era um cara interessante como orador sacro e que, já cego, fez o seu improviso frente a Pedro II etc. Saiu o livro, e esgotou rápido.

Sérgio: Como é que era o nome?

Clodomir: *O amor e a sociedade*. Poesia lírica e poesias sociais. Num dos sonetos, eu falo da vitória dos chineses, que não tardaria muito: "a China vai voltar a ser a nova China." Eu profetizava a vitória dos chineses. Foi um êxito! Com isso, eu era um homem que tinha um título importante, de acadêmico da Academia de Letras de São Paulo. O que faço? Suspendo o curso de sociologia, porque eu tinha vergonha de chegar na minha cidade com o curso secundário completo e, agora, o curso de sociologia. E fui embora para Santa Maria da Vitória, para descansar.

7. O "doutor estudante" e os jagunços do Instituto: "todo comunista tinha que ter um bigodão!"

Clodomir: De surpresa, me chega, num dia de domingo, uma quantidade de quarenta a sessenta pessoas, que eram operários em várias obras: o hospital, o grupo escolar, o cais do porto e o mercado. Fazia quatro ou cinco meses que não recebiam salário da Comissão do Vale do São Francisco, porque o chefe ia a Salvador e, em vez de trazer o dinheiro e pagar os salários, ficava lá. Quando chegava, estava tudo atrasado; os comerciantes, tudo arrebentado!, porque os caras compravam a prazo. Chego eu lá, imaginavam: "é o doutor estudante", e me pediram para ser o patrono deles contra essa injustiça que estava havendo. "A fome está batendo nos nossos lares, o comércio já não aguenta mais..." Era tanta gente que não cabia dentro da casa, que a casa nossa era modesta. Ali mesmo na porta, o interlocutor deles fez o discurso; pedia que eu ajudasse. Eu expliquei: "Eu não sou advogado, ainda vou entrar na universidade. E digo mais, se eu fosse advogado, eu diria para vocês que a saída não é chamar advogado. A saída é organizar-se, porque, aí sim, vocês têm muito mais cabedal." O pessoal achou importante isso: a organização é cabedal. Empolgou! Daí partimos para criar a Sociedade dos Trabalhadores de Santa Maria da Vitória.

Depois, quando estava fundando a primeira sucursal da Sociedade no Distrito do Descoberto, soubemos que tinham passado pela sede do município dois missionários católicos, desses que vivem, como dizia Euclides da Cunha, vagabundos pelo sertão. Um desses então fez um discurso combatendo o prefeito, que apoiava a Sociedade. "A associação de trabalhadores é comunismo! Vão ser todos excomungados!"

"E agora, o que que a gente faz?" "Amanhã é domingo. Chama lá um clarinete, um saxofone, um trombone, caixa, vamos fazer um 'regional' e vamos de casa em casa fazer a inscrição de cada sócio." A cidade tinha seiscentas casas, aproximadamente. Conseguimos quatrocentos sócios, e botamos para correr os dois padres. Logo no domingo seguinte, fomos consertar casas dos que foram vítimas da enchente. Reunimos todos em mutirão. Aquilo foi uma revelação para o povo: "Que troço extraordinário! Quando se junta, tudo tem muita força." E os comerciantes apoiando. Então cria-se essa sociedade, que era ao estilo da liga camponesa que eu tinha visto, inclusive inaugurada por Prestes, nos arredores de São Paulo.

Sérgio: Mas você tinha chegado a aprender alguma técnica com o movimento ou com o partido comunista?

Clodomir: Não, é que eu era membro de um sindicato que tinha três mil e seiscentos associados. Só isso aí já é uma máquina que ensina! A fábrica era a melhor escola. A atividade política com os secundaristas também. E depois, vendo como se organizam os trabalhadores lá no campo, eu organizei isso aí. O homem mais importante dos trabalhadores era um artista, escultor de carrancas de barcas, chamado Francisco Bicuiba de Lafuente Guarani. Ele foi o vice-presidente, porque eu não ia ficar em Santa Maria. Eu já tinha tomado uma outra decisão: o fundamental para mim era organizar o congresso dos estudantes secundaristas do rio São Francisco, para exigir a instalação de ginásios nas cidades.

O nosso amigo Guarani, que era prestista — não comunista — ficou como o vice, e eu fui embora. Chego em Salvador. Passei fome, por estar desempregado vários meses, mas consegui reunir recursos e gente — todos estudantes secundaristas do Rio São Francisco, entre eles os irmãos Maria, Litelon e Nizan Guanaes, pai do conhecido publicista que leva o mesmo nome e sobrenome, além de estudantes de Salvador — para ir a Juazeiro, a capital baiana do São Francisco. E ali foi realizado o congresso, com o apoio do povo de lá.

Sérgio: Em que época foi isso?

Clodomir: 1950. Afinal de contas, consegui fazer a agitação junto dos estudantes para fazer o congresso, que tinha um representante da Secretaria de Educação do tempo do governador Otávio Mangabeira. Esse representante saiu com os olhos como faróis altos, porque chegou-se à conclusão, com os estudantes, que "ou a Bahia cuida do São Francisco, ou a gente cria o estado do São Francisco". Aquilo foi um eco dos diabos! Chegou lá em cima no governador, e o governador mandou chamar o deputado federal Manuel Novais, que era um "coronelão" que tinha vinte e cinco deputados federais, chamou os bispos e disse: "Tem que fazer. Tem que dar acesso à juventude a fazer o curso ginasial." E aí apareceram ginásios por todo lado.

Bem, o jornal do PC, que era *O Momento*, um diário, havia sido empastelado. A polícia chegou, deu tiros, quebrou máquinas, o diabo a quatro! E então, eu não era membro do partido comunista, era apenas um militante da Juventude. A Juventude, dirigida pelos jovens Guanaes, da cidade são-franciscana de Remanso diz: "Olha, tem que botar um jornal na rua. Você tem experiência, foi jornalista." E eu: "Como não, vamos lá!" Juntei com um mais doido do que eu, que era um cara que sabia conseguir anúncios, e botamos um jornal — *Crítica* — na rua. Quatro ou seis páginas, e o título era em vermelho. Foi um êxito: era a única tribuna em que o povo podia gritar contra o governo de Régis Pacheco, que havia derrotado Juracy Magalhães nessa época, em Salvador.

Só cheguei a três edições. Na terceira, tive que sair correndo, porque os jagunços do Instituto do Cacau — que a gente atacava muito — resolveram armar um assassinato, e eu quase morri. A sorte é que eles atiravam muito mal. Eu fui ao bar, perto do jornal, que a fome batia, e comecei com o chamado sexto sentido: tinha um cara ali, outro ali. "O que é que estão fazendo aqui essa hora?" Era meia-noite. Eu saio com jeito, entro lá no jornal e falo com o colega dos anúncios. Ele: "Cuidado. Você tem arma?" "Não." "Aqui está um 38. Você deve estar sendo marcado." De fato, saí, e aqui e acolá olhava para trás, mas não via os caras.

Eu desço da rua Chile para pegar a rua São Francisco, onde a pensão estava. A rua meio escura, pouca luz. De repente, eu vi que um vulto se moveu debaixo da marquise do cinema. Fui andando. Quando eu menos espero, escutei foi o tiro. Não senti nada, mas me fez cair no chão. E já caí com a arma na mão. Eu havia aprendido, lá no São Francisco, a dar tiro. A minha mãe, desde pequeno, quando voltei do colégio: "Você tem que aprender a dar tiro." *(ri)* Aí eu vi um cara correndo, e pensei que ele estava correndo para vir dar o tiro de misericórdia. Não, ele estava fugindo! Achou que acertou na mosca, e ia atravessar a rua. Eu: pá! Ele caiu, e já apareceram dois para arrastar, para não haver nenhum rastro. Em mim, apenas raspou na pele, aqui do lado direito, na perna. Saí andando, e fui bater na baixa do Sapateiro, num amigo meu lá. "Estou ferido." Ele olhou: "Besteira! Está bem, você. Vamos arranjar aqui um esparadrapo, um iodo."

No dia seguinte, estou na impressão do jornal, chega a polícia. Duas horas da manhã. "O senhor é Clodomir Morais?" "Sim." "Então, nos acompanhe, que o secretário de Segurança quer falar com você." "Falar comigo às duas da manhã? Eu vivo num lugar certo, trabalho aqui, a minha pensão é perto de vocês!" "Não tem conversa, não. Vamos levar você de qualquer forma." "Então deixa eu botar uma camisa!" Entrei num quarto, saí do outro lado e desci aquela ladeira do Elevador do Pelourinho segurando nos pés de milho, até chegar lá embaixo, no bairro de Água de Menino. Pronto, sumi.

Dias depois, por acaso, chegou o meu pai. Eu na pensão, comendo com o meu pai, e ele: "Você não sabe o perigo que está correndo aqui! Você está pensando que está em São Paulo? Lá você pode esculhambar o Adhemar de Barros e não acontece nada. *(Sérgio ri)* Mas aqui! Uma caricatura como a que vocês publicaram ontem? Para dizer que a carne de rês subiu, botam um boi por cima do governador! Não, vocês estão arriscando mesmo a levar tiro! Precisa de dinheiro? Some daqui!" Eu já estava com dinheiro no bolso, já tinha planejado a viagem. Comprei uma passagem de avião da companhia Santos Dumont para Conquista, uma outra do Lloyd Brasileiro para Fortaleza.

Sérgio: Isso para despistar. Nós estamos em que ano, nessa altura?

Clodomir: É, para a polícia não saber que rumo tomei. 1951.

Sérgio: Eu estava nascendo.

Clodomir: Comprei as passagens, mandei alguém vender, e com isso comprei uma passagem no Lloyd Brasileiro, de navio. Fui embora, rumo ao Recife. E tem logo um jantar. Eu com pouca conversa; naquele tempo eu usava bigode: estava na época de Stálin, todo comunista tinha que ter um bigodão! *(Sérgio cai na gargalhada)*

Sérgio: E lá vai o homem com o bigode!

Clodomir: Não! Antes de viajar, raspei, e passei uma base para ninguém suspeitar que eu tinha bigode antes. Fui dormir, e de manhã cedo encontro com o comandante no convés do navio. Estamos batendo um papo, quando chega um grumete com uma bandeja e um telegrama. Ele leu e: "Essa polícia! Você imagine, andam buscando um cara chamado Clodomir Morais, que usa invariavelmente roupa escura, colete, nesse calor todo!, tem um bigodão, e é comunista, para eu ver se não está viajando neste navio." Enquanto ele está falando isso, eu estou com medo da base que eu tinha passado escorregar. Eu disse: "Como é o nome mesmo?" "Clodomir Morais." "Bigode grande, roupa escura? Ah, eu sei quem é. Eu estive à noite lá embaixo, namorando uma menina da terceira classe, e vi esse cara." "Não me diga! Então eu vou ver se realmente é ele, descendo lá na próxima noite." "Ótimo!" Às dez da manhã o navio ancora em Maceió, durante duas ou três horas...

SÉRGIO: E neguinho desaparece na natureza!

CLODOMIR: Sumi! *(Sérgio ri)* Tomei um trem e fui para o Recife. Fiquei dois meses me comunicando com Salvador, para ter notícia do cara que levou um tiro no peito. Não morreu. Passou uns trinta, quarenta dias entre a vida e a morte, mas se salvou. Ademais, nenhum jornal deu notícia, porque não queriam escândalo. Depois disso, fui buscar trabalho nos jornais.

8. Apesar do que, mesmo porque, uma reportagem, vinte e cinco conjunções: "porra, isso eu não sei fazer!"

SÉRGIO: E São Paulo, não se falou mais nisso?

CLODOMIR: Não. E aí comecei, na *Folha da Manhã*, do Recife. Acontece que eu fiz duas ou três reportagens num dia, no outro a mesma coisa, mas não saía no jornal. Cheguei para o diretor: "Já fiz umas oito reportagens, não sai nenhuma!" E ele: "Eu posso entender o seu problema. Você é um cara que fez um bom curso em São Paulo. Lá os estudantes estudam muito, você tem um bom vocabulário. Mas você não sabe fazer redação de jornal. A redação para jornais é simples, curta e objetiva. Você dá uma volta lá por cima, e não sei o quê mais. *(Sérgio ri)* É um negócio muito bonito, mas o povo não lê. Eu entendo o seu problema, porque você não é repórter daqui. Você é repórter de São Paulo, que só anota, e quem vai fazer a redação é o redator. Aqui, não. Aqui tem que ser repórter e redator, e você não sabe redigir." Isso foi uma pancada nos ovos! *(Sérgio cai na risada)*

"Bem, mas um nosso colega foi agora para Lisboa, e nós vamos precisar de alguém no lugar dele. Você vai ser noticiarista: pega os jornais do dia, vê as notícias, recorta e frita, cozinha. Aí você vai aprender como fazer notícias curtas e objetivas." Durante uns cinco ou seis meses eu fiz isso. Havia um outro repórter que cobria os hotéis, principalmente o Grande Hotel, onde chegavam grandes personalidades. Um dia lá fui eu, no lugar dele, e encontrei com dois colegas, o do *Diário de Pernambuco* e o do *Jornal do Comércio*. Eu era das *Folhas* matutina e vespertina. "Olha, companheiro, deixa eu te explicar: — disse um deles — nós temos um sindicato aqui." "Qual sindicato?" "Nós três." "Do sindicato dos jornalistas?" "Não, o sindicato aqui dos repórteres do hotel." "O que significa isso?" "Significa que não precisamos vir os três aqui, para ver as pessoas e fazer as entrevistas. Basta um vir. Dá o nome, toma os dados, informa por telefone, e cada um dá a sua redação." "Bacana, isso!" Realmente, era uma economia de tempo. "Agora, só não pode haver é furo." Entrei nesse clube.

Mas, antes disso, fui curar a minha doença, que era a falta de capacidade de redigir. Geraldo Seabra, que era meu colega na *Folha Matutina*, resolveu botar na rua um jornal chamado *Diário da Manhã*, com muita notícia de esporte, e me convidou para trabalhar com ele. "Não atrapalha a sua vida, porque você só vai trabalhar dia de domingo." Me dá um rádio Kraft, desses grandes, de avião, que pega todas as estações, pega até mau hálito. *(Sérgio ri)* "Você lê no sábado os jornais do Rio de Janeiro e de São Paulo, vê os jogos importantes que houve e o anúncio dos jogos que vão ser realizados no domingo. Nos interessa esses do domingo. Você tem que buscar os resultados desses jogos." Aí eu ficava ouvindo e anotando.

Quando é um dia, estou lendo o *Jornal dos Sports*, do Rio de Janeiro, e a manchete era: "Fla-Flu, minuto por minuto." Eu li, parecia cinema! Descrevia o jogo como se fosse filme. E eu: "Porra, isso eu não sei fazer. Por que será?" Na semana, resolvi pegar essa reportagem e fazer uma análise. Primeiro, os substantivos, comuns ou próprios. "Todos esses eu conheço e sei aplicar." Os verbos todos: "Conheço e sei aplicar." Advérbios, preposições. Conjunções, eu conhecia todas, mas das vinte e cinco conjunções que o cara usou, eu usualmente só trabalhava com cinco: apesar do que, mesmo porque, até porque, não sei o quê. *(Sérgio ri)* O negócio aqui está bom. Aí me lembrei da gramática de Eduardo Carlos Pereira, e fui dar uma olhada: "As preposições ligam as palavras, e as conjunções ligam as orações." Ah! E comecei a fazer exercício de reportagem usando vinte e cinco conjunções. Saía pé-quebrado, não era fluente, e eu pá, pá, a semana toda. No fim da semana, fiz uma reportagem que me pareceu fluente.

Quando chegou o sábado, o jogo era Náutico e Sport, o Fla-Flu nosso de Pernambuco. Eu decidi ouvir, e tratei de montar a reportagem, com conjunções que faziam deslizar de uma oração para outra. Chego lá no *Jornal da Manhã*: "Olha aqui o meu assunto." E fui tomar o meu cafezinho. Aí chegou o colega lá do estádio, com meia hora de atraso. Geraldo já tinha lido a minha reportagem, pensou que era a dele, corrigiu e mandou para a composição das linotipos e em seguida para os revisores. Da revisão foi lá para a rotativa. Quando o colega chegou e entregou o papel, o Geraldo viu e: "Och! Você está fazendo duas?" "Como, duas?" "Eu agora mesmo vi uma reportagem sua, muito boa! Momento por momento da disputa." "Eu?!" "Não foi você, não?!" "Me dá essa aqui." Ficou na dúvida: "Agora já foi!"

SÉRGIO: *(rindo)* E aí é que se curou!

CLODOMIR: Aí, quando o cara saiu, o Geraldo Seabra me chama: "Clodomir, aquela foi você que fez?" "Foi." "Aprendeu! Então você vai fazer reportagem aqui. Mas não só de esporte." Aí ingressei no time dos redatores, os repórteres de uma imprensa pobre que não tem divisão social, divisão técnica do trabalho.

9. Dona Joana, caudilha do Maranhão: "estou querendo comprar armas"

SÉRGIO: Certo. Mas como é que você chegou a deputado por Pernambuco?

CLODOMIR: A essa altura eu já tinha nome. Aconteceu que eu fazia o hotel, mas um dia eu me chateei, porque fazia uma semana que eu dava os dados para os caras, e eles nunca me davam nenhum dado. E eu levei um furo, por conta disso. Alguém deu uma notícia que eu deveria ter dado também. Fiquei puto da vida, e resolvi visitar não só o Grande Hotel, mas o Hotel Central e o Boa Vista. Buscar notícias, e já não querer mais o "sindicato".

Nisso que eu chego no Hotel Boa Vista: "Alguma notícia?" Já havia começado a crise política do Maranhão. Um tinha ganhado a eleição para governador, o outro não aceitou, disse que foi fraudulenta. O povo não aceitava, e começou uma greve que já fazia dois meses. O homem que se considerava eleito estava com medo de ir lá, porque parou tudo. O pessoal estava comprando coisas com vale. "Aqui você tem notícia. Tem gente do Maranhão. Você sabe que o Maranhão vem dirimir suas dúvidas com Agamenon Magalhães, que é o governador mais sério que existe, e candidato a presidente da República! A saída da crise do Maranhão está aqui!" E eu: "Vamos ver. Quem é aquele?" "Prefeito de Bacabal."

Chego para o prefeito: "Como é que andam as coisas por lá?" Ele: "Olha, eu mesmo não estou muito a par da situação. Mas se você quer notícia mesmo, fale com aquela senhora que está sentada naquela mesa, dona Joana da Rocha Santos, 'dona Noca', que é a prefeita de São João dos Patos. Essa mulher tem cinco municípios na mão." Fui falar com ela. "Eu sou do jornal assim assim..." Pelo conteúdo, a construção do raciocínio, essa mulher entendeu que eu era um cara de confiança. Ela era muito amiga de Raquel de Queiroz, que foi membro do Partido Comunista até aquela época. Agroindustrial, ela era dona de uma usina de descaroçar algodão, descascar milho, arroz; enfim, rica, solteirona, e que elegeu quatro mulheres nos municípios ao redor. Uma líder, uma caudilha do Maranhão, cinquenta e poucos anos. Conversa vai, conversa vem, a mulher jantando, eu estou vendo a hora do jornal: "Se a senhora está aqui de manhã, eu venho para conversar." "Como não! Eu preciso de alguém que me oriente aqui, que eu não conheço o Recife bem, não. Estou querendo comprar armas." "Hum!" Fala em jangada, que é pau que aboia! Falou claro!

No dia seguinte, essa mulher me mete num jipe, e a ver onde é que tinha armeiros, que consertam armas.

Sérgio: E lá foi você de cicerone da mulher.

Clodomir: Não disse nada no jornal. Quando foi no segundo dia, essa mulher já havia resolvido o problema no Regimento de Infantaria de Jaboatão, cujo comandante era conhecido como um homem de esquerda. Tanto assim que um dia ele foi entrevistado: "Coronel, os jornais falam que o senhor é comunista..." "Eu?! Isso é provocação dos reacionários a serviço do imperialismo!" *(Sérgio cai na risada)* Ela meteu as armas num camburão desses de botar óleo e disse: "Olha, vou viajar." Me deu a senha e completou: "quando eu estourar lá, você pode ir, para fazer uma boa cobertura, que nós vamos chegar a São Luís!"

Comprei as passagens no Lloyd Aéreo Brasileiro. Chego em Teresina, tomo um ônibus para Floriano. Chego em Floriano, lembro o que ela disse: "À meia-noite vou tomar Mangas, um povoadinho. Depois de meia-noite, pode chegar." Cheguei, ela já tinha tomado, realmente. Dei a senha, e: "Dona Noca disse para você ir para São José dos Patos. Vai ficar hospedado lá com ela. Nós estamos de serviço." Eram trezentos homens armados de trabuco de todo tipo: *(ri)* rifle papo amarelo, rifle cruzeta... Tomou quatro municípios em uma semana! Todo mundo pensando que em São

Luís o negócio estava acalmando, que ia chegar o novo governador, ah!, o negócio encrencou! O interior se levantou, com dona Joana da Rocha Santos, mais conhecida como Dona Noca. Daí um ditado que tem no Nordeste até hoje: "O pau quebrou (ou cantou) na casa de Noca."

Estive lá uns quinze dias, acompanhando essa insurreição dela. Amorim Parga, jornalista do Maranhão que estava no Rio de Janeiro, até foi lá ensinar como manejar uma metralhadora Hotchkiss, que ela tinha comprado. Visitei os lugares todos que eles tomaram, e aí foram derrotados. Estava comigo até um colega de uma revista gaúcha famosa, que me disse: "Vamos ficar aqui, que eles vão querer prendê-la, mas não vão conseguir. Vão querer vasculhar essas casas todas, mas ela vai aproveitar o tempo e esconder as armas todas e os seus soldados." Foi o que aconteceu. Quando a gente saiu de lá, não tinha quem prender.

Bem, eu mandava telegrama todos os dias, de São Luís para a *Última Hora*. Tinha cobertura na cidade e no interior. Quando voltei, voltei com fama, como bom jornalista. Como... como é que chama?

Sérgio: Correspondente de guerra?

Clodomir: Sim, correspondente junto à guerra lá do Maranhão.

10. Chateaubriand, bilhete azul e a ordem dos jagunços: "achatô a Paraíba!"

Clodomir: Isso foi em outubro de 1952. Da *Folha da Manhã* fui chamado para ser repórter no *Jornal Pequeno*, o mais velho vespertino do país. Depois fui convidado para o *Diário de Pernambuco*. Foi quando conheci o Assis Chateaubriand de perto. O velho "capitão", dono de vinte e oito jornais diários e de trinta estações de rádio, a maior rede de meios de comunicação da América Latina. Jornalista brilhante, bom repórter, bom comentarista. Ele havia lido algumas das minhas reportagens, com certo nível, e foi quem sugeriu o meu nome para o *Diário de Pernambuco.*

Até que um dia alguém me informou: "Vou lhe dar uma má notícia. Você vai ser destituído." "Eu? Por quê?" "Porque você, no congresso nacional de jornalismo em Curitiba, assinou um documento contra Chateaubriand. E o Chateaubriand pune com destituição." "Mas eu sou amigo dele!" "Nada, que história!" De tarde, o gerente me chamou: "Aqui está o seu bilhete azul. A partir de amanhã você já não tem mais trabalho aqui." Fiquei puto da vida. Nunca tinha sido destituído, e aquilo feriu a minha vaidade. Resolvi não querer mais emprego em jornal, foi aí que fundei com Clóvis Melo a tal empresa distribuidora de notícias, a Edipres.

Sérgio: Mas, afinal, como é que você acabou se elegendo deputado? Ou você quer ainda voltar para trás?

Clodomir: Assim que eu comecei a publicar em vários jornais, jogando meu nome em quatro jornais por dia, fiquei muito famoso. E veio a época da eleição a deputado estadual, 1954. Eu cheguei no Recife em 1951, e três anos depois eu estava com o nome bastante famoso...

Sérgio: Na boca do povo!

Clodomir: Porque eu era um cara que fazia boas reportagens. Bem, vem a eleição. Eu sempre fui aproximado dos comunas. Não era do partido comunista, mas não os discriminava. Ao contrário, eu tratava de prestigiá-los, porque achava uma estupidez um partido de operários na clandestinidade. E eu me sentia operário ainda, apesar de ser então dono de uma agência de notícias. O próprio Chatô, quando me chamou, que queria conversar comigo, eu fui lá na casa do advogado Antiógenes Chaves, seu amigo e sócio do *Diário de Pernambuco*, onde o Chatô costumava se hospedar. Foi assim: um dia ele pediu para me localizar. "Olha, o capitão quer falar com você." Chamavam "capitão", porque ele criou a Ordem dos Jagunços, dos cangaceiros. Tinha gibão, chapéu e tudo mais. Então o pessoal chamava ele de "capitão" porque Lampião era capitão! *(Sérgio ri)* "O capitão quer falar com você." Eu me senti muito honrado. "O que será que ele quer? Se quer me readmitir, eu não vou aceitar, porque eu estou ganhando mais que o diretor do jornal dele!"

Fui lá. Ele: "Um abraço!" Ele admirava muito os repórteres. "Olha, eu lhe chamei para lhe dizer que não tinha outra medida que não fosse essa. O dia em que você for empresário, você vai me dar razão. Você assinou um documento que era contra a empresa dos Diários Associados. Eu não tinha outra saída. A saída era cortar!" Ele foi decente comigo.

Parece incrível! Em 1954 foi isso. Em 1958, ele tinha sido eleito senador pelo Maranhão, comprando os votos de Vitorino Freire. Porque ele foi derrotado na sua própria terra, a Paraíba. Foi candidato a senador e não foi eleito, e os estudantes ainda botaram assim, na estátua dele: "Achatô a Paraíba!" *(Sérgio ri)* Maranhão, sabe como é, Sarney também consegue fazer essas coisas: "Vai lá, e eu lhe dou os votos para senador." Aí ele foi eleito. E por que ele queria ser senador? Para ser embaixador do Brasil junto à Sua Majestade britânica. Ali é que saem negócios, não é? Dali ele pode manter a máquina dele, os seus não sei quantos diários, televisões e tudo mais.

11. Uma checa, silêncio em cinco idiomas: "eu vim me casar. E o senhor?"

Clodomir: Pois bem, em 1957 eu levei uma delegação de deputados estaduais para o VI Festival Mundial da Juventude. Estivemos em Moscou, Alemanha e Tchecoslováquia...

Sérgio: Já como deputado.

Clodomir: Sim, estadual. E nisso me engracei com uma intérprete que me ajudou muito. Era uma delegação grande, de 36 pessoas, de dois Estados, Paraíba e Pernambuco. E o jornal *O Estado de São Paulo* publicou: "Mudou-se para Moscou a Assembleia de Pernambuco." *(Sérgio cai na risada)* "A Assembleia tinha 55 deputados, saíram 36!" Não era. É porque alguns levaram esposa, e era gente da Paraíba também. Bem, mas me engracei com a intérprete. Falava quatro ou cinco idiomas. Uma checa que, quando fazia silêncio, era um silêncio profundo, tumular, porque era um silêncio em cinco idiomas. *(Sérgio ri)* Essa mulher, fui me casar com ela em 1958. Noivamos por carta...

Sérgio: Vocês se casaram em que língua?

Clodomir: Não, ela falava português, espanhol, inglês, russo, o diabo! O certo é que, quando fui me casar, tive que passar quatro meses na Tchecoslováquia, para tirar os papéis burocráticos. Ela tinha que ir ao Ministério do Trabalho: "Onde é que você trabalha? Então vai ficar livre o seu posto? A gente bota outro, muito bem. Assina aqui." Ministério de Segurança: "Qual é a área de segurança sua?

No seu quarteirão, você é responsável como bombeira ou como polícia, em caso de delito?" Ministério da Vivenda: "Mora com quem?" "Com a minha mãe." "Quantos quartos tem?" "Dois." "Você vai embora, sua mãe vai para um apartamento menor." E assim por diante, até completar o turno. Aí nos casamos e vínhamos embora.

Mas antes desse dia, chega lá em Praga Assis Chateaubriand Bandeira de Mello. Eu nessa época estava esperando Cid Sampaio, governador eleito de Pernambuco, para levá-lo a Moscou e a Pequim. Cid queria fazer negócios. Ele era um usineiro que foi eleito pela esquerda, já foi um degrau. O seguinte foi Arraes, cunhado dele, e pronto: com Arraes no governo, as secretarias estavam todas na mão do partido comunista. Ou seja, o partido comunista em Pernambuco chegou ao poder muito mais rápido do que nos outros estados, com um trabalho bem-feito. Bem, Chatô aparece, e Cid está conversando comigo: "Você se dá bem com ele?" "Sim." "Eu gostaria que o jornal dele me apoiasse; o *Diário de Pernambuco* é a maior circulação do Nordeste. Conversa com ele!" Eu tinha sido um dos chefes da campanha de Cid Sampaio. Eu e o Gregório Bezerra.

Sérgio: Aquele que anos depois teve um tratamento horrível? Não foi o Gregório Bezerra que foi arrastado com cordas no pescoço pelas ruas do Recife?

Clodomir: Foi, na época do golpe de 1964. Pois bem, o fato é que eu me encontrei com o Chateaubriand lá na embaixada brasileira. Ele: "O que é que você está fazendo aqui?" "Eu vim me casar. E o senhor?" "Eu estou noivando" — diz ele. — "Tenho uma noiva da Tchecoslováquia." De modo que eu estive umas duas semanas em Praga, e as duas semanas o Chatô lá. O destino tem desses caprichos, não é?

Sérgio: E ele apoiou o Cid Sampaio.

Clodomir: Finalmente apoiou. "Mas você quer que a gente apoie a esse Cid Vaca?! Cid é amigo do José Ermírio de Moraes!" Eu: "E qual é o problema?" "José Ermírio? Ninguém sabe quem é o pai dele!" "Capitão, o senhor continua um repórter de vespertino, é?" *(Sérgio ri)* Miguel Arraes, eu, Julião e mais dois ou três deputados de esquerda fomos quem convidamos José Ermírio para fazer uma conferência na Assembleia Legislativa, a fim de denunciar a guerra que ele sofreu quando pensou criar uma fábrica de alumínio, e mataram dois técnicos. Ele foi denunciar isso. Chatô: "Mentira! Ele estava querendo é ser senador!" De fato, era o que ele queria. E foi eleito senador, o pai de Antonio Ermírio. Mas, enfim, com jeito, conseguimos levar o Chatô a um jantar com Cid Sampaio, e ficaram amigos, no Hotel Yalta, da praça Wenceslau, em Praga.

12. "Aí o partido me deu um 38: 'põe debaixo do lençol!'" Duas semanas depois, oitenta e cinco facadas

Sérgio: Mas, Clodomir, até agora você não me disse como entrou na Assembleia de Pernambuco!

Clodomir: Ah, sim! Bem, como disse antes, a Liga Eleitoral Católica era despótica. Ela é que dizia: "Esse pode. Aquele não pode." Se cheirava a comunismo, "não pode". A Liga é que determinava, não era o Ministério da Justiça, nem o Tribunal Eleitoral. Queimava qualquer indivíduo! Um membro do partido comunista chamado Paulo Cavalcanti, homem brilhante, escritor famoso, que escreveu um livro...

Sérgio: *O caso eu conto como o caso foi*, não era esse?

Clodomir: Esse é o de memórias dele. Antes escreveu *Eça de Queiroz, agitador do Brasil.*[53] Bem, quando ele foi registrar pela segunda vez, para a reeleição, a Liga Eleitoral queimou! Outro: Djaci Magalhães, que era secretário da juventude comunista de Pernambuco, e que foi, depois mais tarde, advogado das Ligas Camponesas. A Liga, pá!, cortou. Napoleão, um major aposentado do exército, da mesma linha política do pai do Fernando Henrique Cardoso: cortado!

Aí o partido vai me buscar lá no meu escritório. "Clodomir, precisamos de você! Nós precisamos manter uma tribuna na Assembleia Legislativa." Eu: "Sim, e em quem vamos votar?" "Em você. Esperamos que você se eleja como candidato." "Eu?! Está é doido! Primeiro, eu sou empresário. Segundo, eu não sou membro do partido." "Mas é por isso! Não podem lhe queimar!" "Olha — disse eu — eu ganho 18 mil cruzeiros, um deputado ganha 20 mil. Não vejo nenhuma vantagem para o partido, porque eu posso dar ao partido o mesmo dinheiro. Eu posso comprar uma máquina rotativa para vocês, camaradas!" "Esqueça. Para nós, o mais importante é a tribuna! E não temos outro candidato. Os outros estão queimados!" "Bem, vamos lá. É tarefa?" "Sim, é tarefa." "Então não se discute."

Eu não tinha título de eleitor! *(Sérgio ri)* Nunca tinha votado, porque na hora de votar eu estava fora do lugar onde eu tinha título. Telegrafei para o meu pai. Ele buscou o juiz, dr. Ulisses Caldas Pinto, pagou um cara para levar o título até Salvador, e daí até o Recife. Recebo às cinco da tarde,

[53] São Paulo: Nacional, 1966, 269 p. (Brasiliana; v. 311).

quando faltava meia hora para encerrar o prazo para a inscrição, pelo Partido Trabalhista, de Vargas.

Bem, cinco dias depois, houve um comício na cidade de Escada, e me mandaram para lá. Lá havia uma fábrica de tecidos e uma célula do partido. Chego e encontro a praça cheia de policiais ao lado do palanque, e um tenente à frente. Não tinha mais ninguém, só policiais. O pessoal estava com medo. Tinha um camarada lá com alto-falante, chamando o povo. Subi no palanque, e o povo foi chegando. Umas trinta, quarenta pessoas: tinha mais cacique do que índio. Não tinha ninguém para fazer o discurso inicial, e eu começo: "Eu quero antes de mais nada que vocês raciocinem o seguinte. Aqui tem soldados e um oficial. Vocês não devem ter raiva deles, porque a culpa não é deles. Eles são mandados. Eles têm que cumprir, e o fato de querer cumprir faz parte da moral deles. Muitos deles, os pais são camponeses, são operários, estão doentes, não têm emprego, não têm dinheiro."

Silêncio na praça! Aí eu vi que soldados que estavam assim [em posição de sentido], já estavam à vontade, descansando. E o tenente não sabia o que fazer. Então eu fiz um elogio, um encômio aos soldados "que são filhos de operários e camponeses!" A essa altura já havia na praça mais de quinhentas pessoas e, pronto!, os soldados se viram cercados. Um mundo de gente a gritar, a bater palmas, "apoiado!"... Só houve esse discurso. Terminei, e fui saindo da cidade. Já haviam me avisado: "Cuidado, que na viagem de volta eles podem querer lhe prender." Lá vou eu saindo, e vêm dois soldados. "Doutor, o que o senhor disse é a verdade, viu? Eu quero umas cédulas, para a gente distribuir para as famílias nossas." *(riem)*

Já o segundo comício foi trágico. Foi num bairro do Recife chamado Zumbi. Só tinha lama. O comício era convocado pela UDN, e o PTB apoiava. A polícia mandou avisar: "Esse comício não se faz, porque nós não vamos permitir." O advogado foi lá: "A lei manda comunicar. Se vocês acham que não deve ser feito, vocês têm que alegar por quê: por causa do trânsito?" "Nós não vamos alegar nada. Não temos que dar satisfação nenhuma! Esse comício é de comunistas, que têm o guarda-chuva da UDN." E correu a notícia junto à juventude, que não ia haver comício. A juventude meteu cano de ferro na roupa — os estudantes universitários — e foi para o comício para garantir. Mal começou, já havia uns oito carros de radiopatrulha. Eu não tinha nem subido no palanque. Os da radiopatrulha já foram descendo o cacete na massa. E o povo reagiu! Os estudantes com cano de ferro, com pedaços de pau, o diabo, deu uma guerra da moléstia! *(Sérgio cai na risada)*

Sérgio: Batalha campal!

Clodomir: *(rindo)* E eu, que ia subir no palanque, olhei: "O negócio aqui está de lascar mesmo! Um dos tiras disse: "É este aqui!" Ah!, deram em cima de mim, pancada, me derrubam, um salta no meu peito, quebrei duas costelas! Saíram dezessete indivíduos para o hospital! José Raimundo, um dos candidatos a deputado pelo PTB, com a perna quebrada, um inferno! Não houve comício, mas a repercussão foi de lascar, no país todo! De repente aparece um jornalista com duas costelas quebradas, em estado de coma! E em Pernambuco então foi pior a repercussão: o partido mobilizou juventude e operários, e eu cheguei a receber setecentas visitas por dia, durante uma semana.

Lá pelas tantas, no quinto dia, eu desconfiei de um cara que não saía do quarto. "Será que é do partido?" Não era. Aí o partido me deu um 38: "Põe debaixo do lençol! Se for um cara que veio para te assassinar, você mete o dedo no gatilho." Manhã, tarde, noite, manhã, lá vem ele de novo! Nesse dia havia pouca gente, e ele: "Doutor, eu queria conversar com o senhor sozinho. Eu sei quem foi que fez essa desgraceira com o senhor. Isso foi planejado num barzinho de cachaceiros que fica na rua da Aurora. Lá costumam ir alguns policiais, e uns tiras vestidos de líder sindical. Eu estava lá quando ouvi esse cara dizer: 'A gente tem que acabar com esse careta, candidato do partido comunista. Vamos deixar ele aleijado!' Eu sei, doutor, quem é que fez isso. O autor que comandou foi fulano de tal." E aí deu o nome. "Ele é meu inimigo. Eu quero matar ele, mas não posso fazer, porque eu não quero responder no dia do juízo. O senhor diga 'mata!', e eu vou lá e mato." Eu disse: "Olha, esses caras, não adianta matar. Aparece outro." "Doutor, o senhor está com medo, é?" *(Sérgio ri)* "Medo, como?" "De dizer 'mata!' Basta dizer isso, que eu saio daqui e vou acabar com ele. Se não acabo hoje, acabo amanhã, ou depois." E eu: "Não, esqueça. Eu sei que o problema não é o indivíduo, é o sistema." "Doutor, se o senhor não quer dizer 'mata!', faz assim, ó" *(gesto com a mão cortando o pescoço)*. E foi embora. Duas semanas depois, sai no jornal: "Fulano de tal, líder do Sindicato dos Arrumadores do Porto, foi morto com 85 facadas!" Isso é que é um ódio da moléstia, não é?

Sérgio: Era esse tal?

Clodomir: Suponho.

Sérgio: Isso foi em 1954.

Clodomir: O desastre foi em 20 de setembro de 1954. A eleição foi 4 de outubro, eu saí do hospital no dia 10, eleito! Não distribuí uma cédula, não fiz mais nenhum discurso! O povo votou em mim. Assim foi como eu entrei na política.

Sérgio: Também foi um mandato só.

Clodomir: Só, não quis mais saber disso. Também eu já tinha tido a satisfação de ver aprovado por unanimidade o meu projeto de fundação do Banco do Desenvolvimento de Pernambuco, Bandepe, o que mais fazia gerar emprego em todo o Nordeste.

13. Chico Julião e a liga da Galileia: "liga por todo lado, catorze estados!"

Clodomir: Depois aí vem o caso das Ligas Camponesas...

Sérgio: ...com o Francisco Julião. Como é que foi essa história?

Clodomir: Eu era deputado, e Chico Julião também. Ele teve uma votação de 186 votos. Quem o elegeu foi a legenda, o Partido Socialista Brasileiro.

Sérgio: Só? Como é que pode se eleger com tão poucos votos?

Clodomir: É a legenda. Eles tinham cinco mil votos que correspondem a deputado. Bem, Julião era uma personalidade muito respeitada, um advogado brilhante e de família tradicional. O pai era proprietário de terras lá em Bom Jardim. Ele fez a campanha da paz, como o Jânio Quadros lá em São Paulo. Não deu certo foi a convivência do Jânio com os comunistas de São Paulo, porque os comunistas de São Paulo — é como Jânio dizia — "são prostitutas. Só funcionam na base do dinheiro." Em Pernambuco, não. O pessoal utilizava a figura do Francisco Julião porque ele dava uma certa cobertura.

Com essa votação, ele não tinha esperança de conseguir reeleição. É muito pouco. Então ele tomou umas causas que eram realmente difíceis, mas que deram muita fama a ele. A primeira foi lutar contra a Cúria Metropolitana, porque o Arcebispo Dom Antonio de Morais Júnior estava acusando o contabilista de que não manejou bem as finanças. Ele foi buscar Julião para defendê-lo. Aí entrou em colisão com o arcebispo, e mandou brasa! O arcebispo era realmente um cara de direita, mas de direita de andar na Secretaria de Segurança Pública. Como o Recife é mais republicano do que Salvador, o Chico venceu, e aí ganhou muita fama. Depois, a polícia andou prendendo umas prostitutas que estavam na Avenida Marquês de Olinda, quando achavam que elas deviam estar lá na rua do prostíbulo, na Rua da Guia ou no Beco do Mijo. Ele pega a constituição: "e o direito de ir e vir?" Defendeu as putas, e o pessoal gostou muito. E assim ele começou a cavar votos, com coisas ágrias, realmente difíceis.

Quando um dia chega José dos Prazeres, Zezé da Galileia e Amaro do Capim, de lá do município de Santo Antão. Esses três haviam criado uma associação de camponeses do engenho Galileia, para pagar uma professora — que fosse professora dos seus filhos e netos —, e botaram como presidente de honra Seu Beltrão, o dono do engenho, de onde eles eram foreiros; eles pagavam foro. O dono do engenho:

"Ô beleza, eu sou um cara bacana!", e foi falar com os latifundiários vizinhos: "Eu fui eleito presidente da associação de agricultores e pecuaristas do município!" "O quê?! E você aceitou?" "Sim, já estive até na inauguração. Muita palma, todo mundo gostou de mim lá!" "Você é louco! Camponeses se reunindo, só podem ser comunistas! E mais: ou você rompe com isso ou então não venha aqui!" O cara ficou com medo, chegou lá e disse: "Eu não quero mais saber disso, não. E digo mais: vocês têm um mês, no máximo três meses, para sair daqui. Ou saem por bem ou saem no pau, porque eu vou chamar a polícia."

Aí chegam lá na Assembleia Legislativa. Eu não os conhecia. "Nós viemos da *Folha do Povo*." Era o jornal do partido. "O diretor disse para procurar o senhor aqui, porque essa é a situação em que nós estamos, com a liga da Galileia." A polícia logo botou no nome de "liga". "E nós queríamos que você protestasse para fazer medo a eles, porque nós estamos lá dispostos a tudo. Não vamos sair, não. A gente tem espingarda de cano de guarda-chuva, mas tem. O senhor é advogado, não é?" "Não, estou no terceiro ano de direito. Eu não sou advogado e nem sei de advocacia, mas aqui tem um cara que sim sabe muito e leva uma vantagem muito grande, porque ele é de uma família tradicional. O pai dele é proprietário de terra, e tem casas na cidade. Já eu sou um sem eira nem beira! Eu vou chamá-lo. Ele é um cara sério, honesto, e vai tomar a causa de vocês, porque causas mais difíceis ele tomou."

Aí eu chamei o Julião. "Tem um caso aí que é bom para você. Eles são da liga de Iputinga", no chamado cinturão verde do Recife. A polícia destruiu essa liga cinco vezes, mas nas cinco vezes o povo gritava, porque era essa liga que tinha a plantação de verduras. Quando a polícia prendia, não chegava mais feira. Por isso é que ela aguentou durante anos todas as perseguições. O Julião: "Vamos lá." Eu: "Esse é o deputado Francisco Julião, do Partido Socialista." Falou em socialismo, o pessoal já: "Bem, esse aqui está conosco!", dizia Zé dos Prazeres, que tinha sido socialista e que, na revolução mexicana de 1910, se aprontou para ir brigar no México! Ele tinha sido militante dos anarquistas de Joaquim Pimenta e Carlos Cavaco em 1920, e depois do partido comunista de Astrogildo Pereira, em 1924.

SÉRGIO: E o que é que o Julião fez?

CLODOMIR: Aceitou: "Como não, vamos lá! Eu tenho duas tribunas, aqui e lá no fórum." Depois falei com o partido: "O caso deles é advocacia, e eu não sou advogado. E ademais, Julião, como é do partido socialista, pode falar em luta de classes. Eu não posso, vocês mesmos não permitem. Estou proibido, senão a Liga Eleitoral Católica cai em cima de mim." Aí, pronto. Duas semanas depois, a situação era grave em Vitória de Santo Antão, onde estava essa liga. Um belo dia, chega um deles, quase chorando. O que é que houve? "É que chegou um padre lá, vestido de preto, tocando campainha. Tocou por todo lado. Quando chegou em frente da venda do seu Tinhão, parou e pediu um tamborete. Aí o povo já estava reunido e ele leu a excomunhão do Padre Juares." Eles estavam com medo, porque padre tem muita força.

Aí foi fácil entender: "Não é padre, não! Isso é um oficial de justiça. Nos lugares onde não existe jornal, não existem meios de comunicação, alguém tem que vestir a roupa da justiça, arranjar uma campainha e convocar o povo todinho para ouvir a decisão judicial." *(Sérgio ri)* "E o papel, tem?" "Tenho aqui." "...trinta dias para vocês saírem." "E o que é que a gente faz?" Eu: "A gente vai lá, vamos levar prefeito, vereadores e deputados, passando pelo juiz de Vitória de Santo Antão, pela polícia, pelo senhor do engenho, para dizer que nós vamos dormir lá, e pronto! Não se vai entregar a terra, não!"

Ah, foi uma beleza! Quando chegamos lá, estava tudo organizado, foguete por tudo quanto é canto. Por onde chegasse a polícia, ou a justiça, soltavam foguete! E o pessoal já pegando em arma, para resistir. Pronto: aí começou a luta da Galileia. Levou anos, e cada dia aumentava mais, a repercussão era grande. Enquanto isso, a gente ia fundando liga na Paraíba, no Rio Grande do Norte, na Bahia, no Acre, por todo lado, catorze estados! Por conta desse farol, que foi a liga da Galileia.

14. Encontro com Paulo Freire. Depois, um ano preso: "me pegaram com uma caminhonete cheia de armas"

Sérgio: Mas, Clodomir, onde é que entra o Paulo Freire na tua história?

Clodomir: Foi simples. A mulher de Julião, quando se separou dele, precisava arranjar um emprego. Ela me pediu, e eu fui falar com Paulo Freire. Ela era uma mulher muito polifacética, sabia de teatro, de agitação. Aí fui falar com o Paulo.

Sérgio: Isso foi antes do golpe?

Clodomir: Uns meses antes. A segunda vez que eu o vi já foi na cadeia. Eu já tinha sido preso no ano anterior, no Rio de Janeiro de Lacerda, onde eles fizeram as primeiras experiências das torturas que se fazia no Vietnã: choques nos ovos, no ânus, o diabo! Fui preso lá, e então fiquei muito famoso. Era o advogado das Ligas. Me pegaram com uma caminhonete cheia de armas, que estava sendo levada para um dispositivo militar das Ligas em Goiás. Mais precisamente em Dianópolis, hoje no estado de Tocantins.

SÉRGIO: E você estava mesmo na caminhonete?

CLODOMIR: Estava. Eram armas boas, inclusive metralhadora. *(Sérgio cai na risada)*

SÉRGIO: Aí você ficou quanto tempo preso?

CLODOMIR: Um ano. Eu e a minha futura esposa, a Célia. Debaixo da tortura, insistindo: "Não, só levávamos duas armas, de caça: uma calibre 22, outra 36." O pau quebrava, a tortura, o diabo: "Só duas armas." A polícia: "Esses não entregam!" "Entregam! Já entregaram as armas." Porque, na noite em que a gente foi preso, ao chegar na prisão, na Olaria — famosa, onde matavam mendigos; saíam para jogar os mendigos lá no rio Guandu, e atiravam neles — quando chegamos presos, por denúncia que houve dentro das próprias Ligas, eu faço um verdadeiro escândalo: "Senhores, eu quero um inventário das armas que estão dentro dessa caminhonete, porque vocês são conhecidos como ladrões de armas, vendedores de armas..." "O quê?! Filho da puta, comunista, safado! Ainda está roncando grosso aqui!" "Quero um inventário, porque vocês são acostumados a roubar armas e botar a culpa nos outros." Foi pau para aqui, pau para acolá, e me levaram lá para uma cafua.

Na cafua estavam dois que tinham sido poupados naquela noite, lá na ponte do Guandu. A nossa caminhonete fez luz e, quando viram, eles ficaram com medo. De manhã cedo, quando os dois caras me veem: "O senhor é mendigo, é?" "Eu? Não. Por quê?" "Nós somos mendigos, e nós assistimos à matança de quatro ontem. E o senhor vai morrer, porque nós sabemos, eles vão nos matar hoje." Bem, quando chegou o delegado, me mandou esperar, enquanto resolvia outros problemas. Aí vi um cara chorando, jovem, dezoito anos. "Por que você está chorando?" "Porque aqui batem, aqui matam a gente." "Não vão bater em você." "Como não?!" "Besteira. Meu caso é mais sério. É um caso tão grave que eles não vão bater em você." "Oxalá o senhor tenha razão. E que os anjos digam amém!" Eu: "Vão dizer amém, da seguinte forma: anote o número do telefone 332 333." Era um número mais ou menos assim, fácil. "Você vai sair daqui a pouco, eles vão botar você para fora. E você, ao sair, vai num telefone, não precisa dizer quem é, só diz: 'O advogado está preso na Olaria.' Você jura que vai dizer isso? Olha que eu vou levar uma surra aqui!" E ele fez. Quando começaram as torturas, a rádio já estava dando que "o advogado está preso na Olaria". Pronto, os policiais já não podiam nos matar.

Sérgio: Mas te prenderam durante um ano.

Clodomir: Fui condenado a um ano de prisão, porque estava levando armas de caça. É que a declaração que nós reconhecíamos — eu e ela — é que as armas que nós levávamos eram de caça, numa zona que tinha onça comendo gado etc. E os policiais depois pararam as torturas, quando chegaram à seguinte conclusão: "Esses caras não falam! A gente vai ter que matá-los aqui!" "Matar como, se o rádio e a televisão estão dando!" Aí um outro disse: "Mas, vem cá! Ele disse que são duas armas de caça. Então a gente fica com as outras e vende. Dá um dinheiro!" Suspenderam, e nos levaram para lavrar o flagrante. "Perfeito! O flagrante é esse: são duas armas de caça."

15. Na prisão: com Paulo, as formigas, o coronel da voz fanhosa e a Bíblia

Sérgio: Bem, voltando ao Paulo Freire: o segundo encontro com ele já foi...

Clodomir: ...na prisão.

Sérgio: E o que é que você lembra desse encontro? Ele conta aqui, neste *Aprendendo com a própria história*, toda a experiência dele na cadeia. Inclusive, o que mais o impressiona, em primeiro lugar — além do fato de poder testemunhar concretamente as tuas práticas políticas — são as histórias que você contava. A primeira delas é a história do Pedro Bunda, que é depois reproduzida no anexo. Essa história é verdadeira?

Clodomir: Sim. Pedro morreu quando eu estava na cadeia. O Miguel Revólver viveu até pouco tempo, era mais forte. Pedro Bunda tinha um problema no pé, era cego de um olho, muito mais pobre. Mas eu estive nessa cela cento e vinte e três dias. Deste tamanhinho assim, sem colchão. E lá fiquei eu, olhando as formigas, tratando de ver como é que as formigas se organizam, e como elas avisam quando encontram comida. As anteninhas fazem assim, e lá no buraco já fica um grupo esperando. Ao serem avisadas, elas vêm direto. Esse grupo é uma espécie de engenheiros que vêm e movem a perna de uma barata, por exemplo; têm uma ideia de quantas necessitam, e avisam lá. Aí vem um montão de formigas. *(Sérgio ri)* Eu até hoje sou fanático: lá em casa tem um formigueiro que eu cuido, para ver como é que elas estão, até criarem asas. Quando criam asa, vão embora.

SÉRGIO: E você começou essa análise na cadeia?

CLODOMIR: Sim. Pois bem, estou lá olhando as formigas, quando vejo duas botas aqui, porque a cela não tinha porta. Duas, quatro botas: "Ele vai morrer aqui na prisão, vai morrer nesta cela." Eu digo: "Coronel Ibiapaba, o senhor está diante de um comunista! Eu posso passar dez anos aqui, não dou um pio. Não sou como os seus soldadinhos, que estão aqui do lado, e que não podem passar nem um mês. Choram o mês todinho. E têm condição. Eu, não. Eu não peço colher de chá. Eu só tenho uma coisa a exigir. Não peço, exijo. Uma coisa de indivíduos civilizados, que é tomar banho todos os dias, me afeitar e ler. Gilete de fazer barba para se suicidar? Não, comunista não se suicida. Vocês se suicidam, mas nós não. Passo dez anos aqui. Exijo o direito à leitura..." *(imitando o coronel, com voz fanhosa)* "Não pense que aqui você vai ler Lênin, Stálin ou Mao. Vou mandar para você é a Bíblia!" "Manda!"

A Bíblia eu já conhecia, estive no colégio dos adventistas! Foi nela que eu aprendi o que é uma sociedade montada sobre a artesania. No tempo da Bíblia não existia indústria, eram todos artesãos. Beleza! Foi o melhor que me deram, porque com a Bíblia eu pude analisar profundamente o comportamento ideológico dos artesãos.

SÉRGIO: E quando Paulo Freire chegou, foi para essa cela?

CLODOMIR: Não, eu já tinha saído. Saí uns dias antes.

SÉRGIO: Mas vocês estiveram juntos na cela.

Clodomir: Nessa, não. Estivemos na outra, que era uma enfermaria de oficiais. Aí estivemos eu, o Pelópidas, ele e mais outros, como Joaquim Ferreira e Plínio Soares, da Sudene.

Sérgio: E qual foi a experiência que você teve da convivência com ele?

Clodomir: Ah! Chegava a comida da mulher dele, da mulher de Pelópidas, que eram umas comidas muito boas, e eu dizia: "Vem cá, e os caras que estão aqui embaixo? A comida do quartel é a pior que existe. Por que a gente não pega uma parte e entrega lá a eles, para comerem melhor?" Pronto, aí o Paulo se desmanchou: "Você é mais cristão do que eu!" Aí a gente fazia levar para os camponeses lá embaixo.

16. Guimarães Rosa e o barqueiro Osório Alves: "grava esse troço e ressuscita esses falares!"

Sérgio: E essa história do Guimarães Rosa?

Clodomir: Ah, sim. Nesse mesmo quartel do Regimento de Obuses de Olinda, eu pedi que me trouxessem Guimarães Rosa. Guimarães Rosa foi um cidadão que era diplomata no tempo em que Hitler estava no poder. Foi diplomata em Berlim. E era ligado a uns caras de esquerda, no Brasil. Um deles era Osório Alves de Castro, que foi barqueiro no rio São Francisco, alfaiate, e que, pela perseguição que houve naqueles anos vinte, correu para São Paulo. Esteve em Lins e em Marília, e chegou a ser vereador pelo partido comunista em Marília. Quando proscreveram o partido comunista, ele perdeu o mandato. Então a alfaiataria dele era chamada "o senado", em Marília, porque ele era um "senador". Teria os seus sessenta anos.

Ele escreveu vários livros; o primeiro foi *Porto calendário*, que é sobre Santa Maria da Vitória e a navegação no rio São Francisco. Foi escrito em um português seiscentista, que é o idioma, ou dialeto, que ficou no rio São Francisco, pela separação do pedaço de terra de Pernambuco. Antes Pernambuco chegava até Minas Gerais. O imperador mandou cortar, porque em 1824, em Pernambuco, houve a revolução da Confederação do Equador. Fuzilaram o Frei Caneca, o Padre Roma, alguns donos de engenho e também gente da maçonaria. "De Petrolina para baixo, entrega isso a Minas Gerais." Minas, que não sabia o que fazer com o seu território, não se interessou por isso, e então ligaram à Bahia. A Bahia não tem como chegar lá, e então a região ficou fora de contato. A falta de contacto fez com que se metamorfoseasse o idioma seiscentista, que até hoje se fala ali.

O nosso amigo Osório chamou a atenção do seu amigo Guimarães Rosa: "Você tem meios. Leva gravador, grava esse troço e ressuscita esses falares!" E ele fez.

SÉRGIO: O *Grande sertão: Veredas*.

CLODOMIR: Exato. E aí então, quando entreguei para o Paulo, o Paulo leu e, com quinze páginas: "Não estou entendendo porra nenhuma!" *(Sérgio ri)* "Eu vou fazer a tradução para você, que esse é o idioma, o dialeto da minha mãe." A gente fala isso, lá em Santa Maria da Vitória. Aquele mundo do oeste baiano fala isso. Tem muita coisa de espanhol ainda: entonces, dispois, boicoicho, é di vera, tirante isso... E pronto, fui fazer a tradução para o Paulo, então, para ele poder entender e achar bonitos os recursos dos falares do rio São Francisco, em que Guimarães Rosa botou o nome de "o dialeto do Urucuia". Não é do Urucuia, é do oeste baiano. É pena, Sérgio, que você não tenha tempo. Você podia ir a Santa Maria da Vitória.

SÉRGIO: Um dia eu vou.

CLODOMIR: Vai lá, para você poder ir conhecer a Casa da Cultura, que tem dezesseis mil livros e um exemplar original da Bíblia calvinista impressa em Genebra, em 1618! É o maior centro de pesquisa do oeste baiano.

SÉRGIO: Foi você que montou?

CLODOMIR: Não fui eu, foi a juventude. Aliás, quando eu fui eleito deputado, a única pessoa que me recebeu foi meu pai, porque o pessoal lá dizia que "aquilo tudo é comunismo. João Goulart é comunista, tudo é comunista. Só a Udenê, a Udenê, sim, e o Pessedê escapavam!" *(Sérgio ri)*

SÉRGIO: E como é que você explica esse preconceito, essa aversão em relação ao comunismo?

CLODOMIR: É porque lá não tinha operário. Comunismo ou socialismo é a ideologia de uma classe organizada, que passou por uma escola, que é a fábrica. Pois bem, como eu dizia, quando cheguei lá, o rio tinha subido. "O caminhão fica aqui, nós vamos a pé." Um garoto me reconheceu, foi na frente, e chegou lá em casa para o meu pai: "Seu Antonio, minhas alvissas, o senhor me paga?" Queria dizer: "as minhas alvíssaras", "as minhas novidades, a minha notícia alvissareira, você me paga?" Com isso, queria ganhar um dinheiro, uns dez centavos. "Pago, como não! O que é?" "O Morais chegou." Eram dez horas da noite, chegou o deputado. Nunca tinha tido deputado essa área! *(Sérgio ri)*

Meu pai mandou chamar o Zé do Santinho, o alquimista local, que fazia foguete de todo tipo. Fogueteiro, vivia disso. "Zé do Santinho, quantos foguetes você tem na sua casa?" "Muitos." "Quantos?" "Tenho uma grosa." "Então solta esses foguetes a noite toda!" *(ri)* "Chega o deputado, filho de um alfaiate, depois comerciante, e ninguém para receber?!" Soltou a foguetada toda. "Chegou o Morais!", a conversa saiu para todo lado. Chega o coronel mais forte, da Udenê, com o filho dele, que foi candidato a deputado e não teve votação para ser eleito. E chega o outro, candidato do coronel mais poderoso, que também não foi eleito: "E chega esse mugrento aqui, como deputado! É de lascar!"

SÉRGIO: E, nesse zigue-zague, nós voltamos para 1954!

CLODOMIR: Isso.

17. As três consciências, uma ideia só de Einstein, o nicho de sábios e "o fim da história": "idiota!"

SÉRGIO: Mas vamos voltar um pouquinho ao Paulo. Com toda a visão e a experiência que você tem hoje da vida, quando se fala de Paulo Freire — mesmo sabendo que é difícil resumir em tão pouco tempo o que foi e o que fez uma pessoa — com que olhos você vê o homem e a obra?

CLODOMIR: Olha, a revista *Veja*, logo depois da morte dele, publicou uma coluna lá dentro, com uma foto dele. O título era: "Morreu o pedagogo e seu método". Eu achei injusto do ponto de vista moral, e injusto do ponto de vista científico, porque as ideias não são amadurecidas em cinco, dez, quinze anos, não. Elas exigem um trabalho muito, muito maior, em que o diálogo fica inicialmente em mão do criador da ideia — ou do que identificou o fenômeno — e depois segue e se começa a discutir. Marx escreveu três volumes, e mais *A ideologia alemã*, com o Engels. O resto foram os divulgadores que discutiram e foram encontrando o que ele queria dizer. Marx hoje, segundo uma enquete feita pela BBC de Londres, foi considerado o maior sábio do milênio.

Paulo Freire só foi ter esse tipo de diálogo depois da sua morte, ou um pouco antes. Tem uma quantidade de gente descobrindo o que ele queria dizer. Tem muita gente que faz absoluta picaretagem com Paulo Freire. Eu achei injusto porque, dialeticamente, você não pode ter um método desenvolvido numa geração. Não é fácil. Isso não é física. Senão, ocorreria o que aconteceu com Pedro Calmon, reitor da Universidade [do Brasil] no Rio de Janeiro. Quando chegou o Einstein, ele o levou para visitar o parlamento, o palácio do governo, várias instituições. E cada vez ele puxava uma cadernetinha e anotava qualquer coisa, conversando com o Einstein. Aquilo irritou Einstein. Judeu, perseguido por Hitler — os judeus são perseguidos por todo lado, já faz é anos! Depois, chega nos Estados Unidos, o MacArthur quer acabar com ele — é um cara que sabe o que é perseguição. "Esse cara anota qualquer coisa!" Aí diz ele: "O senhor, que é o meu estimado cicerone, o que é que o senhor tanto anota aí?" E o baiano, todo erudito: "Sim, eu anoto. Cada vez que eu tenho uma boa ideia, para não esquecer eu anoto. O senhor não faz a mesma coisa?" "Eu?! Eu só tive uma ideia!" *(Sérgio ri)*

Quando descrevo, num livro, "o nicho de sábios", é para ver como Paulo teve chance de conhecer os ângulos das ciências com homens de grande dimensão, a começar do professor Álvaro Vieira Pinto, e depois outros: Álvaro de Faria, que era um ideólogo comunista brilhante, médico fisiologista apaixonado por Pavlov e que, de Pavlov, caiu para o lado da ideologia e escreveu um pacote deste tamanho, de trezentas, quatrocentas páginas, que se chama *Introdução ao estudo das contradições*.[54] Beleza, pura filosofia! E assim por diante. Ali estava também o Anísio Teixeira, além do famoso professor russo-judeu Alexander Lipshutz, que havia trabalhado no Kremlin em 1922 e conhecido Lênin pessoalmente. Paulo ganhou muito conversando com eles.

SÉRGIO: Esse nicho de que você fala tem a ver com a situação dele no Chile, certo?

CLODOMIR: No Chile e no México. No México ele tinha o [Adolfo Sánchez] Vasquez, que é o *Filosofia da práxis*. O maior filósofo hoje da América ainda está vivo, tem [mais de] noventa anos. Lá tinha o Rodolfo Puigross, pensador argentino que foi reitor da universidade de Buenos Aires. E tinha um outro, da escola de Viena, que estava em Cuernavaca, amigo do famoso padre Ivan Illich. Enfim, eu trato de mostrar que não foi uma inspiração divina. O diálogo, a prática, o conhecimento, o intercâmbio faz o homem e a prática dele. No livro tem um capítulo onde eu mostro o nicho, porque senão ninguém vai entender. "E esse cara, como é que sai com as suas ideias e a sua pedagogia, se ele não conhecia nem Makarenko?" Makarenko não era cientista, era um técnico. Ele, para fazer ciência, tinha que conhecer os cientistas. Enfim, eu descrevo isso.

Quando eu vi isso na *Veja*, fiquei chateado, porque é injusto do ponto de vista ético, e injusto do ponto de vista científico. E mandei para *Veja* um artigo de uma página: "O mérito de Paulo Freire".

SÉRGIO: E a *Veja* publicou?

---

[54] Trata-se, mais precisamente, de *Introdução ao estudo do formalismo e das contradições*. São Paulo: Brasiliense, 1960.

Clodomir: Não, mas não importa. O grande mérito dele foi o de ter criado um método que permite o pessoal adotá-lo, fazendo com que os beneficiários do método conheçam a sua realidade objetiva, econômica etc. e tenham ideia do mundo a partir daí. E todo mundo pode usar, porque não está marcado de jargões queimados da esquerda, apesar de ser uma atitude de esquerda, quer dizer, para os pobres. O mérito estava nisso: ele criou um instrumento para fazer chegar lá embaixo a possibilidade de conhecer a sua realidade.

E todo mundo está usando. Em todo o mundo tem Paulo Freire! Não foi mais além disso, porque a gente sentia — tanto o Ladislau Dowbor quanto eu e outros amigos de mais perto — que lhe faltava uma consistência científica, porque ele não distinguia muito o que é a lei dos fenômenos. A lei é o que há de permanente no fenômeno, e o que há de permanente pode ser aqui, pode ser no Japão, pode ser em todo lado. Ele não distinguia isso. Ele não estudou Marx, estudou Hegel. Ele gostava de Hegel. E de Marx ele leu o livro sobre Feuerbach, e aprendeu uma coisa que ele achava importante: tem que capacitar o capacitador, tem que educar o educador. Ele achou isso uma beleza! *(ri)*[55] E foi o que ele aproveitou

[55] "A doutrina materialista de que os seres humanos são produtos das circunstâncias e da educação, [de que] seres humanos transformados são, portanto, produtos de outras circunstâncias e de uma educação mudada, esquece que as circunstâncias são transformadas precisamente pelos seres humanos e que o educador tem ele próprio de ser educado. Ela acaba, por isso, necessariamente, por separar a sociedade em duas partes, uma das quais fica elevada acima da sociedade (por exemplo, em Robert Owen). A coincidência do mudar das circunstâncias e da atividade humana só pode ser tomada e racionalmente entendida como *práxis revolucionante*." In Karl Marx, *Teses sobre Feuerbach*. Lisboa: Editorial Avante, 1982.

em Marx. Marx tem coisas muito mais sérias, mais profundas. O mestre dele, o Vieira Pinto, sim, esse era um cara que dominava as ciências. Era um cientista mesmo, e escreveu sobre a consciência. Com ele, Paulo aprendeu o que é consciência ingênua e o que é consciência crítica.

Só não aprendeu uma coisa, de que Vieira Pinto também não trata: é que a consciência ingênua aparece e domina as populações que produzem para o consumo — valor de uso, e não produzem para o mercado — valor de troca. Por essa razão, não desenvolvem a mente. É [Karl] Kautski que diz: os povos artesãos não produziram ciência. Ciência, só aqueles povos comerciantes: fenícios, gregos, romanos, egípcios, sumérios. O resto se tem notícia de que existiram, mas não produziram ciência porque não tinham história. Enquanto não têm a mercadoria como base nas suas relações, não há história, nem ciência.

E nós temos exemplos claros aqui: se trata dos guaicurus, dos guararapes e dos timbiras. Desses povos todos que existiam aqui, nenhum deles tem história, porque não haviam passado pela revolução do rego para produzir excedentes agrícolas. Não eram produtores, eram mais predadores, e não produziam mercadoria. Não produzindo mercadoria, não têm necessidade de fazer abstração. A mercadoria obriga você a manejar as matemáticas, por mais simples que elas sejam: somar, subtrair, dividir, multiplicar... Isso faz desenvolver. Uma comunidade em que predomina a consciência ingênua é aquela em que os produtores não produzem para o mercado: vai do prato para a boca. Planta, cozinha e come. Quando se sai para uma outra comunidade, em que aí já existe contato com o mercado, comércio, aí aparece a consciência crítica. A consciência crítica aparece na economia mercantil, nos seus primórdios. E essa chega até os nossos dias, a níveis altíssimos, nas universidades e nos institutos científicos.

A consciência ingênua, pelo fato de não produzir mercadoria, não indaga nenhum fenômeno. Conhece só os efeitos, não conhece a origem, a causa. Você chega e pergunta: "Aqui morre muita criança?" "Morre!" "Com menos de um ano de idade?" "Sim, morre com sete dias!" "E por que é que morre?" "Porque assim é a vida. Todo mundo tem que morrer!" "Mas por que morrem as crianças?" "Porque Deus quer." "Deus? Mas por que Deus vai querer que as crianças morram?" "Mas é assim mesmo, está marcado. Todo mundo tem seu dia." Não faz consulta, nenhuma indagação abstrata.

Essa é a consciência ingênua, que chega à consciência crítica a partir do momento em que a economia muda, passa a haver mercadoria, e a mercadoria obriga o indivíduo a manejar a abstração. São números que ele tem na cabeça. Não é alfabeto, em que você junta duas, três, quatro letras. São números, e que não têm limite. Pois bem, até chegar aí, o que pode acontecer é muito protesto, muita greve, muito choque. Os camponeses vão às guerras! E não houve na história nenhuma guerra camponesa vitoriosa, em nenhuma parte do planeta. Por que é que são derrotados? Porque não têm organização! As ideias de organização deles são daquele jeito: "O inimigo vem por aqui, vai todo mundo para lá." "Não, vem do lado de cá, vai todo mundo para cá." Não são capazes de distribuir. Então chega um troço de soldados, e qualquer quinze, vinte acabam com eles! Você põe cinco por aqui, cinco por ali, cinco por lá e acaba com eles. Pougachev, Razin, Antonio Conselheiro, todos foram lascados porque não tinham organização. A consciência organizativa, quando aparece? Quando aparece e se desenvolve a indústria, a fábrica. Quando se desenvolve a produção social do trabalho e a divisão técnica e social do processo produtivo. Isso só acontece a partir da revolução industrial inglesa e que, chega o final do século XIX, está bastante avançada.

Nesse avanço é que o exército alemão de Moltke, provocado pela estupidez dos franceses, declara a guerra — e a Alemanha chega e vence. Versalhes assina a paz e Paris não aceita. Os alemães, tranquilos. O povo de Paris se armou, fez a Comuna de Paris, e a comuna durou menos de cem dias! Por quê? Porque eles não tinham consciência organizativa. Os que estavam dentro da comuna eram profissionais liberais, costureiros ou costureiras, mecânicos de uma empresa de três ou cinco pessoas. Não tinham fábrica. A empresa maior que tinham em Paris era de quinhentos assalariados, e esses não estavam aptos; eram da empresa de gás. Pois bem: passaram o tempo todo com o punho para cima, "Abaixo o imperialismo alemão!", a gritar, a fazer catarse. Os alemães falam ao rei dos franceses, que assinara a paz: "Dá um jeito nisso!" O rei nomeia MacMahon. Ele chega lá e acaba com eles: fuzilou 15 mil! Por que perderam? Porque não tinham capacidade de organizar a luta com as outras organizações que estavam no resto do país. A França já tinha sindicatos, já tinha uma porrada de coisas no resto do país, mas essas dimensões não aparecem senão quando se tem a prática dessas mesmas dimensões. Eles não tinham, eram artesãos, e foram eliminados. Mas aí vem aquela famosa tese do fim da história. "Marx se lascou! Não existe nada do chamado materialismo histórico. Marx era o homem da história, não é? Já era!"

Sérgio: É a tese de Francis Fukuyama.

Clodomir: Quando caiu o muro de Berlim, "é o fim da história!" Que idiota! Ele pensa que a luta de classes acaba num dia! É por mágica? Pois agora está muito pior do que antes, porque agora são 2 bilhões de indivíduos com fome no mundo todo! E a burguesia tem que criar o seu muro no Mediterrâneo. O muro de Berlim matou 345 pessoas durante vinte anos. Hoje, 345 pessoas morrem em dois meses, lá no Mediterrâneo, com os negros que saem da África, vão para lá e afundam. No México, são quatro, cinco por dia ao tentar ir para os Estados Unidos. Continuam os muros, a crise é muito maior! O fim da história?! Só para um cara que não tem inteligência! Não é capaz de ver a história da humanidade, que é a história da luta de classes. Enquanto existirem classes possuidoras e classes de despossuídos, o negócio vai longe!

18. A consciência organizativa e a revolução sandinista: "vamos criar o Exército Popular de Alfabetização!"

Sérgio: Pelo que você diz, essa consciência organizativa é justamente aquilo que faltava na equação que o Paulo Freire formulou...

Clodomir: Exato.

Sérgio: ...e que você desenvolveu.

Clodomir: É. Porque eu disse na prisão: "Paulo, se você não concebe que isso só pode se fazer com massas... As massas criam as necessidades, e o cara só aprende quando sente necessário aprender. Fora disso, não." E ele: "Nós vamos fazer isso lá fora." Quando chegamos no Chile, ele chegou a querer contratar a mim, à Célia, minha mulher; à ex-esposa do Paul Singer, a socióloga Evelin e mais algumas outras pessoas; mas o nosso amigo [Jacques] Chonchol não tinha dinheiro. Depois o Paulo saiu para os Estados Unidos por alguns meses e daí para o Conselho Mundial das Igrejas, que o apoiou. Não houve chance.

Quando vem a Revolução Sandinista... A sandinista foi uma revolução clássica, igual à francesa: o povo na rua! Tomar o poder e botar abaixo o monstro do governo Somoza. O povo armado. Três tendências: a da guerra popular prolongada; a dos proletários, que eram os trotskistas; e os terceiristas, que era a dos padres. E o que acontece? Nessa revolução dos sandinistas, não existia classe operária. A classe operária era uma fábrica de cerveja, um engenho açucareiro e mais duas ou três coisas. O resto era artesão e muito lúmpen, quer dizer, indivíduos que nunca trabalharam, estudantes, a maior parte.

O ministro da Agricultura, Jaime Wheelock, mandou me chamar, através de um amigo, o sociólogo argentino Daniel Slutzki: "Encontre o Clodomir onde ele esteja. Nós precisamos dele aqui, para fazer o mesmo programa de Honduras aqui: a reforma agrária." Consegui, cheguei lá. Preparei o projeto, entreguei a Wheelock e vou voltando, quando encontro o Paulo Freire descendo de Bissau no aeroporto de Lisboa. "Paulo! Agora você vai fazer realmente o método funcionar de forma massiva na Nicarágua. Eles estão querendo te levar para lá. Os padres..."

Sérgio: Fernando e Ernesto Cardenal...

Clodomir: "...estão interessados em que você vá para lá." Mas Paulo, naquela época, não podia ser recrutado pela Unesco, porque a Unesco é uma instituição das Nações Unidas cuja direção são os embaixadores que moram em Paris. E o Lyra Tavares, que era o embaixador-general, estava lá para "fazer o SNI" e ver se arranjava um lugar de prêmio Nobel não sei como. Então ele não teve chance. Eu ainda disse: "O pessoal do Ministério da Cultura está interessado que você vá, porque eles vão fazer uma campanha de alfabetização no país, como os cubanos fizeram." Paulo ficou assim meio na dúvida. Bem, volto à Nicarágua. Quando volto, eu era uma espécie desses instrumentos eletrônicos que denunciam quando existe...

Sérgio: ...radar.

Clodomir: Isso. Eles me pediram: "Olha, nós não conhecemos ninguém das Nações Unidas, nem da OEA (Organização dos Estados Americanos), nem do BID (Banco Interamericano de Desenvolvimento). Você que trabalha com essa raça de gente aí, nós vamos passar uns nomes para você buscar saber que gente é essa, porque a CIA (Central Intelligence Agency, a Agência Central de Inteligência dos Estados Unidos) infiltra, o Departamento de Estado também. Bem, de repente eles pediram à Unesco um técnico, e a Unesco mandou um técnico de alfabetização que não era Paulo Freire. Era Raul Ferrer, vice-ministro da Educação de Cuba, e que foi o chefe da alfabetização em Cuba, no país todo, de forma massiva. Eu o conheci antes, porque eu estive lá, na época da revolução cubana, com Jânio Quadros, que levou uma delegação com oitenta personalidades, sendo candidato a presidente da República, para prestigiar Fidel.

Pois bem, chegou Raul Ferrer, e sentamos com os Cardenal: "Nós queremos eliminar o analfabetismo. Lá vocês fizeram em um ano, nós queremos fazer em quatro meses. O Somoza deixou isso aqui sem nada. Oitenta e cinco por cento de analfabetismo no campo, sessenta e tantos na cidade!" E eu só lembrando Bissau, que era mais ou menos assim. Eu: "E por que é que Paulo Freire não vem?" "Não vem porque a Unesco não quer brigar com o governo brasileiro." "Então, o que é que o senhor nos diz, professor Raul Ferrer?" Ele: "Olha, vamos começar, tarefa é tarefa. Só que, se eu tivesse vindo antes, vocês não tinham criado a chamada 'cruzada da alfabetização'." "Por quê?" "Porque não houve nenhuma cruzada vitoriosa na história. Todas foram derrotadas. Por que botar o nome de cruzada? Mas deixa. O pessoal gosta da cruz, então deixa. Mas nós vamos criar uma estrutura militar, como a dos famosos jesuítas de Santo Inácio de Loyola. Todo mundo internado durante quinze dias, para que eles aprendam a viver coletivamente. A gente faz um 'Laboratório Organizacional'." Muitos da Nicarágua tinham ido estudar isso em Honduras, quatro anos antes. "Vamos fazer isso?" "Vamos."

"Jogar 119 mil crianças no campo, sem uma estrutura disciplinada e unitária é um crime, é perigoso. Não é a onça que vai comer, são os contras que já estão aí, os antirrevolucionários. Vocês estão divididos! Vão começar a matar os meninos, que não têm mais de dezessete anos. De treze a dezessete anos. Então vamos criar o Exército Popular de Alfabetização, o EPA, dividido em pelotões, companhias, batalhões etc." E assim foi: criaram a sua própria cartilha, que era a cartilha dos cubanos. Como o Paulo nunca esteve em Cuba, não tomou conhecimento da cartilha cubana.

E então eles avançam. A minha mulher foi para a montanha, o meu filho mais velho também, para alfabetizar, porque fecharam todas as escolas, e o filho mais novo ficou em Manágua reunindo apoios materiais para as "trincheiras" da mãe e do irmão. "Quem sabe ler e escrever nos colégios vai ter que ensinar os camponeses." E assim se fez a alfabetização, em quatro meses.

SÉRGIO: Mas o Paulo não pôde participar.

19. As relações do Paulo com o Vaticano, "nos fins de semana ou qualquer dia feriado"

SÉRGIO: Uma coisa que eu queria te perguntar: ontem à noite, num determinado momento você falou de uma viagem que o Paulo tinha feito à República Democrática Alemã (RDA), se não me engano...

CLODOMIR: Foi.

SÉRGIO: ...e que um professor de lá, depois de tê-lo ouvido, teria dito que...

CLODOMIR: ..."as suas ideias são as de Gabriel Marcel", existencialista, não como o famoso existencialista francês, que tinha um olho assim...

SÉRGIO: Não como Jean-Paul Sartre, mas sim como existencialismo cristão. Esse lado cristão, evidentemente, não se manifestava só do ponto de vista das ideias, mas também do ponto de vista da organização da rede de igrejas.

CLODOMIR: Exato.

Sérgio: Então, como você disse que estava reunindo material e escrevendo um livro em que se refere às relações do Paulo com o Vaticano, sem querer me antecipar ao livro que certamente vai trazer muito mais informações, lá vai: como é que você resumiria essa relação que o Paulo tinha com o Vaticano, e que nem sempre ficou muito clara?

Clodomir: Era um tanto quanto, não digo clandestina, era discreta. Nessa época chegou a Genebra Lysâneas Maciel,[56] que era da mesma religião, e que foi para o Conselho Mundial das Igrejas. O Conselho recebia dinheiro de uns países que não podiam mandar fundos para as insti-

[56] "Nascido em Patos de Minas, Lysâneas Dias Maciel exerceu sua vida profissional no Rio de Janeiro como advogado, especializado em questões trabalhistas. Lançado na vida política pelos trabalhadores carris, elegeu-se Deputado Federal em 1970, reelegendo-se em 1974 com expressiva votação. Os mais de cem mil votos obtidos neste pleito, foram a consequência natural de seu alinhamento com os chamados 'Autênticos' do MDB, grupo de parlamentares aguerridos, que não se contentaram em atuar nos limites impostos pela chamada 'oposição consentida'. Particularmente Lysâneas Maciel tornou-se *persona non grata* no Parlamento, desde que aceitou a responsabilidade de presidir a Comissão de Minas e Energia posicionando-se vigorosamente contrário à quebra do monopólio da Petrobras, que então se iniciava com os primeiros contratos de risco. A cassação de seu mandato ocorreu após inflamado pronunciamento, em que a despeito dos conselhos de seus pares, de que deveria se resguardar, dada a gravidade do momento político, preferiu seguir a própria consciência, proferindo, então, o mais vigoroso libelo contra os desmandos da ditadura, denunciando as perseguições, as torturas, os assassinatos e desaparecimentos de presos políticos. Sua cassação, e a consequente perda dos direitos políticos conduziram-no ao exílio em Genebra, Suíça, onde devido as suas vinculações com o Conselho Mundial das Igrejas, continuou a sua militância no campo dos direitos humanos, passando a constituir importante elo no exterior, no auxílio aos refugiados políticos não só de seus patrícios como de outros lugares." V. *Justificativa ao projeto de decreto legislativo* do vereador Ricardo Maranhão, que permitiu a Lysâneas Maciel (1926-1999) receber o título de cidadão honorário *post-mortem* do Rio de Janeiro, em março de 2002.

tuições internacionais, para não entrar em choque com os governos. Então jogavam lá, porque assim não era dinheiro do governo, era do Conselho. Mandavam: para a África, para os sandinistas etc.

E Paulo estava lá, trabalhando discretamente, tratando de vender as ideias dele, e vendia! E nos fins de semana, ou qualquer dia feriado, atendia aos pedidos do Vaticano e ia lá, a chamado do próprio Paulo VI, que era tido como liberal. Aliás, quando ele foi eleito papa, reacionários de muitos países pensaram que o comunismo havia chegado ao Vaticano, conforme o livro *As sandálias do pescador*, de Morris West. Creio que um deputado baiano chegou a enviar ao Vaticano um telegrama protestando contra a eleição do Cardeal Montini, tido como comunista. Mas o fato é que tinha meia dúzia de cardeais ou bispos e arcebispos que escutavam e gostavam das ideias do Paulo. As ideias dele são ideias que não denunciam o materialismo dialético, mas apenas o determinismo histórico.

20. Maior abandonado, reforma agrária e quinze livros: "Vão editando esses aí que 'Paulo Freire' vai depois"

Sérgio: Muito bem. Uma última coisa, que a gente já está com o tempo jogando contra: por que Rondônia?

Clodomir: Você sabe que tem gente que cuida de menores abandonados, não é? Chegou um momento, em 1993, em que eu andei buscando alguém que cuidasse de um maior abandonado! Foi Jacinta,[57] que se ofereceu para isso. Ela

[57] Jacinta Castelo Branco Correia, técnica da Universidade Federal de Rondônia e doutora em ciências agrárias pela Universidade Autônoma de Chapingo, México.

aprendeu o método[58] comigo aqui em Rondônia. Quando ela foi fazer o mestrado lá em São Paulo, no Instituto Metodista de Rudge Ramos, coincidiu que a Erundina necessitava de montar um programa, com 41 mil dólares. Depois então Maluf pegou o projeto de Paul Singer, de 300 mil dólares, e multiplicou por cinco, para combater o desemprego, e gerar emprego e renda. Jacinta estava nisso. E houve o fato de eu ter tido uma pneumonia — e ela foi quem cuidou de mim, porque eu não queria ir para nenhum hospital em São Paulo. O sujeito entra com uma doença e sai com dez! *(Sérgio cai na risada)* Eu já tinha tido pneumonia no colégio dos salesianos. São sete dias, o ciclo do bacilo do pneumococo. "Eu vou é para o hotel! Se o problema é ficar de cama, eu fico." "Mas quem assegura isso?" Ela disse: "Eu asseguro, porque ele está metido num programa muito importante." E ficou cuidando de mim. Aí, pronto! Eu estava abandonado pela segunda esposa, e aí então vim para cá.

SÉRGIO: Ela já trabalhava aqui?

CLODOMIR: Já, era funcionária da UNIR (Universidade Federal de Rondônia). E eu, buscando fugir do mundanal

[58] Clodomir se refere ao método que ele próprio desenvolveu e a que chamou, nos anos sessenta/setenta, de "Laboratório Experimental", "enquanto foi comprovando a sua eficácia e ajustando progressivamente os procedimentos" — diz Miguel Sobrado. "Mais adiante, quando o considerou consolidado, chamou-o 'Laboratório organizacional'. O Laboratório é uma prática de capacitação em organização que gera uma grande sinergia social. Nas primeiras fases, esgota o modelo de organização artesanal, evidenciando suas limitações e rompendo-o como paradigma para o grupo. Paralelamente, vão-se entregando os elementos técnicos e teóricos que contribuem para construir o novo paradigma horizontal baseado na divisão social do trabalho e na solidariedade cooperativa. Dentro do processo do Laboratório Organizacional gera-se como valor positivo o ser operário. Ser operário é aprender a cooperar; ser modesto porém disciplinado e sistemático na forma de planejar e executar o trabalho é a meta que se busca alcançar." Op. cit., p. 49.

roído, Brasília. Lá, estavam a todo momento me puxando para ir aqui, para ir para cá, pelo Instituto. Além do mais, FAO, OIT... "Eu vou é me esconder na Amazônia, já." E vim para cá.

SÉRGIO: E o futuro: o que é que você está pensando fazer?

CLODOMIR: Terminar o que produzi. Eu tenho várias obras já prontas. Por exemplo, os estudos sobre os países de Centro-américa já estão prontos. Falta digitar e imprimir, transformar em livros: Honduras, Salvador, Guatemala, Costa Rica, Nicarágua, ademais da História Militar das Ligas Camponesas e minhas memórias. Apesar de que memórias se escrevem quando já não se tem memória, espero escrever as minhas enquanto ainda tenho lucidez.

SÉRGIO: Os estudos sobre esses países tratam dos processos de reforma agrária, é isso?

CLODOMIR: Sim, uma análise das realidades rurais, mais um manual de reforma agrária, que é o informe técnico do PROCCARA.[59] O então Chefe de Estado hondurenho, General Lópes Arellano, quando soube que tinham que ser feitos três ou quatro exemplares para o PNUD e a FAO, disse: "Não. Vamos produzir mil, para jogar nos quartéis." E jogou. Depois fizeram mais mil. É um verdadeiro manual de reforma agrária, que aqui ainda não consegui editar. Então eu seguro o do Paulo Freire: "Vocês vão editando esses aí *(ri)*, que 'Paulo Freire' vai depois."

SÉRGIO: E qual é o título?

CLODOMIR: *Paulo Freire na prisão*, *Paulo Freire no exílio* e *Paulo Freire na UNIR*.

SÉRGIO: Na UNIR já foi um pouco antes de ele morrer.

---

59 *Programa de Capacitação Camponesa para a Reforma Agrária*, de que Clodomir foi diretor entre 1973 e 1976, pela FAO/Honduras.

Clodomir: Um mês antes. Esse material eu já tenho pronto. E tenho quinze livros publicados. O que eu estimo muito é o livro *Queda de uma oligarquia*, que é a história do desenvolvimento das lutas em Pernambuco, com prefácio de Barbosa Lima Sobrinho e o *Dicionário da Reforma Agrária*, prefaciado por Josué de Castro. *(Chega Jacinta)*

Sérgio: Olha aí, já está na hora de eu ir para o aeroporto.[60]

[60] Trechos editados de uma conversa de mais de oito horas, mantida com Clodomir durante os dias 11 e 12 de outubro de 2006, em Porto Velho, Rondônia. O próprio Clodomir pôde rever e corrigir o capítulo todo, durante sua estada em Honduras — juntamente com Jacinta — entre junho e julho de 2007.

ANEXOS

Simpósio Internacional para Alfabetização Persépolis, 3-8 de setembro de 1975

Declaração de Persépolis[61]

O número de analfabetos está crescendo constantemente.

Isso reflete o fracasso de políticas de desenvolvimento que são indiferentes ao homem e à satisfação de suas necessidades básicas.

Apesar do progresso alcançado em alguns países como o resultado de mudanças sociais de longo alcance, existe perto de um bilhão de analfabetos no mundo, e um número maior de subnutridos.

Além disso, em muitos casos, mesmo pessoas que tenham se tornado alfabetizadas ainda não atingiram em grau suficiente os meios de se tornarem conscientes dos problemas das sociedades onde vivem e de seus próprios problemas, nem os meios de resolvê-los ou de participar da sua solução.

Há mesmo uma tendência a um declínio na alfabetização nos países industrializados.

Êxitos foram alcançados quando a alfabetização estava relacionada ao encontro das necessidades fundamentais do homem, desde suas necessidades imediatas vitais à efetiva participação na mudança social.

Êxitos foram alcançados quando programas de alfabetização não estavam restritos ao aprendizado de habilidades de leitura, escrita e aritmética, e quando não subordinaram

---

61 Publicado originalmente do inglês *A Turning Point for Literary Adult Education for Development: The Spirit and Declaration of Persepolis*. Oxford: Pergamon Press, 1976.

a alfabetização às necessidades imediatas de desenvolvimento indiferentes ao homem.

Homenagens devem ser prestadas àquelas campanhas de massa que já conseguiram a completa ou quase completa erradicação do analfabetismo em certos países e a experimentos regionais ou mais limitados, que ajudaram a preparar métodos inovadores com referência a programa, meios e organização de atividades de alfabetização ligadas a objetivos desenvolvimentistas. Estes experimentos, em particular programas e projetos funcionais de alfabetização, constituíram uma contribuição valiosa ao conjunto de métodos práticos no campo da alfabetização e da educação básica. Maior uso deles deveria ser feito nas tentativas futuras.

O Simpósio Internacional para Alfabetização, realizado em Persépolis de 3 a 8 de setembro de 1975, adotando unanimemente esta Declaração, considerou a alfabetização não apenas como o processo de aprendizado de habilidades de leitura, escrita e aritmética, mas uma contribuição à libertação do homem e ao seu pleno desenvolvimento. Assim compreendida, a alfabetização cria condições para a aquisição de uma consciência crítica das contradições da sociedade, na qual o homem vive e de seus propósitos; ela também estimula a iniciativa e sua participação na criação de projetos capazes de atuar no mundo, transformá-lo, e definir os objetivos de um verdadeiro desenvolvimento humano. Ela deve abrir o caminho para um domínio das técnicas e relações humanas. A alfabetização não é um fim em si mesma. É um direito fundamental do homem.

É verdade que todas as estruturas sociais produzem o tipo de educação que pode mantê-las e reproduzi-las, e que os objetivos da educação estão subordinados aos propósitos dos grupos dominantes; mas seria incorreto concluir que não há nada a ser feito dentro do sistema vigente.

A alfabetização, como a educação em geral, não é a força motriz da mudança histórica. Ela não é o único meio de libertação, mas é um instrumento essencial para todas as mudanças sociais.

O trabalho de alfabetização, como a educação em geral, é um ato político. Ele não é neutro, pois o ato de revelar a realidade social a fim de transformá-la, ou de dissimulá-la a fim de preservá-la, é político.

Consequentemente, há estruturas econômicas, sociais, políticas e administrativas que favorecem a execução de projetos de alfabetização, outras que os impedem. As estruturas mais favoráveis seriam:

- Aquelas que, do ponto de vista político, tendem a provocar a participação efetiva de todo cidadão na tomada de decisões em todos os níveis da vida social: na economia, política e cultura.
- Aquelas que, do ponto de vista econômico, visam a um desenvolvimento endógeno e harmonioso da sociedade, e não a um crescimento apático e dependente.
- Aquelas que, do ponto de vista social, não resultam em fazer da educação um privilégio de classe e um meio de reprodução das hierarquias e regras estabelecidas.
- Aquelas que, do ponto de vista profissional, produzem comunidades com controle real das tecnologias que usam.
- Aquelas que, do ponto de vista institucional, favorecem abordagem conjunta e cooperação permanente entre as

autoridades responsáveis pelos serviços básicos (agricultura, bem-estar, saúde, planejamento familiar etc.).

A experiência tem mostrado que a alfabetização pode acarretar a alienação do indivíduo, integrando-o numa ordem estabelecida sem sua permissão. Pode integrá-lo, sem sua participação, num modelo de desenvolvimento alienígena ou, pelo contrário, ajudar a expandir sua consciência crítica e imaginação criadora, nisso capacitando todo homem a participar, como um agente responsável, em todas as decisões que afetam o seu destino.

O sucesso de tentativas de alfabetização está diretamente ligado à vontade política nacional.

Existem caminhos de atingir os objetivos que resultam da definição de alfabetização na qual o Simpósio baseou seu trabalho.

Os caminhos e meios das atividades de alfabetização devem estar fundamentados nas características específicas do ambiente, personalidade e identidade de cada povo. A educação autêntica deve estar baseada na cultura e civilização de cada povo, consciente de sua contribuição singular para a cultura universal e aberta a um diálogo fértil com outras civilizações.

A alfabetização é efetiva na medida em que as pessoas às quais ela é dirigida, particularmente mulheres e grupos menos privilegiados (tal como trabalhadores migrantes), sentem a precisão dela a fim de satisfazer suas necessidades mais essenciais, principalmente a necessidade de tomar parte nas decisões da comunidade a que pertencem.

A alfabetização é, além disso, inseparável da participação, que é imediatamente seu objetivo e sua condição. O analfabeto não deve ser o objeto mas o sujeito do processo por meio do qual se torna alfabetizado. Uma extensa mobilização de recursos humanos implica o empenho igualmente de estudantes e professores. Os últimos não devem formar um corpo profissional especializado e permanente, mas devem ser recrutados o mais próximo possível das massas submetidas ao programa de alfabetização e devem pertencer ao mesmo ou a um grupo profissional semelhante, a fim de tornar o diálogo mais fácil.

A eficácia desta mobilização será aumentada se um respeito maior for mantido pela iniciativa das populações interessadas e pela troca de ideias com elas, em vez de se conformarem às decisões burocráticas impostas de fora e de cima. A motivação daqueles envolvidos será mais forte se cada comunidade se dá a oportunidade de efetuar o projeto de alfabetização.

Os métodos e meios materiais devem ser diversificados, flexíveis e adaptados ao ambiente e necessidades dos novos alfabetizados, contrariamente a um modelo uniforme e rígido.

O trabalho de alfabetização deste tipo constituiria o primeiro estágio da educação básica destinada a estimular o desenvolvimento individual de homens e mulheres através do treinamento contínuo e a melhorar o ambiente como um todo. Permitiria o desenvolvimento de educação não formal para o benefício de todos aqueles que estão excluídos pelo sistema atual ou são incapazes de tirar partido dele. Finalmente, implicaria uma reforma radical das estruturas do sistema de educação como um todo.

A importância de recursos audiovisuais para alfabetização foi inteiramente comprovada. Entretanto, tentativas de levar esses recursos a regiões de carência técnica por forças econômicas e políticas fora do controle das pessoas interessadas, e seu uso como instrumentos de colonização cultural, devem ser rejeitadas. Usos de recursos audiovisuais que impediriam a participação ativa e o diálogo devem ser banidos. Os programas devem ser esboçados de comum acordo com os interessados, através de uma troca de informação sobre experiências importantes.

O trabalho de alfabetização deve encorajar os participantes a adquirir uma vasta série de habilidades de comunicação.

A realização destas tarefas requer uma reivindicação preferencial em recursos financeiros e humanos nacionais e locais. Em algumas situações, o apelo de países por cooperação financeira internacional complementar satisfeito, *inter alia*, por instituições internacionais e regionais pode ser justificado do ponto de vista de necessidades especiais, particularmente com relação a equipamentos e ao treinamento de pessoal. O uso de equipamento complicado que a comunidade receptiva não poderia controlar inteiramente não deve ser encorajado, e não se deve permitir, sob nenhuma circunstância, que tal assistência influencie as políticas nacionais.

O trabalho de alfabetização é de interesse mundial, requerendo que distinções ideológicas, geográficas e econômicas sejam superadas.

Enquanto seu campo primeiro de operação está no Terceiro Mundo, a nova ordem internacional dá a ela uma dimensão universal, através da qual a solidariedade concreta de nações e o destino comum do homem precisam encontrar expressão.

Carta a Clodomir Morais

Genebra, 16/01/1975

Clodomir, velho de guerra,
amigo-irmão,
nas minhas conversas comigo mesmo sempre lembrado;
nas minhas conversas com outras gentes,
nas minhas memórias de nossas "férias" passadas
juntos, no R-2, lá em Olinda, lembrado sempre.
Amigo-irmão, velho de guerra,
que me ensinou, com paciência, como viver entre paredes;
como falar, com coronéis, jamais dizendo um aliás;
que me ensinou a humildade, não só a mim,
também aos outros que lá estavam, na prisão
grande da bela Olinda, não com palavras que o vento leva,
mas com exemplo — palavração!
que me contou histórias lindas de Pedro Bunda e
seu irmão — "pencas de almas" dependuradas
em fortes troncos, na solidão;
soldados alemães desembarcados no São Francisco;
que me falou, com amor tanto, de seu povo
lá do sertão, de seus poetas, de seus músicos, de seus maestros.
Clodomir, Colodomiro, velho de guerra,
amigo-irmão, sempre lembrado, agora, de longe,

de bem longe, te mando a ti, a Célia e aos que de ambos já chegaram,

uma penca enorme de abraços nossos.

Paulo

Pedro Bunda[62]

QUEM É QUEM? Ele mesmo, coitado, só conheceu o irmão e a aparadeira. A mãe morreu no momento em que ambos nasciam.

Do pai não se tem notícias. Um escravo — talvez — que fez mal a uma filha de lavadeira do Rio das Éguas. Hipótese, conversa do povo.

— A finada Sabina Parto-Bom, qui Deus conservou viva inté dispois de novecentos e trinta, sem volta nem arrudeio de mentira, cansou de falar do parimento dos dois meninos. Eu mesmo não vi eles chorar no refugo da luz, mas dei banho neles pequeninim, fraquim e eleijadim qui nem hoje cês conhece eles.

O velho João Cego-do-Outro-Lado-Vizim-de-Agnelo falava com autoridade dos seus oitenta anos lúcidos. O pai fora escravo e jagunço de Severiano Magalhães, o homem forte da vila de Correntina que incendiou Santa Maria da Vitória, no século passado. Seu João, quando veio morar Do-Outro-Lado, é porque já não tinha mais lugar onde se socar. O pai dele e ele andaram meio século perseguidos por todos os gerais e cafundós da Bacia do Corrente. Viveram dez anos escondidos na Tamarana, pertinho, légua e meia, do lugar onde se registrou o parto.

---

62 Versão revista com base em *Contos Verossímeis*, v. de Clodomir Morais, 2ª edição. Santa Maria da Vitória: Edições Casa da Cultura Antônio Lisboa de Morais, 2003, 86 p.

— A notícia correu, num arranco de cavalo brabo, pavorado, todo esse meio mundo da Correntina e de São Sebastião dos Gatos. Gente assombrada que não caiu no mato fez calo grosso de joelho na pinitença das rezas. O espalhado espalhô que uma preta fugida tinha parido um bicho de oito pés e duas cabeças.

E continuando a narração, o velho João-Cego-do-Outro-Lado-Vizim-de-Agnelo reforça:

— Castigo mais grande não carece. Cruz! Creindeuspad! De novecentos não passará! Era niqui se via dizer nessas ribeiras. Foi um deus nos acuda!

A Veia Sabina Parto-Bom costumada com parimento, derna de bicho do mato inté passarim da casca de ovo, só não vingou salvar a mãe, mas os nascidos escapou. Foro quem nagurou a bacia dela, de Flandre, novinha em folha. Trabalhava dez anos com uma gamela de umburana já quase furada de lavar e raspar gosma de parto. O restante era uma tesoura de cortar tripa, cordão, fumo e cachaça alcanforada pra amarração e cura do umbigo e toalha curada na fervura das folhas do eucalipto. Era a mais confiante aparadeira daqueles tempos que os povo dos taboleiros da Tamarana tinha.

Pensa que tinha nojo dos parto? Qual quê! Colhia os meninos qui nem gente colhe algodão de flor, cuidando pra não ter só uma banda. E sempre dizia: Todo trabaio do mundo rende a mesma medida. A colheita da plantação só é alegre mode a semeia que é suada. Na dos viventes só é triste mode que no plantio só teve gozo. Tudo que veve no escuro do ventre vê a luz mermo adispois de morto, se Deus não ajuda e Nossa Senhora do Bom Parto dispensa.

Era preta sem leitura — e persignando-se com uma cruz mal traçada na testa — qui Deus potreja no Céu. E continuou: mas, media bem os sentomas do Mundo. Quando chegou já fazia três noites que a nega gemia. Barrigão que ia lá fora: Bucho de menino homem. Derna seis meis que ouvia o chorim toda vez que eles se mexiam.

Na contage das luas, com os disconti do cio, já tava fora de prazo. Mãe de corpo já sem dor de gritar. Três horas de labuta com adjutoro de trinchete.

Seu João fez aí uma pausa inconsciente, de quem se mostra cansado. E passou o dedo indicador na testa como quem procura suor. Mais uma vez continuou:

— Setestelo já tava em riba; galo cantando, noite caduca, quando Deus se fez servido.

Todo mundo se esconjurou tremente de medo e variante nas ideias más, quando viu aquele macaquim de oito pés chorando pelas duas cabeças que ele tinha. Santo Deus, orai pronóbis! Não era bicho nem nada. Viero foi apregado, os dois, pela bunda de trás, só dum lado, como Deus fez, na denúncia do pecado e do malfeito. Mãe morta pra assombro dos pecadô.

A mãe foi enterrada no canto da porta, pro nascido não chorar longe dela. Leite de duas pretas e de duas cabras paridas, mais chotão de farinha de mandioca e rapadura, com a graça de Deus escaparo do mal de sete dias.

Conhecente do mistério, Sabina Parto-Bom só deu por terminado o serviço e a caridade quando retaiou os dois mambaços mode separar o apregado. Febre, postema supurante sem reima, quandé-fé ficaro bom. Só vendo se crendo!

Mode que nasceram dia de São Pedo, a veia Sabina carculô logo que a mãe foi lotada no dia de São Migué pelo regulamento dos dias. Nove mês justo, sem tirar e nem botar. Apois sim, no batismo, consoante, Pedo Migué e Migué Pedo: dois neguim de bunda estufada, um dum lado e outro do outro. Tudo aí vivim pra mostrar o poder de Deus e da Vige Maria.

Mais grande, bigode nascendo, vestindo igual homem, de calça e casaco na Festa do Rosário da Correntina, os capadócios, que não gosta de vê pobre vestido, pelidaro Pedo de Pedo Bunda e Migué de Migué Revorve, pelas parenças de ter uma arma nos quartos. E os coitadim inté hoje não tem outro assento de nome.

O certo é que essas duas criaturas vieram ao mundo como uma réplica cabocla de Chiang e Eng, que em 1811 saíram da Tailândia para assombrar Nova York. Não se tratava de irmãos siameses o nosso caso teratológico. Tampouco de xifópagos.

O fato repercutiu em todo o São Francisco. Barqueiros, canoeiros, viajantes e ciganos que transitavam na área, se encarregaram de espalhar, naquele meio de mundo, o estranho parto. Por pouco não se tornou legendário.

Para conhecê-lo melhor, não faltaram visitantes ilustres. Dois naturalistas e aventureiros franceses, Charnac e dr. Frot que, nas décadas de 1920 e de 1930, por lá andaram, pesquisando minérios, chegaram a dialogar com a Sabina Parto-Bom acerca de seu sucesso cirúrgico. Este último, Frot, fez o jornalista Alfredo dos Anjos, da revista carioca *A Noite*, fotografar a aparadeira, na promessa de divulgar-lhe o feito e o nome, prometendo, ainda, no retorno, nova visita, o que não ocorreu por ter sido misteriosamente assassinado no Rio de Janeiro.

O padre Camile Taurend, mineralogista e taxidermista, membro da congregação do Colégio "Padre Vieira", de Salvador, na mesma época, andou no rastro dos seus antecessores, a fim de, sigilosamente, verificar a incidência de galena e de prata na Serra do Ramalho. Duas pessoas muito impressionaram o padre Taurend, segundo registra Quinca Atayde, seu anfitrião. Um foi Elias Borba, tabaréu autodidata, que conhecia bem álgebra superior.

A outra foi a aparadeira Sabina Bom-Parto por ter assistido, e com êxito, os partos mais esquisitos. Anotou, com riqueza de detalhes, o caso da Tamarana. Examinou pessoalmente os corpos de Pedro Bunda e de Miguel Revólver e achou razoável a operação, revelando, evidentemente, a pobreza de recursos com que se procedeu à seção dos ilíacos colados.

Os gêmeos, nessa época, já eram adultos, e desde a infância apresentavam temperamentos e caracteres diversos. Miguel Revólver, monossilábico, irascível e truculento. Mesmo desarmado, era audacioso e parecia, graças ao defeito de nascença, portar enorme revólver quarenta e cinco. Veio daí, talvez, sua tendência à valentia e às arruaças.

Pedro Bunda ao contrário, sempre afável, pacato, habilidoso e comunicativo. Este extrovertido, aquele introvertido. Um, pobre de espírito, o outro, Pedro Bunda, inteligente.

Essa virtude — quem sabe! — tenha permitido Pedro Bunda, na mocidade, desfrutar da importância da sua singular maneira de vir ao mundo. Pôde, inclusive, vivê-lo com vaidade e orgulho, toda vez que gente importante, dos lugarejos e de fora, visitavam, curiosos, sua maloca.

Com a morte de Sabina Parto-Bom, o fato perdeu atualidade e foi quase de todo esquecido. É que, por outro lado, se vulgarizou, em meio a outros casos teratológicos surgidos na região.

O Pedro Bunda da década de quarenta atingira a maturidade de espírito quando já beirava os sessenta anos. Preto, careca, com um resto de carapinhas e um cigarro de palha atrás da orelha; a precoce perda dos dentes, e os beiços proeminentes e repuxados pelo longo uso do cachimbo de barro, agravavam os seus traços de prognato acentuado.

O prognatismo sugeria simetria com os dois enormes papos que pendiam do pescoço, como duas laranjas pretas e lisas. E como se já não lhe fosse bastante ingrata, a natureza ainda entronchou-lhe o pé esquerdo, vingando-se da perícia de Sabina Parto-Bom.

Cego de um olho, Pedro Bunda assumia, às vezes, gestos exclusivos dos que posam à Camões ou à Benjamin Franklin, sério, solene, perscrutando, por trás de óculo bifocal imaginário, o fio das conversas.

Se aboletando em uma cadeira de encosto, cruzava infalivelmente a perna esquerda, enquanto pendia a cabeça calva à direita, revezando, de quando em quando, as pernas, como se fosse à mercê de uma bengala apoiada ao joelho.

Abstraindo-se-lhe a cor; o olho cego, vidrado e branco, o prognatismo e o trapo modesto da indumentária; a barba maltratada e rala, ter-se-ia a cópia viva desses velhos retratos de coronéis e de intelectuais posudos do império, que tão frequentemente adornam as paredes dos tabaréus abastados. Essa postura fazia com que não se apercebessem os pés descalços, de marcantes rachaduras nos calcanhares; os artelhos deformados e o labirinto infindável dos remendos malcosidos, espalhados pela calça e camisa de pano rústico, amarrotado.

Podia ocorrer de, em uma lauta mesa, Pedro Bunda, por cerimônia, recusar o melhor dos manjares, porém o palito nunca. Era formalista. Fazia parte da personalidade que sua imaginação procurava criar. Como um homem fino, educado — parecia acreditar — não dispensaria, jamais, o palito, para virgular as conversas do após a refeição com um chichiar sibilante de canto de boca, na ilusão de que ainda lhe sobravam os dentes de há muito apodrecidos.

Vaidoso e inteligente como poucos, Pedro Bunda tinha enorme facilidade em aprender e imitar os gestos e a postura das pessoas ricas, importantes, e, no lugar, tidas como educadas. No tirar do chapéu de palha furado; no cruzar as pernas, os pés descalços; no riscar o artifício primitivo de sílex, procurava dar impressão de estar ostentando o melhor chapéu-panamá; o isqueiro mais moderno; o borzeguim mais delicado e permanentemente trêmulo, agitado, como se quisesse demonstrar a alegria dos pés, conforme pose dos antigos. E, aqui e acolá, buscava, solene, com os três dedos principais das mãos, um bigode e uma gravata inexistentes.

Tivesse ele um relógio e ninguém, melhor e com mais arte, o arrancaria do bolso do colete, para as consultas propositais de efeito, pois, na falta deste, Pedro Bunda manejava hábil e constantemente uma verônica — medalha santa

— que trazia no bolsinho do paletó e presa com cordão à lapela.

Possuía linguajar caipira, matuto dos mais atrasados, oscilante do "promode" ao "derna donte", ao arrepio mesmo das tendências anormais das corruptelas linguísticas. E tudo com mímica, expressões faciais e flexão vocal inteligentemente copiada para a necessária aplicação ao prosear moderno e fluente, mas, não raro, em estilo repassado de arcaísmos seiscentistas de um dialeto, há três séculos, perdido entre o São Francisco e Goiás.

Após uma concorrida visita a estudante falastrão e espirituoso de Salvador, que foi passar as férias em casa de pai rico, Pedro Bunda se despedia cerimonioso, circunspecto, com a mão esquerda enfeixando chapéu e bengala rústica contra o peito, enquanto, curvo, excessivamente recurvado, apertando com a direita a mão do futuro doutor, articulava, grave, a sua frase de sempre:

— Consoante forgo. E fazia uma pausa, talvez para ouvir satisfeito o eco de suas próprias palavras. Queria dizer que folgava em conhecê-lo e, já, saía cheio de si para, na próxima esquina, comentar a visita com o primeiro conhecido:

— Certo não sei, mode qui pro via de sabença e pouca leitura não divurgo; mais, porém, desses dotô novo, filho de Santa Maria, e num arredado de vinte légua, o miozim na ciênça dos livro mermo é esse minino do coroné Antoin. Zé Rosendo disse qui não, mas eu quero qui — e olha para cima como quem calcula — qui pulo menos três línguas e uns dez indioma ele já deve tá falano. Não intindi quaje nada, porém tô sastifeito.

No dia seguinte, prosseguia o ciclo de visitas a recém-chegados das terras distantes: o viajante vagabundo daqueles rincões; um outro iniciante de ginásio, ou o novo promotor da Comarca. Cumpria, assim, nos três ou quatro dias que permanecia na cidadezinha, essas obrigações sociais tão comuns aos homens importantes da região.

Não só se julgava importante mas, também ele, Pedro Bunda, era tido como um homem civilizado, fino e instruído, pelas almas simples, supinamente incultas e miseráveis que habitavam o tabuleiro da Conceição, onde o nosso homem pontificava influência e celebridade.

Ouvia, nessa via-sacra de visitas, os assuntos mais variados e inacessíveis ao seu limitadíssimo conhecimento. Porém, traduzia facilmente, nos termos e dimensões do seu pequeno mundo, tudo que lhe parecia compreensível e razoável. E carregando, repleto, essa enorme bagagem de três dias de palestras, rumava doze léguas a pé, para, remoendo e traduzindo, de maneira nem sempre inteligível, despejá-la, o resto do mês, na cabeça dos vizinhos, obcecados com as "novidades do Porto" e do mundo.

Lá no seu mocambo se assistia ao inverso: o visitado era Pedro Bunda. Cumprimenteiro e envaidecido, transmitia aos visitantes, que confluíam de uma e de duas léguas de distância, todo manancial de "causos", fuxicos e comentários, e, não raro, com audaciosas incursões nos assuntos mais privativos dos doutores, do padre e dos chefes políticos. Ouviam-no esparramados no chão ou sentados nas raízes do umbuzeiro frondoso da porta do mocambo, horas inteiras, estarrecidos, admirando-lhe as tão elevadas relações sociais com viajantes das casas da Bahia, "coronéis" políticos e com os "dotô-estudantes".

— Ô, seu Pedro — aproveitava uma pausa o visitante — vancê, si mal pregunto, falô tamém das inleição cum coroné Nezim, pai de nós tudo?

— Sem dificulidade —, respondia! Pedro Bunda. Esse termo dito, triplicando-lhe o "a" e seguido de três balanços positivos de cabeça e uma longa pausa, deixava maravilhado aquele auditório, parco de raciocínio e rico de remendos.

E por mais paradoxal que se afigure, essa palavra, "dificulidade", soava, aos ouvidos daqueles infelizes, como a mais bela da língua portuguesa.

Pedro Bunda não era único cristão do Tabuleiro da Conceição que se dava ao luxo de frequentar, mês sim, mês não, o porto de Santa Maria da Vitória. E não só isso, mas também participava da sociedade local, já que se mostrava íntimo do "coronel" Fulano de Tal, do capitão Beltrano, de dona Sicrana etc. Ademais, tinha sempre o cuidado de trazer algumas folhas de qualquer jornal, não importava o nome. Ninguém daqueles cafundós sabia ler.

E se alguém pegasse o jornal, era para se admirar do estonteante formigueiro de letras miúdas, que só Pedro Bunda e o povo da cidade decifram. Do teste, ele habilmente se furtava, alegando "vista turva e sem divurgação", em face da idade.

Entretanto, para aqueles absolutamente incultos, fingia ler as notícias que, às vezes, estavam de cabeça para baixo. A presença de uma gazeta, fosse qual fosse a data ou o ano, na sua tapera, lhe imprimia autoridade e cunho de veracidade às novas que trazia do porto.

Naquele mundo de tiradores-de-mel e de jecas-tatu do tabuleiro distante, Pedro Bunda era, de fato, um homem importante. Quando não o fosse pelo dinheiro — e isto, então, não possuía — admitiam-no, os seus vizinhos, pela sua capacidade de falar e de ser entendido por pessoas do "mundo-de-lá-de-fora". E aqueles cinquenta ou cem vizinhos superpobres que se espalhavam dentro de um raio de cinco léguas, se sentiam, com isso, menos inseguros e até protegidos por ter alguém que os ligava aos demais exemplares civilizados da espécie.

Nisso, e somente nisso, residia a sua ascendência sobre os vizinhos, pois era tão pobre quanto o mais miserável deles. Casebre de pau a pique coberto de cascas, cercado de um pequeno terreiro arenoso e quase inculto, era todo o bem de raiz que Pedro Bunda possuía.

Nem caiá-lo pôde algum dia. Os móveis — se assim podemos chamar — se resumiam em uns três caixões velhos de querosene, para guardar os "trens"; dois bancos rústicos; uma forquilha de três braços, sobre o que se apoiava um pote desbeiçado e sujo; duas esteiras de tábua e uma rede de embiras que serviam de cama; meia dúzia de tocos de madeira, enfiados aqui e acolá, nas paredes frágeis, para servirem de cabides a um facão velho, uma cabaça, um surrão furado e aos trapos da indumentária miserável.

Os "trens", utensílios ínfimos da cozinha e da mesa (mesa no sentido figurado), não iam além de uma gamela e pratos de pau, uns coités, panelas de barro, dois "flandres" para beber água e uma colher de sopa meio enferrujada, para doses de remédio e uso de visita cerimoniosa. Nem a mais vulgar arma de fogo dos nossos matutos, a espingarda pica-pau, cano de guarda-chuva, Pedro Bunda possuía. Usava, às vezes, um bodoque com arco de pau-pereira para matar passarinhos, do mesmo modo que espalhava raras arapucas com que aprisionava alguma rolinha incauta.

Se bem que vivesse no século da eletricidade, a sua choça conhecia apenas a lamparina de óleo de mamona e o rolo de cera de abelha, que se acendiam em caso de necessidade, de vez que, normalmente, ele e a esposa, a velha Leocádia, se deitavam à boquinha da noite.

Viviam só, Pedro Bunda e a velha Leocádia, devidamente casados no religioso e, por influência dos vizinhos, na velhice, casados também no fogo de São João. Até 1938, havia mais gente na sua tapera: Nucência, sua filha, e netinhos barrigudos, prenhes de lombrigas.

Depois que esses parentes se foram, o casal de pretos se viu cercado apenas do que Pedro Bunda chamava de "criaçãozinha besta", expressão muito usada, por modéstia, entre os pequenos fazendeiros de até cem cabeças de gado. A "criaçãozinha besta" de Pedro Bunda, no entanto, não ia além de um galo e três galinhas: uma choca, uma pondo e a outra com meia dúzia de pintos verruguentos.

O cachorro, magro e raquítico, nem se podia incluir na paisagem do lar miserável, pois vivia mais — légua vai e légua vem — de casa em casa dos vizinhos mais próximos, onde eram menos raros os escassos restos de comida.

Pedro Bunda não era, todavia, um solitário dos gerais. Raros os dias em que não aparecia um conhecido para prosear sob a fronde do umbuzeiro. Não só porque o homem atraía os apreciadores de "causos" e novidades do Porto, mas também pelo fato de seu mocambo estar localizado entre a Conceição e a cidadezinha de Correntina, para cuja feira e comércio, animados, acorriam os matutos da região. A passagem pela casa de Pedro Bunda era, pois, quase obrigatória.

Logo cedo, pela manhã, Pedro respondia ao primeiro:

— Lovado seja nossinhô Jesuscristu, seu Predu Bunda.

— Pra semp seja lovado, amém nóis tudo. De menhãzinha assim, né seu Bertulameu? — e lá ia encompridando a costumeira saudação, a fim de segurar o viajor para um bate-papo.

— Né tão cedu, seu Predu. Condi eu saí de casa inda tava iscuro, inhô sim; mais tive qui fazê um rudeio pula vage de cumpad Manezim de Filó, modi piá o carralo qui anda sorta sem chucái, veiaco e infuluído nas éguas dos ôtus, nã discuidanu na idade mostrante nos dente das presas, qui já conta vinte era, sem tirá i nem botá dois meis qui não mamô, mo di qui a mãe, inté novinha ainda, morreu de espinhaço quebrado, cedo, no Boqueirão das Lage, inhô sim. Consoante sem mistério, derna qui sofrente de tombo di dismintido di ispinha nã si cunhece nem meizinha, nem reza forte de curá criação, muito menu carralu i égua qui Deus feiz, nã di tudo, cuma bem fraco das pernas, apois morreu, pra si tê notiça treis dia adispois.

Era o suficiente. Bastava esse dedinho de conversa para Pedro Bunda, inteligentemente, indagar sobre o cavalo e, desde logo, apresentar-se fidalgo.

— Vamos abancá meu fii. Ô Locada, trais um banquim aí modi Bertulameu de Zuina de Remunda tê um aliveio da viage.

— Quero sentá não, seu Pedru Bunda. Essa leguinha nã ismurece ninguém não.

— Oxente! Mode quê! Cê vai é pegá um istuporo no aruvaio — Deus livre! — cedim sem sol. Jerômi de Siá Filipa, asturdia, levô aruvaio na caixa dus peito, na ida, e só vortô muntado cum adjuntório do jegue de Henrique da Braúna: istuporô e sentoma de rematismo disviado do cangote.

É o tempo em que a velha Leocádia traz um banco e distribui o seu.

— Nossenhora l'abençoi meu fii. Adeusim, como vamu? Remunda tá mió?

— Abaixo di Deus, vamu tudo bem — e levanta um pouquinho o chapéu — sem suberba do mundo, cuma bem, sem privança do necessara. Só mãe q'inda tá cum diflucho garrado nos peitu pru quebra du resguardu da pescaconha. Quelementina continua fazeno vermi cum lumbriga a cambra di sangue. Na razão du mastruço tá sintino miora das colcas.

— Acocha, seu Berta, cum simenti di abobra seca, di menhã im jijum. Abasta meio coité. Nã carece mais. É um santo remédio. Mata as lumbrigas tudo.

— Quem havera di dizê! Simenti de abobra! Veja a inguinorança cuma é, né seu Predu Bunda? Jirimum, ou abobra de porco?

— Quarqué uma — volta siá Leocádia —, i u resguardu mermo é contra vê fôia verdi inté sol arto, no dia qui toma o remédio. Rijume di cumida leve sem feijão nem farinha. Chá cum bulacha, ou frito. Doce? Nem vê! Mais antes do sol entrano, bota das miudinha, inté as solitara.

— Assunta! E nois quebrano a cabeça cum remédio di casca di manga mastruço inchada. A inguinorança, né seu Predu Bunda?

— É, e nã é, quan'é fé, é. — E soltava uma baforada de cachimbo de barro com canudo de mamona, calmamente, sem pressa de prosseguir, certo de que o início da resposta tem efeito fulminante sobre o interlocutor, que se limita, ante o enigma, a dizer, conformado e tímido:

— Inhô sim.

Pedro Bunda, já a cavalheiro, completa:

— Nem tudo qui Deus vê o home divurga nas cienças dos dotô. O contrareio dos mato só tá na farta de sabença dos iscundidos das fulô, das simente e das raiz, cuma bem os contrareio das rezas tá nas pornunças das incumenda supricanti.

Nã vê, prinsempru, o resguardo da batata de purga? Nos cárcul dos home, regula uma sumana; no regulamento dos dotô, quaje não travessa o dia. Deus condi feiz as coisa, feiz bem feito, meu fii, cum dispensa de lavra e sem caricimento de indireita, nem aparo. O contrareio tá é no capricho dos home, qui nem conteceu com o véi Simião de Fostina, que deu veneta modi indireitá o pé torto do fio mais novo e triminou alejando a canela toda do bichím. Os remédio tão aí mermo nos mato.

Não tem um mato, uma rama sem valia de conseio. As duença vem da terra e da tremosfera...

— Qui é tremosfera, seu Predu Bunda?, indaga, já atônito, seu Bartolomeu. Deus mi defenda!

— Tremosfera, na língua dos dotô, é os are.

— Inhô sim. Vê a inguinorança. Magine, gente, qui eu cumprindi no prano de argum bicho bruto, esse tal de... — e preferiu não aventurar a pronunciá-lo.

— Apois é dos are, esse mermím, que faiz fartá o forgo, inhô sim, e qui só é cativo pros passarim voar.

Cuma dizia, as duenças vem da terra e dos are, cum bastança di miricimento. E é conhecente disso que os pés de pau guerreia cum meizinha de chá e de tintura, derna o fundo do chão, in baixo de nois, inté in riba, na tremosfera.

Tanto qui condi o ciume é grande a tremosfera arriune ridimunho de vento, que arranca foia e pau cum raiz e tudo. Ela passa o verão todim assim, pruveitano que os coitado dos mato tão mais fraco, carente de verde. Certa da hora que as água vem pra modi oxiliá os bichim — não vê? A arenga é grande, lá nas nuve. E os are querendo tocá fogo ni tudo e as chuva rimidiando, tirano pru menos, consoante moia, nem que seja um tiquim, as pranta do naturá e das roça. Mermo adispois, os are inda macumana comantita de ventania, relampri, truvão, rai-curisco — Deus livre! — dos lugá pra pressegui as chuvas cum zuaderu e mangação de assubeio.

— É devera! responde, convicto, seu Bartolomeu, a essa altura sentado e esfarinhando, com as palmas das mãos, o fumo do cigarro em preparo. A lúcida explicação acerca da mecânica celeste, que acabou de ouvir, o fez esquecer as sete léguas a pé que tinha pela frente ainda.

A velha Leocádia ouviu todo esse exórdio futucando o cachimbo de barro com o velho grampo de cabelo. Com dois pipocos de suas bochechas murchas e o recuo dos dois papos de meio quilo cada, o cheiro brabo de sarro anunciou o início da cuspideira. Apesar de sonoros e amebiformes, os cuspes dos dois cachimbos e do cigarro de palha não mais atraíam os dois pintos pelados e magros, que sempre rondavam por ali, à procura de desjejum.

Mais dois dedos de prosa, e já estão passando os dois meninos de Epifânio de Siá Viríssima, maltrapilhos e sujos de um mês sem banho, puxando uma cabra leiteira que amamentava os filhos de Jeremias-de-Baixo.

— Bença, padim; bença sá Locada; bença seu hômi! E à medida que os dois meninos disparavam, por toda banda e ao mesmo tempo, as "benças", os abençoantes despejavam os "Deus potreja", os "Deus faça filiz", de uma só vez, fazendo com as mãos cruzes mal arranjadas e sem pontaria, a esmo, pra não perder o fio da conversa.

— Já vortô, seu Predo Bunda? É Januário-da-Ponte-de-João-Grilo que, na passagem, freiou o cavalo para uma conversinha ligeira. Distribuiu, em seguida, "bom-dia", nominalmente a cada um, cruzou a perna por sobre o cabeçote a fim de sentar mais comodamente na cangalha.

— Bom-dia, vamos apiá, seu Jinuaro.

— Posso não. Vô na Corrintina inda, mode tá aqui antes da boquinha da noite, inhô sim, se Deus quisé. Meu interesse é pouco, pru quanto qui a visita mêrmo venho li fazê amanhã a oito, tempo qui acabo a cerca do chiqueiro.

— Ô Locada, percura aí otro banquim...

— Carece não. Cuma vai vancê, siá Locada?

— Pulejando, cum a graça do céu, amém nois tudo. Dismonta, vamu apiá, vamu homi, abanca nem que seja um tiquim! Nem toda carrera é pressa — e olhando para o lado de "seu" Bartolomeu nã é, gente? Onde já se viu?!

— Deixa de avexame, homi!

— Posso não, seu Predo. É avexame di pricisão. Vô vê se Remundo Sales mi fia vinte minréis mode perpará a safra di mio. Aqui im riba não se presumi nem se adiquere.

É devera. Diz Pedro Bunda, mostrando-se meio sentido por não poder socorrê-lo. — Os tustãozim qu'eu juntei mal deu mode interá as compra. Qu'essa caristia não truxe mais de duas capanga, bisaquim, de trem pula metade. Fim de mundo! Condi me alembro que, na quadra de vinte, cum uma pataca de argudão descaderava um jegue, — né, Locada? Quem havera! É a incrise da caristia, gente.

— Verdade! considera o cavaleiro, já desanimado com o insucesso da insinuação.

— Lá no Porto os povo já fala das inleição? É só condi chove um dinheirim aqui pru riba, nos mato, mode vesti a fome dos pobi, graças a São Bom Jesus da Lapa e os home da situação.

— Pra gulora e disaperto dos piqueno, pobi de pobreza, mais porém rico da graça de Deus, a felicidade é qui coroné Antoin nã deixa fartá nada. De um tudo dá: é um chapéu, uma roupa, um bruzeguim. Ninguém vai nu pra rua mode votá.

— A incrise — prossegue — é qui nem praga, deu inté nas inleição. Magine que as lezes do gunverno cumpre que as inleição, dorinvante, é no mermo dia ni todos lugá das Nação.

Consoanti, prus inleitô nã votá duas veiz, só porjudica os piqueno e potreje os grande. Cansemo de votá na Santa Maria e na mêrma sumana votá cum o Coroné Féli da Correntina, cum o Coroné João Duque nos Cocos de Carinhanha, indá caminhã qu'esse povo todo, trinta inleitô, quarenta légua mode votá no Coroné Chico Fulô, ni Santana dos Brejos, vortano tudo sastifeito pras roças, cada um cum dois, três liforme, inchada e foice. Agora quero vê? Hum! Ninguém é Santantonho, mode há merma hora, sofragante, ni dois lugá.

— Quem é besta, né, siá Locada, né, seu Berta, mode s'infuluí? Tudo, tudo é qui nem aconseia seu Predo, tudo é no preposto de projudicá os pobizim qui, abaixo de Deus, quem saiva é a inleição. Quá! Se a cuieta deste ano fô qui nem a do ano passado, qui o fejão quemô fulorano e os mio bunecando. Quá! Tô mais aqui não. Só si fô pru castigo dos pecado. Arribo cus meu tudo pru Guaiáis. Duzentas léguas pr'onde tá seu Martiniano Cavarcante de Dona Arabelo, ni Goiana de Anápli qui, no tempo qui morava aqui, nunca viu tropeço mode oxiliá os meu. Não dane certo aí — hum! — tenho medo de andá não mais duzenta légua mode chegá nos garimpo de Lagiado do Mato Grosso, cum Deus na frente.

Ano trasado arrecebi carta de Sarapião de Noca, meu afiado, qui isgravatô esse mundo todo e agora tá rico, pissuindo pra mais de cem arquere de terra de regadio e abondança de madera de leis. Oxente! Tô pulejando aqui não é pru ismuricimento nem pru falença de corage, não.

Só não me astrevi, nã é, seu Predo, vancê mermo sabe e nã mi deixa minti nem rudiá, só nã me astrevi tarefa de arribada mode conseio seu e premessa de miora dos home da situação. Mas quem não fêiz na fulô dos ano na veíce tem obrigação, dizia os antigo. Certo é errado, errado é certo, cobra qui nã anda não ingole sapo e água qui nã corre, tremina chupada pru fundo da terra.

Pedro Bunda calculadamente deixou "seu" Januário-da--Ponte-de-João-Grilo descarregar a revolta. Admitia o desabafo. Com efeito, era de causar protestos a notícia de uma só data para as eleições em todos os municípios. Na verdade sempre fora assim. Ocorre, no entanto, que nenhuma fiscalização existia até então. Ou se existia esta era burlada pelo poderio dos donos dos lugares. E os vizinhos de Pedro Bunda — o povo de "seu" Pedro Bunda como chamavam os chefes políticos — eram aliciados à base, ora de roupas, ora de botinas ou de chapéus para votar em vários municípios, onde as atas das secções eleitorais eram redigidas com data atrasada.

Não podendo votar mais que uma vez, reduziam-se as possibilidades de dar indumentária àquela pequena comunidade de miseráveis, extremamente atrasados que, a exemplo do que ocorria no resto do meio rural do país, se deixava inconscientemente subornar.

Para aquela gente que trabalhava o ano todo na agricultura e mal conseguia modesta roupa nova para a festa do Rosário, em Correntina, e festa do Divino, em Santa Maria, as eleições, de fato, eram consideradas uma bênção dos céus.

E era somente através das eleições e dos impostos que aquela gente tinha conhecimento do governo, pois nem o recenseamento decenal chegava àqueles ermos do Tabuleiro da Conceição.

Pedro Bunda ouviu, pacientemente, a arenga, intercalando, aqui e acolá, um "é devera"! ou um "assunta"!

— Nã tem dificulidade não, seu Jinuaro. Nem carece de vancê arribá. Condi Deus tarda é que já vem no camim.

Pru contrareio do "Sujo" — e fez uma cruz na boca — tarvêis cumpad Remundo Sales teja no bom apurado mode adjutorá os pobe.

— Cum feindeus e a Vige Maria. Adeusim pro cêis tudo! Vô descendo mode vortá cedo. Deusim!

Resignado e se inclinando para consertar a espora do pé direito, deu marcha ao seu cavalo esquipador.

A prosa não se estendeu muito porque, logo, minutos depois, seu Bartolomeu resolvia também enfrentar o orvalho do amanhecer. A pé, o banho era inevitável no trilho sinuoso a que ficou reduzido o estradão dos carros-de-bois. O fedegoso, o mata-pasto, a malva e outros matos de beira de estrada cresceram mais de metro, desde que brotaram da terra com as primeiras chuvas de outubro. Deles, com qualquer toque, desabavam pencas de orvalho frio. Mesmo ensopado até a cintura, Bartolomeu de Raimunda ruminava no cérebro as conversas com Pedro Bunda.

— Seu Pêdo é quaje dotô. Era de sê dotô e coroné, causo não nascesse preto qui nem anum e apregado ni Migué Revorve qui só tem afobação.

As novidades e os conhecimentos, bebidos em dois dedos de prosa, deixaram-no de cabeça cheia e ansioso para retomar à sua família antes que esquecesse tantas lições. Na volta, era certo, presentearia Pedro Bunda com um bocadinho de sal ou de fumo.

Pedro Bunda, na realidade, não se achava tão necessitado de uma coisa ou de outra. As visitas feitas em Santa Maria lhe renderam suprimento para mês e meio, e ainda com sobras para se fazer de grande, na exibição de um cafezinho, nas ladainhas com que, calculadamente, reunia aquela gente dentro do seu mocambo e em torno de uma gravura velha de um santo qualquer, aproveitado de alguma folhinha do Biotônico ou do Capivarol.

É que os familiares dos seus visitados em Santa Maria ou em Correntina nunca se esqueciam de acrescentar à mochila de Pedro Bunda uns torresmos, litros de farinha, arroz, feijão, sal, café e, não raro, alguns cruzados. Era a maneira de uns garantir elogios e outros os votinhos nos dias de eleições.

Pedro Bunda atravessou a existência assim, às custas de sua inteligência: um misto de filósofo, de cicerone, de político, de "relações públicas" e de médico. Foi, talvez, o único baiano a reunir tantas habilidades...

Clodomir Morais
Prisão do Quartel do Regimento de Obuses,
Olinda-PE, agosto de 1964

Recife sempre

De Santiago te escrevo, Recife,
para falar de ti a ti
para dizer-te que te quero
profundamente, que te quero.

Cinco anos faz que te deixei —
manhã cedo — tinha medo de olhar-te
tinha medo de ferir-te
tinha medo de magoar-te.
Manhã cedo — palavra não dizia
Como dizer palavra se partia?

Tinha medo de ouvir-me
tinha medo de olhar-me
tinha medo de ferir-me.
Manhã cedo — as ruas atravessando
o aeroporto se aproximando
o momento exato chegando
mil lembranças de ti me tomando
no meu silêncio necessário.

De Santiago te escrevo
para falar de ti a ti
para dizer-te de minha saudade, Recife.
Saudade mansa — paciente saudade,
saudade bem-comportada.

Recife, sempre Recife, de
ruas de nomes tão doces.
Rua da União, que Manuel
Bandeira tinha "medo que
se chamasse rua Fulano
de tal" e que hoje eu temo
que venha a se chamar
Rua coronel Fulano de tal.
Rua das creoulas
Rua da aurora
Rua da amizade
Rua dos Sete Pecados.

Recife sempre.
Teus homens do povo
queimados do sol
gritando nas ruas, ritmadamente:
chora menino pra comprar pitomba!
eu tenho lã de barriguda pra "trabiceiro"!
Doce de banana e goiaba!
Faz tanto tempo!
Para nós, meninos da mesma rua,
aquele homem que andava apressado
quase correndo — gritando, gritando:
doce de banana e goiaba!
Aquele homem era um brinquedo também.
Doce de banana e goiaba!
Em cada esquina, um de nós dizia:

quero banana, doce de banana!
Sorrindo já com a resposta que viria.
Sem parar
sem olhar para trás
sem olhar para o lado
apressado, quase correndo,
o homem-brinquedo assim respondia:
"Só tenho goiaba —
grito banana porque é meu hábito."
Doce de banana e goiaba!
doce de banana e goiaba!
Continuava gritando.
andando apressado.
sem olhar para trás
sem olhar para o lado
o nosso homem-brinquedo.

Foi preciso que o tempo passasse
que muitas chuvas chovessem
que muito sol se pusesse
que muitas marés subissem e baixassem
que muitos meninos nascessem
que muitos homens morressem
que muitas madrugadas viessem
que muitas árvores florescessem
que muitas Marias amassem
que muitos campos secassem
que muita dor existisse
que muitos olhos tristonhos eu visse
para que entendesse

que aquele homem-brinquedo
era o irmão esmagado
era o irmão explorado
era o irmão ofendido
o irmão oprimido
proibido de ser.

Recife, onde tive fome
onde tive dor
sem saber por quê
onde hoje ainda
tantos, terrivelmente tantos, sem saber por quê,
têm a mesma fome,
têm a mesma dor,
raiva de ti não posso ter.

Recife, onde um dia tarde
com fome, sem saber por quê
pensei tanto
nos que não comiam
nos que não vestiam
nos que não sorriam
nos que não sabiam
o que fazer da vida
Pensei tanto
nos deserdados
nos maltratados
nos que apenas se anunciavam
mas que não chegavam
nos que chegavam

mas que não ficavam
nos que ficavam
mas não podiam ser
nos meninos
que já trabalhavam
antes mesmo de nascer —
no ventre ainda, ajudando a mãe
a pedir esmolas
a receber migalhas —
também descaso de olhares frios —
Recife, raiva de ti não posso ter.
Recife, cidade minha,
já homem feito teus cárceres experimentei.
Um dois três quatro
quatro três dois um
pra frente pra trás
apitos — acerta o passo
soldado não pensa
um dois três quatro
quatro três dois um
direita esquerda
alto! esquerda direita
soldado não pensa

Recife, cidade minha,
já homem feito teus cárceres experimentei
o que queria
o que quero e quererei
é que homens — todos os homens —
sem exceção

possam pensar
possam agir
possam o mundo transformar.
O que queria
o que quero e quererei
é que os homens — todos os homens —
possam comer
possam vestir
possam calçar
possam criar
e que os meninos não tenham fome,
não tenham dor —
possam brincar
possam sorrir
possam cantar
possam amar
e amados possam ser.

Recife, cidade minha,
já homem feito
teus cárceres experimentei.
Neles fui objeto
fui coisa
fui estranheza
Quarta-feira — 4 horas da tarde,
o portão de ferro se abria.
"Hoje é dia de visita. Em fila!
Punirei aquele que trouxer um chocolate ao menos.
Revistarei a todos"
Com voz áspera dizia

um de nossos "proprietários" —
um homem menor do que seu posto.
Marchávamos então descompassados, sem cadência
até as esposas feridas
as mães aflitas
os filhos assustados

Naqueles encontros algo novo descobri
frente a Elza e às Três Marias.
filhas nossas,
muita palavra tinha pra dizer
muita coisa a perguntar
muita esperança pra afirmar
mas também muita fome pra matar
e trinta minutos para tudo.
Naqueles encontros algo de novo descobri:
palavras e pedaços de comida
também podiam se chocar.

Recife, cidade minha,
já homem feito
teus cárceres experimentei.
"Capitão, quando esse doutor disser Criador,
referindo-se a Deus, escreva com '*c*' pequeno!
Criador com *c* grande é somente o meu."
O coronel, dono do mundo,
dono dos presos,
de Deus queria ser dono também.
Rico coronel aquele!
Pobre homem aquele!

Queria fazer de Deus Cabo da guarda
ou "bagageiro" seu
ou "capitão de mato"
que o ajudasse a caçar subversivos

Recife, cidade minha,
já homem feito teus cárceres experimentei!
Vivi silêncios
isolamentos vivi.
Morei horas numa espécie de caixão —
um metro e setenta de comprimento,
sessenta centímetros de largura.
Paredes frias
paredes ásperas
escuridão.

Vivi tranquilo, dormi tranquilo, de nada me arrependi.
Recife, cidade minha,
já homem feito teus cárceres experimentei.
Um dois três quatro
quatro três dois um
os homens aprendendo a não ser homens.
O relógio de minha casa também dizia
um dois três quatro
quatro três dois um
mas "sua cantiga era diferente".
Assim cantando
dos homens apenas o tempo marcava.

Recife, cidade minha,
em ti vivi infância triste
adolescência amarga em ti vivi.
Não me entendem se não te entendem —
minha gulodice de amor.
minha esperança na luta
minha confiança nos oprimidos —
tudo isto se forjou em mim,
nas minhas relações contigo —
na infância triste,
na adolescência amarga.
O que faço
o que penso
o que digo
o que escrevo,
tudo está marcado de ti.
Sou ainda o menino que teve fome,
que teve dor
sem saber por quê.
Só uma diferença existe
entre o menino de ontem
e o menino de hoje,
que ainda sou:
sei agora por que tive fome
sei agora por que tive dor

Recife, cidade minha, proclamo alto:
se alguém me ama
a ti te ama.
Se alguém me quer
que a ti te queira.

Se alguém me busca
que em ti me encontre:
nas tuas noites,
nos teus dias
nas tuas ruas
nos teus rios
no teu mar
no teu sol
na tua gente
no teu calor
nos teus morros
nos teus córregos
na tua inquietação
no teu silêncio
na amorosidade de quem lutou
e de quem luta
de quem se expôs
e de quem se expõe
de quem morreu
e de quem pode morrer
buscando apenas, cada vez mais,
que menos meninos
tenham fome e tenham dor
sem saber por quê.
Por isto disse:
não me entendem
se não te entendem —
o que faço
o que penso
o que digo

o que escrevo
tudo está marcado de ti.

Recife, cidade minha,
de Santiago te escrevo
para dizer-te que te quero
profundamente, que te quero.

Santiago, fevereiro 1969

"O SR. SABE O QUE ESTÁ FALANDO?"[63]

— PERDÃO, MINISTRO, mas o sr. sabe o que está falando?

Foi esta a resposta que me deu Paulo Freire quando eu, Ministro da Educação do Governo Goulart, o convidei a vir para Brasília, com o fim de coordenar, em nível nacional, seu programa de educação popular. Tal programa se tornara conhecido no Nordeste, a partir do Projeto Angicos, no Rio Grande do Norte.

Convém salientar que, embora tímido em relação ao pensamento posterior de Paulo Freire, esse primeiro projeto foi tratado pelo jornal *O Globo*, em matéria assinada pelo jornalista Carlos Swann, como um "programa intensivo de comunização do Nordeste".

Nessa época, quem defendeu Paulo Freire foi nada menos que o Diretor Interino da Usaid (United States Agency for International development), James W. Howe. Este diplomata afirmou, na ocasião, que "o Projeto Angicos, no Rio Grande do Norte, estava longe de ser uma campanha maciça de alfabetização... já que atingia apenas cerca de trezentos adultos".

Mas na verdade o que eu propus a Paulo Freire, como Ministro da Educação, foi realmente uma ampliação, em nível nacional, da experiência de Angicos. O objetivo era a multiplicação, por todo o país, dos chamados "Centros de Cultura", a partir de uma experiência piloto que deveria abranger toda a população analfabeta de Brasília.

---

63 www.paulofreire.org/Paulo_Freire/Vida_e_Obra/vida_pf.htm.

De início, criou-se uma "Comissão Nacional de Cultura Popular" (Portaria 195, de 08/07/1963), com a incumbência de formular um "Plano Nacional de Alfabetização". E para desenvolver experiências coordenadas de alfabetização, na capital da República, foi criada uma "Comissão Regional de Cultura Popular do Distrito Federal" (Portaria 235, de 29/07/1963).

Mas convém voltar à carta do sr. Howe para localizar indicações que assinalam a evolução de Paulo Freire, de Angicos até a sistemática formulação da *Pedagogia do oprimido*. Vejamos dois tópicos do texto dirigido ao jornalista Swann, que era, naquela ocasião, membro da Embaixada dos Estados Unidos: "Sua coluna pode levar alguém à conclusão de que ensinar pessoas a ler é ruim porque as leva à doutrinação... Em realidade, o método Paulo Freire, como qualquer outra técnica de ensino não política, prepararia o indivíduo para ser influenciado por qualquer escola de pensamento político."

Aqui, as afirmações do funcionário norte-americano sobre a experiência embrionária freireana viriam chocar-se frontalmente com a evolução posterior por que passou essa pedagogia. São muitas evidências dessa transformação que deu ênfase a aspectos já implícitos nos primeiros projetos.

Por exemplo, Paulo Freire sempre insistiu em que não existe "técnica de ensino não política". E isso porque as técnicas assim rotuladas na verdade correspondem a manifestações "conservadoras", que indicam a solidariedade da escola com as demais instituições, em suas respectivas sociedades.

Além disso, Paulo Freire caminhou não para uma pedagogia dos homens em geral, fora de qualquer contexto social. Sua meta sempre foi a de formular uma pedagogia do oprimido, num contexto de convivência em sociedade.

Mas meus encontros com Paulo, no exílio chileno, no Brasil pós-exílio, ou na Europa, levam a outras perspectivas de análise de seu pensamento educacional que eu pude acompanhar de perto, em múltiplas experiências.

Em Brasília vivemos juntos a emoção de participar dos primeiros Círculos de Cultura, realizados nas cidades-satélites como o Gama e Sobradinho. Lembro-me bem da seleção das palavras que continham fonemas e sílabas relacionadas com as condições de vida do grupo. Assistimos, Paulo Freire e eu, acompanhados de uma equipe do Ministério, a uma discussão sobre a palavra Tijolo apresentada aos participantes por um quadro representativo do trabalho de pedreiro.

Vivemos uma impressão, ainda hoje muito presente em minha memória, quando um candango, observando o quadro e a palavra-chave Tijolo foi capaz de compor uma nova junção de sílabas, concatenando a frase "Tu-Ja-Le".

No Chile, estive com Paulo Freire no Icira (Instituto de Capacitação e Investigação em Reforma Agrária). Ambos éramos técnicos da FAO e trabalhávamos com "contrapartes" chilenos, no processo de reforma agrária que o Presidente Eduardo Frei havia programado para seu país.

Inúmeros documentos foram escritos então por nós que trabalhávamos no Icira, procurando definir os contornos de um processo educacional novo, inspirados — muitos deles — no pensamento de Paulo Freire.

Cito trecho de um de meus estudos, publicados nessa época:

> Neste sentido a capacitação, entendida como comunicação social de cultura, surge claramente como um processo "ideológico"... Busca-se, desta forma, uma "ideologia", a partir do que é, ou uma ciência do que deve ser... Assim, ao propor uma ideologia, como via melhor de humanização, o educador deve ter clara uma visão da nova sociedade, não para doá-la ao camponês, e sim para desafiá-lo em sua criatividade cultural própria.

Atuávamos, nessa época, em "círculos de cultura", com trabalhadores do campo. Chegou a nosso conhecimento a observação de um dos participantes desses círculos. Chamados a responder, pela coordenadora, o que era, no quadro em discussão, "mundo" e o que era "cultura" um camponês manifestou, com segurança, as distinções entre o que era no quadro expressão das duas categorias. — "E se não existisse o homem?" indagou a coordenadora. "Tampouco existiria o mundo" porque faltaria quem dissesse "isso é o mundo" — disse o camponês.

Paulo Freire, entusiasmado, identificou na resposta "a consciência do mundo".

Mas não terminaram aí meus vínculos educacionais com Paulo Freire. Dele recebi, de presente, o livro de Guimarães Rosa *Grande sertão: Veredas*, cuja leitura, atenta e renovada, tanto me impressionou que cheguei a escrever um livro sobre o *Grande sertão*, fiz questão de afirmar na introdução: "devo a sugestão da primeira leitura (do *Grande sertão*) ao prof. Paulo Freire."

Detalhe significativo: o exemplar que me fora dado havia sido por ele lido na prisão e no exílio e trazia duas inscrições: "Olinda. Prisão e Saudade. Desespero Não. Setembro de 1964." E a outra: "La Paz. Exílio e Saudade. Desespero não. Outubro de 64."

O livro, que guardo como relíquia, traz a assinatura de mais de cinquenta exilados, alguns dos quais foram seus companheiros de prisão.

Devo mencionar que essa minha leitura inicial do livro de Guimarães Rosa foi feita à luz de algumas categorias teóricas de Paulo Freire. Cito um trecho de *O diálogo no Grande sertão: Veredas*.

> Assim, minha primeira atitude, frente ao *Grande sertão*, foi a de quem havia encontrado um imenso filão para o estudo da cultura de uma parcela da população brasileira. E Rosa surgia, aí, como uma espécie de pesquisador, genial e metódico, que teria baseado sua obra em prévio e amplo estudo empírico. Posteriormente, fui levado a matizar essas afirmações: "Contatos posteriores com amigos de Guimarães Rosa e estudiosos de sua obra reduziram essa primeira impressão a proporções mais realistas: no *Grande sertão* há mais do poder criador de Rosa, que de investigação científica."

Mas, tocado, cada vez mais, pela leitura do *Grande sertão*, passei a fichar o livro de acordo com aquelas categorias que discutira com Paulo Freire, no Chile: a consciência de si, do outro e do mundo, em Riobaldo e mais a utopia e a contrautopia, no *Grande sertão*.

Como está dito no livro que venho citando: "a 'ficha da descoberta', que, longamente comentada com Paulo Freire, deu motivo a este trabalho, é a que transcreveu o que diz Riobaldo, à pagina 96 do *Grande sertão*".[64]

Na verdade, essa "ficha da descoberta", elogiada por Paulo Freire, constitui um dos textos lapidares de Rosa que, descodificado, permite encontrar todas as características essenciais do diálogo: "o senhor me ouve, pensa e repensa, e rediz e então me ajuda."

O mecanismo e o objetivo do diálogo estão magistralmente contidos nesse texto. Se o amor é, em suma, uma emigração de si em favor de outro, pode-se dizer que ele está presente nas expressões transcritas, apresentando o diálogo como uma vitória contra o egoísmo, ou como interesse de ajudar o outro — "e então me ajuda".

Por outro lado, o "ouvir" supõe a humildade de reconhecer que o outro pode estar dizendo coisas importantes, mesmo que não sejam eruditas. Já o "pensar e repensar" é uma reflexão sobre a palavra do outro, à luz da cultura do interlocutor. E quando o interlocutor "rediz" isso já implica uma síntese das culturas dos dois sujeitos do diálogo.

Felizmente, meus encontros com Paulo Freire foram sempre dialógicos e neles eu sempre estive mais preocupado em ouvir, pensar e repensar. E quando pude "redizer" eu o fiz na esperança de contribuir, nos meus limites, para o desdobrar das concepções novas do magistral criador da *Educação como prática da liberdade*.

Paulo de Tarso Santos

---

[64] João Guimarães Rosa, *Grande Sertão: Veredas*, 3ª ed. Rio de Janeiro: José Olympio, 1963.

Coordenação editorial
Izabel Aleixo

Produção editorial
Mariana Elia

Revisão
Fatima Amendoeira Maciel
Flávia Midori

Projeto gráfico
Priscila Cardoso

Diagramação
Trio Studio

Este livro foi impresso em setembro de 2011, pela EGB, para a Editora Paz e Terra. A fonte usada no miolo é Dante 12/15. O papel do miolo é offset 75g/m², e o da capa é cartão 250g/m².